Martina Schmidhuber

Der Prozess personaler Identitätsbildung und die Rolle von Institutionen

Philosophie

Band 82

LIT

Martina Schmidhuber

Der Prozess personaler Identitätsbildung und die Rolle von Institutionen

Eine philosophisch-anthropologische Untersuchung

LIT

Gedruckt mit Unterstützung
der Stiftungs- und Förderungsgesellschaft
der Paris-Lodron-Universität Salzburg
und des Bundesministeriums
für Wissenschaft und Forschung in Wien

Bibliografische Information der Deutschen Nationalbibliothek
Die Deutsche Nationalbibliothek verzeichnet diese Publikation in der Deutschen Nationalbibliografie; detaillierte bibliografische Daten sind im Internet über http://dnb.d-nb.de abrufbar.

ISBN 978-3-643-50282-7
Zugl.: Salzburg, Univ., Diss., 2010

Krotenthallergasse 10/8
A-1080 Wien
Tel. +43 (0) 1-409 56 61
Fax +43 (0) 1-409 56 97
e-Mail: wien@lit-verlag.at
http://www.lit-verlag.at

LIT VERLAG Dr. W. Hopf
Berlin 2011
Verlagskontakt:
Fresnostr. 2
D-48159 Münster
Tel. +49 (0) 2 51-620 320
Fax +49 (0) 2 51-922 60 99
e-Mail: lit@lit-verlag.de
http://www.lit-verlag.de

Auslieferung:
Deutschland: LIT Verlag Fresnostr. 2, D-48159 Münster
Tel. +49 (0) 2 51-620 32 22, Fax +49 (0) 2 51-922 60 99, e-Mail: vertrieb@lit-verlag.de
Österreich: Medienlogistik Pichler-ÖBZ, e-Mail: mlo@medien-logistik.at
Schweiz: B + M Buch- und Medienvertrieb, e-Mail: order@buch-medien.ch

INHALTSVERZEICHNIS

1 EINLEITUNG

Schlägt man im Bedeutungswörterbuch den Begriff *Identität* nach, findet man folgende Definition: „Echtheit einer Person oder Sache, völlige Übereinstimmung mit dem, was sie ist oder als was sie bezeichnet wird.“[1] Dass für das Thema der personalen Identität jedoch eine einfache Nominaldefinition nicht zufriedenstellt, zeigt der facettenreiche, schier unerschöpfliche Diskurs quer durch nahezu alle wissenschaftlichen Disziplinen. Je nach Kontext wird „Identität“ unterschiedlich verstanden. Hier sollen zur Veranschaulichung der diversen Verwendungsweisen zwei thematisch weit voneinander entfernte Bereiche genannt werden. So wird in Logik und Mathematik dann von Identität gesprochen, wenn die Konstanten a und b denselben Gegenstand benennen (a=b).[2] Ein ganz anderes Verständnis von Identität wird hingegen anlässlich einer immer größer werdenden europäischen Union und der fortschreitenden Globalisierung verbreitet in den Geistes- und Kulturwissenschaften diskutiert. Hier findet die kulturelle Identität von Gruppen besondere Beachtung: Gibt es eine kollektive Identität der europäischen Staaten?[3] Ist die kulturelle Identität so prägend, dass von einem Krieg zwischen westlicher Kultur und dem Islam gesprochen werden kann?[4]

Die vorliegende Arbeit beschäftigt sich mit der *personalen Identität des Individuums*. Aber auch der Terminus „personale Identität“ ist schillernd. Deshalb wird in der vorliegenden Untersuchung zunächst der Begriff, wie er hier verstanden werden soll, nämlich als das, was die Person in ihrer Individualität ausmacht, erläutert. Dann wird zu klären versucht, wie die Person – trotz aller äußeren Einflüsse und gesellschaftlicher Pluralisierung – ihre Identität selbstbestimmt bilden kann. Es wird also geprüft, ob und wenn ja, unter welchen Bedingungen, der Einzelne[5] bei seiner Identitätsbildung dem aufklärerischen Postulat der Selbstbestimmung folgen kann. Besondere Berücksichtigung soll hier der Rolle von Institutionen für Selbstbestimmung zukommen.

---

1 Duden: Das Bedeutungswörterbuch, Mannheim 2002, 492.

2 Muck, O./Lorenz, K., Art. Identität, in: Ritter, Joachim/Gründer, Karlfried (Hg.), Historisches Wörterbuch der Philosophie, Band 4, Basel 1976, 144-148, 144.

3 Vgl. z.B. Schumacher, Claudia, Konzepte europäischer Identität. Die europäische Union und ihre Bürger, Saarbrücken 2007.

4 Vgl. Sen, Amartya, Die Identitätsfalle. Warum es keinen Krieg der Kulturen gibt, München 2007.

5 In der vorliegenden Arbeit meint die Formulierung „der Einzelne“ den einzelnen Menschen und bezieht sich sowohl auf männliche als auch auf weibliche Personen.

Die Frage nach der personalen Identität und ihrer Genese kann über zwei verschiedene, aber eng miteinander verschränkte Zugänge beantwortet werden. Einerseits über die Innenperspektive der *ersten* Person. Die Person stellt sich die Frage nach sich selbst: „Wer bin ich?". Andererseits kann von der Außenperspektive der dritten Person objektiv gefragt werden: „Was ist personale Identität?" Die enge Verschränkung der beiden Fragen miteinander ist deshalb gegeben, weil das nachdenkende Subjekt selbst ein Teil der Untersuchung ist.[6] Der Einzelne stellt sich die Frage nach sich selbst, er ist Fragender und zu sich Stellungnehmender zugleich.[7] Das ist ein besonderes Kennzeichen der philosophischen Anthropologie, welcher die vorliegende Untersuchung zuzuordnen ist.[8]

Eine weitere Besonderheit der folgenden Überlegungen ist, dass empirische Ergebnisse integriert[9] und philosophisch ausgewertet werden. Denn die Frage nach der personalen Identitätsbildung kann nicht ohne Forschungsergebnisse der Psychologie und Soziologie beantwortet werden. Dadurch wird die vorliegende, philosophisch-anthropologische Untersuchung zu einem umfassenden Forschungsprogramm.[10] Wenn hier die Frage nach der personalen Identitätsbildung gestellt wird, scheint es unabdingbar zu sein, die vielen Aspekte in diesem Prozess zu berücksichtigen. Der Vorteil, aber zugleich die Grenze der empirischen Einzelwissenschaften ist, dass jede nur einen Bereich im Kontext der Identitätsentwicklung berücksichtigt. Soziologen konzentrieren sich auf die äußeren Einflüsse im Identitätsbildungsprozess, Psychologen hingegen auf die mentalen Abläufe. Diese Fokussierung eines bestimmten Bereiches ist einerseits hilfreich, weil ein wichtiger Bereich fokussiert wird, andererseits werden in diesem Zuge andere wesentliche Aspekte außer Acht gelassen.

Das Ziel der vorliegenden Arbeit ist es, aufzuzeigen, dass der personale Identitätsbildungsprozess einerseits von mentalen Vorgängen und anderer-

---

6 Vgl. Nunner-Winkler, Gertrud, Art. Identität, in: Bohlken, Eike/Thies, Christian (Hg.), Handbuch Anthropologie. Der Mensch zwischen Natur, Kultur und Technik, Stuttgart 2009, 352-356, 352f.

7 Vgl. Köhler, Theodor Wolfram, Aufbrüche im Fragen des Menschen nach sich selbst als Menschen. Die Definitionsantwort des Raimund Lull und ihre systematische Bedeutung, in: ders./Paus, Ansgar/Neidl, Walter, Salzburger Jahrbuch für Philosophie XL, Salzburg 1995, 79-96, 95.

8 Gemäß Thies ist das entscheidende Merkmal der philosophisch-anthropologischen Grundfrage, wer wir sind, ihre Selbstbezüglichkeit: „Wir *selbst* sind es, die *selbst* nach uns *selbst* fragen." Thies, Christian, Einführung in die philosophische Anthropologie, Darmstadt 2009, 10.

9 Vgl. Bohlken/Thies (Hg.), Einleitung, in: dies., Handbuch Anthropologie, 3: Bohlken und Thies sprechen vom „integrativen Charakter" der philosophischen Anthropologie.

10 Vgl. ebd., 7.

seits von sozialen Einflüssen bestimmt wird. Eine isolierte oder einseitige Betrachtung der facettenreichen Entwicklung von personaler Identität kann dem folglich nicht gerecht werden. Durch die Methode der philosophischen Auswertung empirischer einzelwissenschaftlicher Ergebnisse, soll ein neuer Blick auf den Prozess der selbstbestimmten personalen Identitätsbildung möglich werden. Anspruch auf Vollständigkeit kann angesichts dieser komplexen Thematik freilich nicht erhoben werden.

Aufbau der Arbeit

Das Thema der personalen Identitätsbildung ist kulturell und traditionell bedingt. Die Konstitution der Identität ist in unserer westeuropäischen Kultur erst seit der Moderne zur Herausforderung an den Einzelnen geworden. Vor dem Einzug der Demokratie bestimmte die gesellschaftliche Stellung über den Einzelnen als Person. In diesem Sinne wurde Identität sozial zugewiesen.[11] Auch die Aufklärung, in welcher sich geschlossene Weltbilder auflösten und die Befreiung des Individuums aus gesellschaftlichen Zwängen und Fremdbestimmung propagiert wurde, trug wesentlich dazu bei, dass sich der Einzelne die Frage nach seiner personalen Identität stellte.[12] Immanuel Kant verfolgte mit seinem aufklärerischen Appell an den Einzelnen zur Selbstbestimmung das Ziel, auf selbstverschuldete Unmündigkeit aufmerksam zu machen.[13] Gegenwärtig ist die Identität des Einzelnen nicht länger das Ergebnis der gesellschaftlichen Stellung, die er innehat. Dadurch stellt sich für ihn die Frage nach seiner „individualisierten Identität“[14] – nach personaler Identität – „die allein mir gehört und die ich in mir selbst entdecke“[15]. Die Person kann nun selbst bestimmen, wer sie sein will.

In manchen Kulturen spielt die Auseinandersetzung mit der personalen Identitätskonstitution jedoch gar keine Rolle. Die Anthropologin Francoise Héritier hat das Identitätsverständnis der Samo, einem Volk im Nordosten von Obervolta, untersucht und ist zu dem Ergebnis gekommen, dass die soziale Definition die Identität der Samo ausmacht. Die individuelle Position in

---

[11] Vgl. Taylor, Charles, Multikulturalismus und die Politik der Anerkennung, Frankfurt/Main 1997, 15f.

[12] Vgl. dazu auch: Pieper, Annemarie, Identität als sinnkritisches Postulat. Zur Frage nach der Einheit der Philosophie, in: Benedetti, Gaetano/Wiesmann, Louis (Hg.), Ein Inuk sein. Interdisziplinäre Vorlesungen zum Problem der Identität, Göttingen 1986, 52-64, 52.

[13] Vgl. Kant, Immanuel, Beantwortung der Frage: Was ist Aufklärung? in: Brandt, Horst D. (Hg.), Was ist Aufklärung? Ausgewählte kleine Schriften, Hamburg 1999, 20.

[14] Taylor, Multikulturalismus und die Politik der Anerkennung, 17.

[15] Vgl. ebd.

einer Familie bestimmt die Rolle und damit die Identität.[16] Die Thesen der vorliegenden Arbeit beziehen sich deshalb ausschließlich auf den Prozess personaler Identitätsbildung in der gegenwärtigen westeuropäischen Kultur.

Der Begriff der Identität wird in der Literatur oft ersetzt oder gemieden: Die Philosophen Steinfath und Bieri ziehen den Begriff der „Person" und des „Selbst" vor, in der Soziologie wird ebenfalls der Terminus „Selbst" neben jenem der „Identität" verwendet. Klare Begriffsanalysen werden jedoch kaum vorgenommen. Deshalb scheint es erforderlich, im ersten Teil dieser Arbeit die im Kontext der Analyse des Identitätsbildungsprozesses verwendeten Termini zu untersuchen, und dabei auch die Philosophiegeschichte des Begriffs der Person zu berücksichtigen. Anschließend daran wird der Versuch unternommen einen eigenen Begriff personaler Identität zu entwerfen, der so weit gefasst ist, dass möglichst viele Facetten darin berücksichtigt werden.

Aufgrund ihrer Aktualität und der philosophisch traditionellen Sichtweise, wurden für die vorliegende Untersuchung des personalen Identitätsbildungsprozesses die Überlegungen von Harry Frankfurt, Holmer Steinfath und Peter Bieri als Ausgangs- und Anknüpfungspunkt gewählt. Es soll aufzeigt werden, wie reflektiert und selbstbestimmt Identitätsentwicklung in der aktuellen philosophischen Diskussion verstanden wird.

Dass die philosophischen Theorien nur einen Teilbereich des personalen Identitätsbildungsprozesses berücksichtigen, soll anschließend verdeutlicht werden, indem interaktionistische und entwicklungspsychologische Perspektiven erläutert werden. Durch die Erweiterung der Perspektiven stellt sich die Frage, wie nun personale Identität tatsächlich kreiert wird. Zeigen die philosophischen Theorien über selbstbestimmte Identitätsbildung ein unerreichbares Ideal auf? Überwiegen vielmehr äußere Einflüsse, die in den interaktionistischen und entwicklungspsychologischen Theorien stärker betont werden, und bestimmen diese erheblich die Identität des Einzelnen?

Um diese Fragen zu klären, soll im fünften Kapitel gezeigt werden, dass das Individuum mit vielen Reizen von außen überflutet wird, die es nur schwer sortieren und bewältigen kann. So spielt beispielsweise die Werbung eine wesentliche Rolle in der Gegenwart, die auf subtile Weise Emotionen anspricht, den Einzelnen beeinflusst und sogar manipuliert. Reflexion wird dadurch maßgeblich erschwert. Auch die schnelllebige Ökonomie kann zur Überforderung des Subjekts führen: Es wird Flexibilität, voller Einsatz und

---

[16] Vgl. Héritier, Francoise, Die Samo-Identität, in: Benoist, Jean-Marie (Hg.), Identität. Ein interdisziplinäres Seminar unter Leitung von Claude Lévi-Strauss, Stuttgart 1980, 48-75.

dauernde Lernbereitschaft verlangt, um nicht den Anschluss an die Arbeitswelt und damit auch an die Gesellschaft zu verlieren. Der Einzelne ist also mit vielen Anforderungen und Einflüssen konfrontiert, die er alle nach Wichtigkeit für sich und sein Leben reflektiert ordnen soll. Die Überlegungen zu den gegenwärtigen Einflüssen und Reizen, mit denen der Einzelne unvermeidbar überflutet wird, werden zeigen, dass es für ihn tatsächlich äußerst schwierig ist, reflektierte, selbstbestimmte Identitätsarbeit im Sinne Frankfurts, Steinfaths und Bieris zu leisten. Das legt die Vermutung nahe, dass der Einzelne weniger Produzent seiner personalen Identität ist als vielmehr Produkt seiner Umwelt. So könnte gefolgert werden, dass der Einfluss von außen so stark ist, dass der Einzelne unbewusst zu dem wird, der er ist und seine Identität vor allem auf unreflektierter Fremdbestimmung basiert. Diese Schlussfolgerung würde die Überlegungen Frankfurts, Steinfaths und Bieris als nicht umsetzbares Ziel abqualifizieren.

Hier soll jedoch mit Hilfe der bereits gewonnen Ergebnisse durch andere Perspektiven eine realistische Möglichkeit der selbstbestimmten Identitätsbildung vorgestellt werden. Es gilt zu untersuchen, wie die Person, aller erschwerenden lebensweltlichen Umstände zum Trotz, dazu befähigt werden kann, eine Form der selbstbestimmten personalen Identität zu bilden. Frankfurt, Steinfath und Bieri gehen von einem starken Subjekt aus, ohne zu thematisieren, wie diese Stärke erlangt werden kann.

Um zu klären, was ein solches Subjekt kennzeichnet, soll zunächst im sechsten Kapitel erläutert werden, was individuelle Stärke ausmacht. Dabei wird gezeigt, dass es sich um gewisse Kompetenzen und Ressourcen handelt. Diese sind erforderlich, um Grenzen und Hindernisse auf dem Weg zur selbstbestimmten Identitätsbildung erfolgreich überwinden zu können. Dazu werden materielle Ressourcen, soziale Integrationsfähigkeit, die Fähigkeit zur Verknüpfung von Teil-Realitäten und Ambiguitätstoleranz als maßgeblich erläutert.

Nun stellt sich jedoch die Frage, wie diese Kompetenzen und Ressourcen zur Möglichkeit selbstbestimmter personaler Identitätsbildung erlangt werden können. Der Versuch einer Antwort soll im siebten Kapitel im Rückgriff auf Arnold Gehlens philosophische Institutionenlehre unternommen werden. Institutionen haben gemäß Gehlen eine entlastende Funktion für den Einzelnen. Sie stellen eine Basis dar, auf welcher Selbstreflexion und Selbstbestimmung möglich wird. Vor allem die primäre Institution Familie, durch welche das Kind in die Gesellschaft eingeführt wird, hat eine fundamentale Bedeutung für gelungene Identitätsbildung. Denn in ihr werden Rollen signifikanter Anderer zunächst ungefragt übernommen. Es wird gezeigt, dass die übernommenen Rollen bereits eine Grundlage für personale Identität darstellen. Folglich hängt es wesentlich von primären Institutionen ab, ob dem Einzelnen das Werkzeug für selbsttätiges, kritisches und überlegtes Handeln vermittelt wird und er so in seiner selbstbestimmten Identitätsbildung unterstützt wird.

Als Schlussfolgerung der vorangegangenen Überlegungen wird aufgezeigt, dass der Prozess personaler Identitätsbildung in zwei Phasen verläuft. Die erste Phase, von der Geburt bis zum Jugendalter, soll hier als präreflexive Phase bezeichnet werden, weil Rollen noch nicht reflektiert, sondern unbewusst übernommen werden. Erst ab dem Jugendalter beginnt die zweite, reflexive Phase, von welcher Frankfurt, Steinfath und Bieri sprechen. In ihr stellt sich der Einzelne explizit die Frage nach seiner individuellen Identität. Wie selbstbestimmt die zweite Phase verläuft und ob der Einzelne tatsächlich fähig ist, Produzent seiner Identität zu sein, hängt wesentlich von der ersten Phase ab.

Auf welche Art und Weise selbstbestimmte personale Identitätsbildung gelingen oder scheitern kann, soll im achten Kapitel exemplarisch an speziellen Handlungsmustern und Verhaltensweisen in primären Institutionen aufgezeigt werden: Wie wird der eigene Körper im Prozess der Identitätsbildung erlebt? Welche Rolle spielen Medien in der Familie? Wird Konsum als identitätsstiftend erfahren? Wie wird mit Schnelllebigkeit und Pluralismus in der Familie umgegangen? Stellt mütterliche Berufstätigkeit eine Belastung dar? Ist in der Familie erfahrene Gewalt ein Hindernis auf dem Weg zu gelungener Identität? Und schließlich: Welche Rolle spielt die personale Identität der Eltern für jene der Kinder?

Zu den primären Institutionen sind neben der Familie auch externe Kinderbetreuungseinrichtungen, Kindergarten und die Volksschule zu zählen. Dass diese Institutionen Mängel innerhalb der Familie kompensieren und auch zur selbstbestimmten Identitätsbildung befähigen können, soll am Beispiel der Biographie Albert Camus‘ gezeigt werden.

Im neunten Kapitel werden wichtige Elemente der zweiten, reflexiven Phase der Identitätsbildung untersucht. So ist die Bedeutung von Institutionen auch in dieser Phase der Identitätsentwicklung nicht unerheblich. Es wird aufgezeigt, dass Institutionen einerseits den Einzelnen in seiner Selbstbestimmung durch Entlastung unterstützen können, aber andererseits auch eine Gefahr der Fremdbestimmung durch Institutionen gegeben ist. Als weitere für Selbstbestimmung unterstützende Elemente werden Bildung und ein individueller Lebensplan diagnostiziert.

Bei der vorliegenden Untersuchung soll ein besonderes Augenmerk auf die weibliche Identitätsbildung gelegt werden, weil aufgrund der lebensweltlichen Optionen, z.B. Berufstätigkeit und/oder Mutterschaft, und Belastungen, wie die traditionelle, weibliche Rollenvermittlung, für Frauen die Frage nach dem individuell guten Leben noch schwieriger zu beantworten ist, als für Männer. Schließlich sollen noch einige ethische Folgerungen aus der hier erarbeiteten Theorie zu personaler Identitätsbildung gezogen werden. Denn auch wenn diese Arbeit der philosophischen Anthropologie zuzuordnen ist, ergeben sich aus ihren Überlegungen ethische Konsequenzen. Der Mensch als „anthropologische Tatsache“[17] steht vor der Aufgabe, sein Leben zu führen. Ob er das erfolgreich kann, hängt wesentlich von seiner Prägung in primären Institutionen ab. Es stellt sich die Frage, unter welchen Bedingungen der Einzelne ein gutes Leben führen kann.

---

[17] Bohlken, Eike/Thies, Christian (Hg.), Einleitung, in: dies., Handbuch Anthropologie. Der Mensch zwischen Natur, Kultur und Technik, Stuttgart 2009, 1-10, 6.

2 Die Begriffe Person und Identität

Bevor geklärt werden kann, wie personale Identität entwickelt werden kann und welche Grenzen und Hindernisse der Einzelne dabei zu überwinden hat, ist es erforderlich, die Begriffe Person und Identität zu untersuchen. Allerdings ist der Begriff der Identität nur schwer zu fassen und oft fließend. Dennoch wird er in den verschiedenen wissenschaftlichen Disziplinen wie selbstverständlich verwendet, aber selten klar definiert. Es wird – auch in den in dieser Arbeit behandelten Werken von Frankfurt, Steinfath und Bieri – aufgezeigt, wie das Subjekt seine Identität konstituiert, aber nicht explizit klargestellt, welcher Identitätsbegriff dem zu Grunde liegt.[18] Zudem scheint häufig ohne nähere Erklärung vorausgesetzt zu werden, dass Personsein die Bedingung der Möglichkeit zur Konstitution von Identität ist. Angesichts dieser begrifflichen Unklarheiten wird in dieser Arbeit versucht, aus den Überlegungen jener drei gewählten Autoren ihr Verständnis der Begriffe Person und Identität herauszufiltern. Für eine erste begriffliche Annäherung soll ein kurzer Blick in die Philosophiegeschichte erfolgen. Auf diese Weise wird sich zeigen, dass einige historische Begriffsbestimmungen so prägend waren, dass sie bis in die Philosophie der Gegenwart aktuell geblieben sind. Welche Begriffe von Person und Identität zugrunde gelegt werden müssen, um ein umfassendes Konzept von personaler Identitätsbildung entwickeln zu können, wird am Ende dieses Kapitels gezeigt.

2.1 Einige Bemerkungen zum historischen Personverständnis

Die Geschichte der Philosophie enthält eine Fülle von verschiedenen Personbegriffen. An dieser Stelle können nur einige Begriffe, die für die weiteren Überlegungen relevant sind, herausgegriffen werden.[19]

---

[18] Vgl. dazu auch die Kritik von Kaufmann am inflationären Gebrauch des nicht-definierten Identitätsbegriffs, in: ebd., 34-39 und Gugutzer, Robert, Leib, Körper und Identität. Eine phänomenologisch-soziologische Untersuchung zur personalen Identität, Wiesbaden 2002, FN 1, 19.

[19] Vgl. für eine ausführliche Untersuchung zum Begriff der Person in der Philosophiegeschichte: Sturma, Dieter (Hg.), Person. Philosophiegeschichte – Theoretische Philosophie – Praktische Philosophie, Paderborn 2001, 25-185.

Die geschichtlichen Quellen des gegenwärtigen philosophischen Verständnisses des Personbegriffs sind in der Stoa zu finden.[20] Hier wird Person immer mit einem vernunftbegabten Wesen in Verbindung gebracht. Der Geist gilt als das Wesentliche im Menschen, die lange Beschäftigung mit körperlichen Dingen kennzeichnet hingegen den „Unedlen".[21] In der Entwicklung und Ausübung der menschlichen Vernunft liegt gemäß Cicero die Glückseligkeit des Einzelnen.[22] Auch die Frage nach dem sittlich guten Leben der Person ist in der Stoa zentral. Die Antwort auf die Frage, wie ein geglücktes Leben möglich ist, hängt mit der Rolle des Einzelnen zusammen. In diesem Sinne meint Epiktet:

> „Wenn du eine Rolle übernimmst, der du nicht gewachsen bist, so wirst du sowohl in dieser zuschanden werden, als auch jene, die du hättest ausfüllen können, vernachlässigen."[23]

Demgemäß sind im Stoischen „Person" und „Rolle" nicht getrennt voneinander denkbar. Dieser enge Zusammenhang entstand durch die Übertragung der Rolle des Schauspielers im Theater, auf den Menschen und seine Rolle in der Welt.[24] Ein ethisch gutes Leben ist in der stoischen Sicht dann möglich, wenn der Einzelne in völliger Übereinstimmung und Annahme der eigenen Rolle handelt.[25] Wenn diese Übereinstimmung hergestellt wurde, dann werden wir auch von anderen „für das gehalten werden, was wir wirklich sind"[26]. Gemäß Cicero soll es unser Ziel sein, „dass wir wirklich das sind, wofür wir

---

[20] Vgl. dazu auch Forschner, Maximilian, Der Begriff der Person in der Stoa, in: Sturma, Dieter (Hg.), Person. Philosophiegeschichte – Theoretische Philosophie – Praktische Philosophie, Paderborn 2001, 37-57. Forschner konstatiert, dass erst später die stoischen Gedanken zum Personverständnis von der frühchristlichen Theologie aufgenommen und weiterentwickelt worden sind, nämlich in den Lehren der Trinität (*drei* Personen in *einem* Gott) und der Inkarnation (*eine* Person mit *zwei* Naturen). Vgl. ebd., 38f.

[21] „Es ist das Merkmal einer gemeinen Natur, wenn einer bei körperlichen Dinge lange verweilt, z.B. lange turnt, lange ißt, ... Solches sollte man vielmehr nur nebenher tun; auf den Geist dagegen verwende man seine ganze Sorgfalt." Epiktet, Das Buch vom geglückten Leben, München 2005, 53.

[22] Cicero, Marcus Tullius, De officiis: Drei Bücher über die Pflichten an seinen Sohn Marcus, übersetzt von Friedrich Richter, Leipzig 1926, 7.

[23] Epiktet, Das Buch vom geglückten Leben, 51.

[24] Vgl. Forschner, Der Begriff der Person in der Stoa, 41: „...über den Begriff des (menschlichen) Charakters (im Theater) entwickelt sich die Bedeutung von prosopon als sprechender und handelnder Person."

[25] Ebd., 43: „Man soll in völliger Übereinstimmung mit dem Urheber und Inszenator des Weltgeschehens leben, in Erkenntnis und Anerkennung der eigenen Rolle im Rahmen des Ganzen."

[26] Cicero, De officiis, 123.

gehalten werden wollen"[27]. An dieser Stelle lassen sich bei Cicero bereits Überlegungen zu personaler Identität diagnostizieren: Die Person macht sich zu derjenigen, die sie sein will.

Forschner stellt auch bei Epiktet ein Verständnis von personaler Identität fest: Gemäß Epiktet sind es alltägliche Stellungnahmen und Entscheidungen, durch welche der Einzelne sowohl seine Gefühle als auch seine Beziehungen zu anderen Menschen leitet.[28] So meint Epiktet, dass sich dem menschlichen Bewusstsein Vorstellungen und Eindrücke zwar unvermeidbar aufdrängen, „die Zustimmung aber, mit der eben diese Vorstellungen und Eindrücke aufgenommen werden, ist freiwillig und beruht auf einer bewussten Entscheidung des Menschen"[29]. Stellungnahmen und Entscheidungen lassen sich als Arbeit an der eigenen Identität bestimmen, weil damit eine Orientierung im Handeln festgelegt wird. Handlungen wiederum machen deutlich, wer man sein will. Folglich wird die Fähigkeit der Person, sich zu derjenigen zu machen, die sie sein will und ihr Leben selbstbestimmt zu führen, bereits in der Stoa als Bestandteil der conditio humana angenommen.

Als richtungsweisender Personbegriff für die mittelalterliche Diskussion und weit darüber hinaus, bis hin zum zeitgenössischen Persondiskurs[30], gilt jener von Boethius (480-524).[31] Boethius geht vom Begriff der Natur aus, denn es „ist offensichtig, dass nämlich der Person die Natur zugrundeliegt, und dass Person nicht außerhalb von Natur ausgesagt werden kann."[32] Zu den Naturen zählen nach Boethius Substanzen und Akzidenzien. Die Person ist in den Substanzen zu verorten, denn niemand würde sagen, „Weißheit, Schwär-

---

[27] Ebd.

[28] Vgl. Forschner, Der Begriff der Person in der Stoa, 53f.

[29] Epiktet, Lehrgespräche (Diatriben), in: Ausgewählte Schriften, herausgegeben und übersetzt von Rainer Nickel, Zürich 1994, 72-367, 79. Vgl. auch: „Du musst dich entscheiden: Entweder arbeitest du für deine Seele oder für die äußeren Dinge." Epiktet, Handbuch der Moral, in: Ausgewählte Schriften, herausgegeben und übersetzt von Rainer Nickel, Zürich 1994, 8-71, 41.

[30] Vgl. z.B. Kraml, Hans, „Natura facit habilem, ars potentem, usus vero facilem" Disposition, Fertigkeit und Personalität, in: Niederbacher, Bruno/Runggaldier, Edmund (Hg.), Was sind menschliche Personen? Ein akttheoretischer Zugang, Heusenstamm 2008, 117-133, 127: „Man müsste sich natürlich auch nicht an die boethianische Definition halten, aber ich verwende diese einmal, weil es keine bessere gibt und weil die meisten Philosophen, die den Terminus ‚Person' diskutieren, dabei durchaus mit etwas rechnen, das wesentliche Merkmale aus der boethianischen Definition aufweist."

[31] Vgl. dazu: Kreuzer, Johannes, Der Begriff der Person in der Philosophie des Mittelalters, in: Sturma, Dieter (Hg.), Person. Philosophiegeschichte – Theoretische Philosophie – Praktische Philosophie, Paderborn 2001, 59-77, 61.

[32] Boethius, Anicius Manlius Severinus, Die Theologischen Traktate. Übersetzt, eingeleitet und mit Anmerkungen versehen von Michael Elsässer, Hamburg 1988, 73.

ze oder Größe hätten irgendeine Person"[33]. In weiterer Folge differenziert Boethius die Substanzen[34] und zieht daraus den Schluss:

> „Wenn folglich Person nur in Substanzen und zwar in vernünftigen ist, wenn jede Substanz Natur ist und nicht im Universalen, sondern im Individuellen ihren Bestand hat, ist die Definition der Person gefunden: einer verständigen Natur unteilbare Substanz."[35]

Neben körperlichen Menschen bezeichnet Boethius auch unkörperliche, rein geistige Wesen, wie Gott und Engel, als Personen.[36]

Die boethianische Persondefinition diente als zentraler Anknüpfungspunkt für weitere Überlegungen in der mittelalterlichen Philosophie. So kritisiert und verändert beispielsweise Richard von St. Viktor (1110-1173) den boethianischen Personbegriff.[37] Seine Kritik setzt bei Boethius' These an, dass auch auf Gott die genannte Persondefinition zutrifft, „denn die Dreifaltigkeit ist nicht eine Person und kann nicht so bezeichnet werden"[38]. Anstatt von einer Substanz zu sprechen, hält er die Rede von einer „unmitteilbaren Existenz" für angemessener. Denn Substanz bezeichne ein „etwas", aber mit Person ist „jemand" gemeint:

> „Auf die Frage ‚was?' erfolgt also als Antwort das gattungs- oder artbestimmende Wort, eine Definition oder dergleichen. Auf die Frage ‚wer?' aber antwortet man mit dem Eigennamen oder mit etwas das ihm gleichkommt."[39]

Deshalb ist Person keine Substanz, sondern eine Existenz, die durch das Kriterium der Unmittelbarkeit, einer nicht möglichen Vervielfältigung erweitert wird. Folglich ist nur jene Existenz Person, die ungeteilt, individuell und unveräußerlich ist. Personen kennzeichnet im Sinne Richards von St. Viktor die „einmalige Weise vernunfthafter Existenz"[40]. Trotz aller Veränderungen

---

[33] Ebd.

[34] Die Differenzierung erfolgt in körperlich – unkörperlich, lebend – nicht lebend, mit Sinnen begabt– ohne Sinne, vernunftbegabt – unvernünftig. Vgl. ebd.

[35] Ebd., 75. Vgl. im Original, 74: „naturae rationabilis individua substantia"

[36] Vgl. ebd., 75. Vgl. auch Bohlken, Eike, Art. Person, in: ders./Thies, Christian (Hg.), Handbuch Anthropologie. Der Mensch zwischen Natur, Kultur und Technik, Stuttgart 2009, 391-395, 392.

[37] Sankt-Victor, Richard von, Die Dreieinigkeit, Einsiedeln 1980, 138-142.

[38] Ebd., 138.

[39] Ebd., 120.

[40] Ebd., 141f. Eine göttliche Person hingegen ist nach Richard eine „göttliche Natur unmitteilbarer Existenz". Die Bedeutung von Existenz muss im Fall Gottes durch die Zufügung von „göttlicher Natur" eingeschränkt werden. Ebd., 139.

die Richard von St. Viktor am Personbegriff von Boethius vorgenommen hat, bleibt also auch bei ihm die Vernunftbegabung ein konstitutives Merkmal der Person.[41]

René Descartes (1596-1650) spricht von res cogitans und res extensa und vollzieht eine scharfe Trennung zwischen denkenden und körperlichen Substanzen:

> „Die Substanz, der unmittelbar das Bewusstsein innewohnt, heißt Geist. … Die Substanz, die das unmittelbare Subjekt der örtlichen Ausdehnung und der dieser Ausdehnung vorausgesetzten Accidentien, wie Figur, Lage, örtliche Bewegung usw. ist, heißt Körper."[42]

Körper und Geist können in der Sicht Descartes' getrennt voneinander existieren und sind real verschieden.[43]

Die Höherwertigkeit des Geistes kommt auch bei John Locke (1632-1704) zum Tragen. Dennoch war Lockes Deutung der Begriffe Person und Identität revolutionär, denn er stellte alle traditionellen Auffassungen der Begriffe Person und Identität radikal in Frage und schuf mit seinen Überlegungen eine neue Diskussionsgrundlage im 18. Jahrhundert.[44] Nach Locke ist Personsein die Voraussetzung für Identität. Daher muss man,

> „um festzustellen, worin die Identität der Person besteht, zunächst untersuchen, was Person bedeutet. Meiner Meinung nach bezeichnet dieses Wort ein denkendes, verständiges Wesen, das Vernunft und Überlegung besitzt und sich selbst als sich selbst betrachten kann"[45].

Die Person ist gemäß Locke also ein rationales Wesen, das sich über sich selbst Gedanken machen kann und auf diesem Weg des Stellungnehmens zu sich und seinen Handlungen Identität konstituiert. Locke beschreibt Identität als die Erfahrung der Person des „Sich-selbst-gleich-Bleibens"[46], sie kann sich als dieselbe „zu verschiedenen Zeiten und an verschiedenen Orten"[47] denken. Das Bewusstsein (consciousness) der Person, das im Sinne von

---

41 Vgl. Kreuzer, Der Begriff der Person in der Philosophie des Mittelalters, 66-68.

42 Descartes, René, Meditationen über die Grundlagen der Philosophie mit sämtlichen Einwänden und Erwiderungen, Hamburg 1972, 146.

43 Vgl. ebd., 153f.

44 Vgl. Thiel, Udo, Person und persönliche Identität in der Philosophie des 17. und 18. Jahrhunderts, in: Sturma, Dieter (Hg.), Person. Philosophiegeschichte – Theoretische Philosophie – Praktische Philosophie, Paderborn 2001, 79-101, hier: 79.

45 Locke, John, Versuch über den menschlichen Verstand, Hamburg 1981, 419.

46 Ebd., 420.

47 Ebd., 419.

Selbst-Bewusstsein zu deuten ist, ermöglicht es ihr, sich als Einheit zu erleben, indem sie die Gedanken und Handlungen ihrer Gegenwart mit jenen ihrer Vergangenheit verknüpft.[48] Nicht der Körper, sondern das Bewusstsein der Person macht ihre Identität aus.[49]

Ein ähnlicher Ansatz findet sich in Immanuel Kants (1724-1804) Bestimmung der Person. Er knüpft seine Überlegungen an Lockes Idee des Bewusstseins. Der Mensch ist Person „vermöge der Einheit des Bewusstseins, bei allen Veränderungen, die ihm zustoßen mögen“[50]. Diese Vorstellung des eigenen „Ich“, unterscheidet Kant zufolge den Menschen von anderen Lebewesen.[51]

Die Begriffe in der aktuellen Philosophie

Es wird sich im Folgenden zeigen, dass bei der Bestimmung der Person in der zeitgenössischen Philosophie auch dem Stellenwert der menschlichen Vernunft und der Frage nach dem guten Leben eine wesentliche Bedeutung zukommt. Bei der Frage nach dem guten Leben steht jedoch weniger das sittlich Gute im Vordergrund, sondern vielmehr das Gute im Sinne des Wohlergehens der Person. Demgemäß ist nach Frankfurt, Steinfath und Bieri das Gute individuell und kann nur vom Einzelnen selbst bestimmt werden.[52] Der Zusammenhang zwischen Rolle und Person geht aus aktuellen philosophischen Überlegungen weniger hervor, diesen findet man jedoch in soziologischen Identitätsbildungstheorien.

Dass personale Identität etwas Individuelles ist, wie dies von Richard von St. Viktor durch die Betonung der Unmitteilbarkeit der Person festgestellt wird, konstatieren auch die zeitgenössischen Philosophen Frankfurt, Steinfath und Bieri.

Besonders bedeutend für die aktuelle Philosophie sind die Bestimmungen der Person nach Locke. In den Erläuterungen des Begriffsverständnisses von Identität nach Frankfurt, Steinfath und Bieri wird deutlich werden, dass in ihrer Sicht Personsein und die Konstitution von Identität in engem Zusam-

---

[48] Vgl. auch Thiel, Person und persönliche Identität in der Philosophie des 17. und 18. Jahrhunderts, 81.

[49] Vgl. Locke, Versuch über den menschlichen Verstand, 422: „Denn die Identität der Person steht außer Frage, mögen auch die Glieder, die eben noch einen Teil von ihr bildeten, abgehauen sein.“ Locke unterscheidet strikt zwischen Mensch und Person. Der Mensch besteht aus Körper und Seele, aber allein das Bewusstsein macht die Person als solche aus. Vgl. ebd., 428ff.

[50] Kant, Immanuel, Anthropologie in pragmatischer Hinsicht, Stuttgart 1983, 37.

[51] Vgl. ebd.

[52] Vgl. dazu z.B. Steinfath, Holmer, Orientierung am Guten. Praktische Überlegungen und die Konstitution von Personen, Frankfurt/Main 2001, 15f.

menhang stehen. Die Person kann reflexiv zu sich selbst Stellung nehmen, sich kritisch selbst bewerten, und resultierend aus dieser Bewertung, Veränderungen an sich selbst vornehmen. Indem sie daran arbeitet, die Person zu werden, die sie sein will, bildet sie ihre individuelle Identität. Identitätsbildung ist demnach von vernünftigen Überlegungen abhängig, im Zuge derer die Person sich selbst kritisch und bewusst reflektiert.

Dass aktuelle philosophische Überlegungen zu den Begriffen Person und Identität von diesen historischen Eckpfeilern der Stoa, des Mittelalters und der Philosophie der Neuzeit geprägt sind, soll nun im Einzelnen gezeigt werden. Vernunftbegabung, Stellungnahme, Selbstbestimmung und Reflexionsfähigkeit durchziehen das Verständnis von Person und Identität bei Frankfurt, Steinfath und Bieri.

2.2 Harry Frankfurt

In seinem erstmals 1971 erschienen Aufsatz *Freedom of the will and the concept of the person* hat Harry Frankfurt Überlegungen entwickelt, die seither in der Philosophie immer wieder aufgegriffen werden und als Anknüpfungspunkt für weitere handlungstheoretische Analysen dienen.[53] Auch Frankfurt selbst bezieht sich in seinen späteren Werken stets auf diese Überlegungen als Basis seiner weiterführenden Darstellungen.

Ausgangspunkt seiner Analyse des Begriffs der Person ist Strawsons Personbegriff, den Frankfurt für verfehlt und verkürzt hält. Nach Strawson sind all jene Entitäten Personen, denen sowohl mentale Zustände – Absichten, Gedanken und Wahrnehmungen – als auch physische Eigenschaften – Größe, Gewicht – zugeschrieben werden können. Das ist Frankfurt zufolge ein zu weites Verständnis von Personen, weil es auch auf manche Tiere zutreffen könnte.[54] Deshalb erarbeitet Frankfurt einen Begriff der Person, welchen er an der Struktur des Willens festmacht. Die Struktur des zweistufigen Willens ist in der Sicht Frankfurts die Eigenschaft, die die Person ausmacht und von

---

[53] Vgl. als aktuelles Beispiel für die Anknüpfung und Weiterentwicklung von Frankfurts Gedanken z.B. Jäger, Christoph/Bartsch, Anne, Prolegomena zu einer philosophischen Theorie der Meta-Emotionen, in: Merker, Barbara (Hg.), Leben mit Gefühlen. Emotionen, Werte und ihre Kritik, Paderborn 2009, 113-137.

[54] Vgl. Frankfurt, Harry G., Willensfreiheit und der Begriff der Person, in: Bieri, Peter (Hg.), Analytische Philosophie des Geistes, Königstein 1981, 287-302, 287. „Wir tun unserer Sprache Gewalt an, wenn wir akzeptieren, das Wort ‚Person' für all die zahllosen Kreaturen zu verwenden, die zwar sowohl psychische wie materielle Eigenschaften haben, die aber offensichtlich in keinem gebräuchlichen Sinne des Wortes Personen sind." Ebd.

anderen Kreaturen unterscheidet. Er argumentiert, dass diese spezifische Willensstruktur die Person dazu befähigt, Wünsche zweiter Stufe zu bilden:

> „Neben wünschen und wählen und bewegt werden, dies oder das zu tun, können Menschen außerdem wünschen, bestimmte Wünsche oder Motive zu haben (oder nicht zu haben). Sie können, was ihre Vorlieben und Zwecke angeht, gern anders sein wollen, als sie sind."[55]

Personen können folglich ihre Wünsche wollen oder nicht wollen und sich auch dementsprechend für oder gegen einen Wunsch entscheiden, indem sie wollen oder nicht wollen, dass ein Wunsch zum Willen und damit handlungswirksam wird. In diesen Wünschen zweiter Stufe zeigt sich die Fähigkeit des Menschen zu reflektierter Selbstbewertung.[56] Diese Fähigkeit, sich selbst objektivieren, sich also mit kritischem Abstand selbst betrachten und seinen Willen ernst nehmen zu können, ist die Bedingung der Möglichkeit für Reaktionen zweiter Ordnung, die wiederum die Person ausmachen. Tiere und kleine Kinder, die nur ihren Trieben folgen und ihre Wünsche nicht in Frage stellen, sind im Sinne Frankfurts keine Personen.[57]

Die wesentliche Eigenschaft der Person liegt Frankfurt zufolge also in der zweistufigen Struktur des Willens. Diese setzt Vernunft voraus.

> „Denn allein dank ihrer Vernunft ist eine Person fähig, sich ihres eigenen Willens kritisch bewusst zu werden und Volitionen zweiter Stufe zu bilden. Daher setzt die Willensstruktur einer Person voraus, dass sie ein vernünftiges Wesen ist."[58]

Frankfurt zufolge ist die Differenzierung zwischen Wünschen zweiter Stufe und Volitionen zweiter Stufe wesentlich: Einen Wunsch zweiter Stufe zu haben heißt, einfach einen bestimmten Wunsch haben zu wollen. Volitionen zweiter Stufe dagegen beinhalten den Wunsch, dass ein bestimmter Wunsch zum Willen und auch handlungswirksam wird.[59] Volitionen zweiter Stufe sind folglich höherwertig und sind das, was im Hinblick auf den Prozess der

---

[55] Ebd., 288.

[56] Jäger und Bartsch monieren, dass Frankfurts Beschränkung auf Wünsche zweiter Stufe zu kurz greift und schlagen deshalb ergänzend eine Theorie der Meta-Emotionen vor, in welcher das Vermögen der Person beschrieben wird, „sich vermittels höherstufiger psychischer Akte und Zustände regulativ zu den eigenen Emotionen zu verhalten." Jäger/Bartsch, Prolegomena zu einer philosophischen Theorie der Meta-Emotionen, 133.

[57] Vgl. Frankfurt, Willensfreiheit und der Begriff der Person, 292 und Frankfurt, Harry G., Sich selbst ernst nehmen, Frankfurt/Main 2007, 20.

[58] Frankfurt, Willensfreiheit und der Begriff der Person, 293.

[59] Vgl. ebd., 292.

personalen Identitätsbildung wesentlich ist. Denn wenn ein Wunsch als akzeptabel für sich selbst angenommen wird und sich in Handlungen äußert, wird in diesem Zuge Identität gebildet. In jenem Willen, dessen Aneignung angestrebt wird, äußert sich, wie man sein will.

Neben der zweistufigen Struktur des Willens und der Vernunftbegabung ist gemäß Frankfurt die Willensfreiheit ein weiteres Merkmal der Person. Die Willensfreiheit zeigt sich nach Frankfurt in der Einheit des Willens, also darin, dass der Wunsch, der zum Handeln bewegt, der Wunsch ist, den die Person haben will. Eine Person macht demnach dann von ihrer Willensfreiheit Gebrauch, wenn Wünsche erster und zweiter Ordnung übereinstimmen.[60]

Für Frankfurt hängen Person sein und Identität haben eng zusammen, denn auch die Identität, die eine Person entwickelt, basiert auf der Struktur des Willens: Indem die Person ihre Aufmerksamkeit reflexiv auf sich selbst richtet und sich fragt, was sie wünschen soll, also Wünsche zweiter Stufe formuliert, übernimmt sie Verantwortung für ihre Identität, weil sie Einfluss auf ihr eigenes Verhalten ausübt. Sobald sie sich mit bestimmten Einstellungen und Dispositionen identifiziert, nimmt sie diese in sich auf und macht sie sich zu eigen. Mit der willentlichen Akzeptanz ihrer Einstellungen, Gedanken und Gefühle legt die Person ihre Identität fest. Folglich erfordert Identitätsarbeit eine ständige Anstrengung des Einzelnen, sich in der Auseinandersetzung mit seinen Einstellungen und Dispositionen zu definieren.[61]

2.3 Holmer Steinfath

Holmer Steinfath befasst sich in seiner Habilitationsschrift *Orientierung am Guten. Praktisches Überlegen und die Konstitution von Personen* mit der Klärung, wie die Person ihre individuelle Identität konstituiert. Steinfath vermeidet jedoch den Begriff Identität, weil ihm dieser nicht eindeutig zu sein scheint.[62] Er widmet sich aber der Frage, was Personen kennzeichnet.

Die Person bestimmt Steinfath als ein Wesen, das praktische Überlegungen anstellen kann und dies aufgrund seiner Instinktreduktion auch tun muss:

---

[60] Vgl. ebd., 296 und Frankfurt, Sich selbst ernst nehmen, 30.

[61] Vgl. Frankfurt, Sich selbst ernst nehmen, 21f.

[62] Steinfath vermerkt in einer Fußnote: „Ich werde von dem allzu schillernden Begriff der ‚Identität' kaum Gebrauch machen." in: Steinfath, Orientierung am Guten, 28.

> „Als nicht – oder allenfalls eingeschränkt – instinktgeleitete Tiere sind wir dazu nicht nur in der Lage, sondern geradezu genötigt. Praktisch überlegend suchen wir nach Antworten auf die praktische Grundfrage.“[63]

Die praktische Grundfrage ist Steinfath zufolge die Frage, wie zu leben ist. Im Gegensatz zu theoretischen Überlegungen, in denen die Frage gestellt wird, was der Fall ist oder wie sich etwas verhält, tangieren praktische Überlegungen das individuelle Leben mit seinen Entscheidungen und Handlungen.[64] Die praktische Grundfrage „Wie soll ich leben?“, muss sich der Einzelne deshalb stellen, weil er ein Handlungswesen ist und sein Leben – aufgrund seiner offenen Zukunft – zu führen hat.[65] Zur Beantwortung dieser Frage dienen Überlegungen, die Entscheidungen, Handlungen und Lebensvollzüge steuern und überprüfen. In anderen Worten: Es findet eine Selbstreflexion mit kritischem Abstand zu sich selbst statt. Die Person orientiert sich bei ihren praktischen Überlegungen am Guten, an dem, was ihrem Wohlergehen dient, weil sie ein glücks- und sinnbedürftiges Wesen ist. Das Bedürfnis nach Sinn und Glück ist nach Steinfath also ein weiteres Merkmal der Person, welches die Frage nach dem individuell guten Leben überhaupt erst entstehen lässt. Das menschliche Bedürfnis nach Sinn und Glück ist darauf zurückzuführen, dass Personen sich ihrer Endlichkeit und ihrer offenen Zukunft bewusst sind.[66] Um praktisch überlegen zu können, sind Vernunft und Willensfreiheit der Person die Bedingung der Möglichkeit.[67]

Treffen die oben angeführten Bestimmungen der Person zu, ist sie fähig, sich mit Hilfe praktischer Überlegungen zu der Person, die sie als je einzelne ist, zu machen. Identität bedeutet im Sinne Steinfaths, der zu sein, der man ist und sein will.[68] Wenn der Einzelne aufgrund seiner praktischen Überlegungen weiß, wer er sein will und sich dann mit Entscheidungen, Handlun-

---

[63] Ebd., 445f.
[64] Vgl. ebd., 14f.
[65] Die Bestimmung des Menschen als Handlungswesen geht auf Arnold Gehlen zurück (darauf verweist Steinfath allerdings nicht): Als Folge seiner Instinktreduktion muss der Mensch handeln. Er ist nicht „festgestellt“, deshalb hat er sich selbst zur Aufgabe. Der Mensch lebt nicht wie das Tier in der Gegenwart, sondern er ist genötigt, aufgrund seiner handelnden Existenz sein Leben auf die Zukunft hin zu führen und Stellung zu nehmen. Vgl.: Gehlen, Arnold, Der Mensch. Seine Natur und seine Stellung in der Welt, Frankfurt/Main 1962, 32: „Die Akte seines Stellungnehmens nach außen nennen wir Handlungen, und gerade insofern er sich selbst noch Aufgabe ist, nimmt er auch zu sich selbst Stellung und ‚macht sich zu etwas‘.“
[66] Vgl. Steinfath, Orientierung am Guten, 286.
[67] Vgl. ebd., 445f.
[68] Vgl. ebd., 28 und 444.

gen und Lebensvollzügen zu dem macht, der er sein will, hat er seine Identität konstituiert.

Zusammenfassend lässt sich sagen, dass nach Steinfaths Verständnis jene Menschen Personen sind, auf welche die oben genannten Bestimmungen zutreffen. Das Stellen der praktischen Grundfrage nach dem individuellen, guten Leben, das Bedürfnis nach Glück und Sinn sowie Vernunft und Willensfreiheit machen Personen aus. Die Person ist aufgrund dieser Eigenschaften fähig, sich als die Person zu konstituieren, die sie als je einzelne ist. Mit Person als je einzelne ist bei Steinfath individuelle Identität gemeint. Personale Identität wird Steinfath zufolge in einem rationalen Prozess entwickelt, dessen Fundament praktische Überlegungen sind.

2.4 Peter Bieri

Ein weiterer bedeutender Beitrag in der aktuellen Philosophie, der die Klärung des Identitätsbildungsprozesses zum Thema hat, ist die Arbeit *Das Handwerk der Freiheit. Über die Entdeckung des eigenen Willens* von Peter Bieri. Auch Bieri dienen die Überlegungen Harry Frankfurts als ein wichtiger Anknüpfungspunkt.

Ebenso wie Frankfurt und Steinfath verwendet Bieri den Begriff der Person. Er versteht unter Person ein Wesen, das sich bezüglich seiner Meinungen, Wünsche und Emotionen zum Problem werden und sich um sich selbst kümmern kann. Es kennzeichnet Personen, dass sie einen kritischen Abstand zu sich selbst einnehmen und frei entscheiden können. Entscheiden ist nach Bieri Willensbildung durch Überlegen. In diesem Prozess fragt sich die Person, was sie will, und prüft ihren Willen, bevor sie entscheidet.[69] Dabei spielt die Willensfreiheit der Person eine wesentliche Rolle, denn nur einem willensfreien Wesen ist es möglich, durch eigene Überlegungen Entscheidungen zu treffen.

Gemäß Bieri ist es der Wille, den sich die Person aneignet, welcher sie zu der Person macht, die sie ist. Das, was die Person aus freien Stücken will, wofür sie sich aufgrund ihrer Überlegungen entschieden hat, ist das, was ihre Identität ausmacht. In anderen Worten: Personale Identität ist die Identifizierung mit einem Willen.[70]

---

[69] Vgl. Bieri, Peter, Das Handwerk der Freiheit. Über die Entdeckung des eigenen Willens, Wien 2001, 61f.

[70] Ebd., 103.

Dieser angeeignete Wille, der die Identität bestimmt, gilt jedoch nicht für immer, weil sich das Leben des Einzelnen verändert und er folglich seinen Willen immer wieder neu überdenken muss. Deshalb spricht Bieri von einem fließenden Selbst[71], was bedeutet, dass der Einzelne auch für Veränderungen in seinem Leben bereit ist und seine Überlegungen immer wieder aufs Neue reflektiert – ohne dabei jedoch das Gefühl der Kontinuität mit sich selbst zu verlieren.[72] Identität ist also nach Bieri nichts Starres, sondern ein fließendes Gebilde, das aus dem inneren Abstand zu sich selbst entwickelt wird.[73]

2.5 ZUSAMMENFASSUNG UND WEITERFÜHRENDE ÜBERLEGUNGEN

Folgende gemeinsame Bestimmungsmerkmale des Person- und Identitätsbegriffs lassen sich bei Frankfurt, Steinfath und Bieri feststellen:

Sie verstehen die Person als vernunftbegabtes und in ihrem Willen freies Wesen. Personsein wird – wie bei Locke – als Voraussetzung zur Identitätsbildung verstanden. Vernunftbegabung und Willensfreiheit befähigen, zu sich selbst einen Abstand einzunehmen, sich dabei selbst kritisch zu reflektieren und sich den gewünschten Willen anzueignen. Im Unterschied zu historischen Persontheorien, in denen die Vernunftfähigkeit des Menschen aufgrund seiner Gattung betont wird, ist jedoch in den Überlegungen von Frankfurt, Steinfath und Bieri eine starke Individualisierung zu erkennen.[74] Indem sich die Person mit einem Willen, bestimmten Einstellungen und Wünschen identifiziert, legt sie ihre Identität fest. Es lässt sich folglich konstatieren, dass gemäß Frankfurt, Steinfath und Bieri personale Identität die Art und Weise einer Person ist, sie selbst zu sein, die sie aus freiem Willen und mit rationalen und reflektierten Überlegungen selbst gewählt hat.

Es geht aus diesen Überlegungen hervor, dass hier ein philosophischer Freiheitsbegriff zu Grunde gelegt wird, unter dem das Vermögen des Menschen verstanden wird, sich in seinem Denken und Handeln selbst zu bestimmen. Wenn die Wünsche erster und zweiter Stufe eine Einheit bilden, das Handeln also nach dem eigenen Willen ausgerichtet wird, dann hat die Person bereits von ihrer Willensfreiheit Gebrauch gemacht. Es geht folglich nicht darum, alle Ursachen, die zu einer Situation führen, nachverfolgen und

---

[71] Ebd., 423. Bieri verwendet teilweise den Begriff des *Selbst* anstelle von Identität.
[72] Ebd., 412.
[73] Vgl. ebd.
[74] Vgl. dazu auch: Bohlken, Art. Person, in: Handbuch Anthropologie, 393.

kontrollieren zu können, sondern darum, wie man sich in einer Situation verhält und welche Entscheidung man trifft. Personale Freiheit und äußere Handlungsursachen sind demnach kompatibel:

> „Die Möglichkeit, dass alles notwendig durch vorhergegangene Ursachen determiniert wird, stellt keine Gefährdung unserer Freiheit dar; stattdessen bedroht sie unsere Macht. Da wir von kausalen Kräften beherrscht werden, sind wir nicht allmächtig. Das hat aber keinen Einfluss auf die Frage, ob wir frei sein können. ... Es gibt keinen Grund, warum eine Sequenz von Ursachen, die außerhalb unserer Kontrolle liegt und von unseren Interessen und Wünschen unabhängig ist, nicht zu der harmonischen volitionalen Struktur führen könnte, die den freien Willen einer Person ausmacht."[75]

In diesem Sinne konstatiert auch Bieri: „Unser Wille ist frei, wenn er sich unserem Urteil darüber fügt, was zu wollen richtig ist."[76]

Personen sind also gemäß Frankfurt, Steinfath und Bieri dann frei, wenn sie das tun, was sie tun wollen. „Eine freie Handlung ist eine Handlung, die eine Person ausführt, weil sie sie ausführen will."[77] Um jedoch mit Sicherheit nur so zu handeln, wie man will, ist hohe Reflexionsfähigkeit über sich selbst gefordert: über die eigenen Wünsche, Gefühle, Einstellungen etc.

Eine wesentliche Unterscheidung treffen Frankfurt und Bieri zwischen Wunsch und Wille: Der Wunsch ist noch nicht identitätsrelevant, erst wenn dieser zum Willen wird. Aus einer Vielzahl von Wünschen werden nur jene zum Willen, die die Person als am bedeutsamsten für sich beurteilt. Der Wille zeigt sich dann darin, dass der Wunsch handlungswirksam wird.[78] „Wenn wir genau das tun, was wir tun wollen, handeln wir frei."[79] Dementsprechend eng hängen Willens- und Handlungsfreiheit zusammen: Handeln ist dann frei, wenn ein Wille dahinter steht und auch die Möglichkeit der Umsetzung des Willens gegeben ist.[80] Das setzt wiederum hohe Reflexionsfähigkeit vor-

---

[75] Frankfurt, Sich selbst ernst nehmen, 31.

[76] Bieri, Peter, Unser Wille ist frei, in: Der Spiegel, 2/2005, 124-125, 125. Brachtendorf untersucht Frankfurts und Bieris kompatibilistischen Freiheitsbegriff, in: Brachtendorf, Johannes, Personalität und Freiheit: Zur Kritik des Kompatibilismus, in: Niederbacher, Bruno/Runggaldier, Edmund (Hg.), Was sind menschliche Personen? Ein akttheoretischer Zugang, Heusenstamm 2008, 157-180. Zur aktuellen Freiheitsdebatte vgl.: Bauer, Emmanuel J. (Hg.), Freiheit in philosophischer, neurowissenschaftlicher und psychotherapeutischer Perspektive, München 2007.

[77] Frankfurt, Sich selbst ernst nehmen, 29.

[78] Vgl. Bieri, Das Handwerk der Freiheit, 37.

[79] Vgl. Frankfurt, Sich selbst ernst nehmen, 29.

[80] Vgl. Bieri, Das Handwerk der Freiheit, 44: „Das Ausmaß, in dem er frei ist, ist das Ausmaß, in dem er das, was er will, in die Tat umsetzen kann."

aus, einerseits eben darüber, welcher Wunsch zum Willen werden soll, und andererseits über die Möglichkeit der realistischen Umsetzung des Willens.[81]

2.6 Die vielen Aspekte personaler Identität

Die meisten historischen Persontheorien können als intellektualistisch bezeichnet werden, weil der Vernunftbegabung der höchste Stellenwert zugeschrieben wird. Selbst bei Einbeziehung der körperlichen Verfasstheit, wird ihre geringere Bedeutung gegenüber dem Geist betont, wie z.B. bei Epiktet oben gezeigt wurde.[82] Dieses Personverständnis scheint einseitig und reduziert. Auch in den Ausführungen von Frankfurt, Steinfath und Bieri werden neben der Freiheit der Person vor allem ihre intellektuellen Fähigkeiten als konstitutiv für Identitätsbildung verstanden, nämlich Vernunftbegabung, Selbstreflexion und Willensbildung. Nun soll im Folgenden der Versuch unternommen werden, (1) einen weiten Personbegriff zu finden, der es zulässt, (2) einen Begriff personaler Identität zu entwickeln, welcher all ihre Aspekte umfasst. Und schließlich wird (3) gezeigt, wie der Prozess personaler Identitätsbildung verlaufen kann.

2.6.1 Der Begriff der Person

Peter F. Strawson untersucht sprachanalytisch, wie im allgemeinen Gebrauch „Person“ verwendet wird, um so zu einer philosophischen Definition zu gelangen. Er stellt eingangs die Frage, welche Dinge wir uns selbst zuschreiben. Es sind Handlungen und Absichten, Empfindungen, Gedanken, Gefühle, Wahrnehmungen und Erinnerungen. Wir schreiben uns aber auch Ortsangaben und Körperhaltungen zu, sowie Größe, Gestalt und Gewicht.[83] Die Zuschreibungen beziehen sich folglich auf Bewusstseinszustände und auf körperliche Eigenschaften. Damit entgegnet Strawson der Position Descartes‘. Denn bestünde das Subjekt nur aus Bewusstseinszuständen, könnten wir ihm

---

[81] Bieri nennt als Beispiele für Unfreiheit im Handeln, also die fehlende Möglichkeit einen Willen in eine Handlung umzusetzen, den Gelähmten der Aufstehen will, und den Gefangenen, der weglaufen möchte. Vgl. Bieri, Handwerk der Freiheit, 44.

[82] Vgl. zur Kritik an intellektualistischen Persontheorien: Bohlken, Art. Person, in: Handbuch Anthropologie, 394.

[83] Vgl. Strawson, Peter F., Einzelding und logisches Subjekt (Individuals), Stuttgart 1972, 113f.

keine Prädikate zuschreiben, die auf den Körper anwendbar sind.[84] Bewusstseinszustände können bei anderen Personen beobachtet und an sich selbst erlebt werden. Für Beobachtung und Verhalten ist ein Körper die Bedingung der Möglichkeit.[85]

Daraus ergibt sich für Strawson, dass Personen all jene Individuen sind, denen sowohl Bewusstseinszustände als auch körperliche Eigenschaften zugeschrieben werden können.[86] Nur weil wir eine gemeinsame Sprache mit gemeinsamen Begriffen haben, können wir anderen Subjekten und uns selbst etwas zuschreiben.[87] Die Sprache lässt sich in diesem Sinne als ein Instrument deuten, das eine Bezogenheit der Individuen aufeinander und eine „gemeinsame Welt" ermöglicht.

Vorteile des Begriffs

Für die Überlegungen zu personaler Identitätsbildung in der vorliegenden Arbeit, in denen alle Facetten dieses vielschichtigen Prozesses berücksichtigt werden sollen, hat dieser Personbegriff m.E. zwei maßgebliche Vorzüge:

(1) Strawsons Personbegriff umfasst sowohl die mentalen als auch die körperlichen Zustände der Person. Dieser Personbegriff kann deshalb als Basis für ein umfassendes Identitätsverständnis dienen, das Bewusstsein und Körper berücksichtigt.[88] Damit wird einer Tendenz des herkömmlichen Personverständnis in der Philosophie entgegengewirkt, in welchem die Körperlichkeit zugunsten der Vernunftbegabung vernachlässigt wurde.

(2) Mit der Auffassung, dass wir ein gemeinsames Bezugssystem wie die Sprache brauchen, um uns überhaupt über uns selbst Gedanken machen zu können, wird der Tatsache Rechnung getragen, dass die Person in einen sozialen Kontext eingegliedert ist. Dies ist für das folgende Identitätskonzept von großer Bedeutung, weil in diesem die These aufgestellt wird, dass die sozialen Einflüsse maßgeblich personale Identität (mit)bestimmen.

---

84 Vgl. dazu auch: Künne, Wolfgang, Peter F. Strawson: Deskriptive Metaphysik, in: Speck, Josef (Hg.), Grundprobleme der großen Philosophen, Philosophie der Gegenwart III, Göttingen 1975, 167-206, 192.

85 Vgl. Strawson, Einzelding und logisches Subjekt (Individuals), 133ff.

86 Vgl. ebd., 130.

87 Prädikate können „sowohl in der ersten als auch in der dritten Person zugeschrieben werden." Der Unterschied besteht in der Art der Zuschreibung: Den anderen werden Prädikate aufgrund von Verhaltenskriterien zugeschrieben, bei sich selbst handelt es sich aber um eine andere Weise der Zuschreibung. Prädikate „verwenden lernen bedeutet, beide Aspekte ihrer Verwendung lernen." Ebd., 139.

88 „Für Strawsons Position ist entscheidend, dass die Frage ‚Ist das dieselbe Person…?' in jedem Fall nur deshalb beantwortbar ist, weil Personen nicht nur Subjekte von Bewusstseinszuständen sind, sondern auch einen Körper haben." Künne, Peter F. Strawson: Deskriptive Metaphysik, 201f.

Frankfurts Einwand, dass dieser Begriff zu weit gefasst ist, kann entgegengehalten werden, dass auch die Struktur des zweistufigen Willens mental verankert ist, da die Voraussetzung für die zweistufige Willensstruktur Bewusstsein ist. Zu den Bewusstseinszuständen können verschiedene, mentale Fähigkeiten gezählt werden, die wir Tieren nicht zuschreiben würden, z.B. Absichten, das Setzen von Zielen, das Wahrnehmen personaler Freiheit wie es Frankfurt und Bieri verstehen – nämlich zu wollen, was man wollen will. Strawsons Begriff der Person schließt also Frankfurts Bestimmung nicht aus, vielmehr lassen sich in Strawsons Begriff Frankfurts Überlegungen implizieren. Wenn im Folgenden Strawsons weiter Begriff der Person zugrunde gelegt wird, ist es erforderlich, diesen noch näher zu spezifizieren. Die Person kann innerhalb dieses weiten Begriffs noch näher bestimmt werden, sowohl ihre mentalen als auch ihre physischen Eigenschaften betreffend:

Jede Person ist ein körperliches, einzigartiges Wesen, das mit Vernunft, Gefühlen und Unbewusstem ausgestattet ist. Insofern ist personales Handeln sowohl von rationalen Überlegungen gesteuert, als auch von Gefühlen, „die uns eher gegeben als von uns (direkt) erzeugt sind“[89]. Demgemäß handelt es sich bei Gefühlen um nichts Steuerbares, sondern – im Sinne der antiken Tradition – um ein „Erleiden von Einwirkungen“[90]. Dennoch sind Gefühle nicht blind, vielmehr machen sie dem Einzelnen deutlich, was ihm wichtig ist.[91] Folglich können Gefühle auch reflektiert werden und als Basis des Handelns herangezogen werden. Dennoch gibt es auch eine personale Ebene, die nicht reflektierbar ist: Das Unbewusste. Seit der Begründung der Psychoanalyse durch Sigmund Freud, Ende des 19. Jahrhunderts, wird auch dem Unbewussten Beachtung geschenkt. Es handelt sich dabei um etwas in der Person, das wir nicht bewusst wahrnehmen können, dessen „Existenz wir aber trotzdem auf Grund anderweitiger Anzeichen und Beweise zuzugeben bereit sind.“[92] Es ist „in unserem Geiste gegenwärtig“[93], im Bewusstsein aber nur latent vorhanden, dennoch kann es handlungswirksam werden.[94] Das Unbewusste kann mit den Worten C. G. Jungs auch als das „psychische Material,

---

[89] Vgl. Steinfath, Orientierung am Guten, 116.

[90] Dies ist auf die antiken Begriffe „pathos“, „affectus“ und „passio“ zurückzuführen. Vgl. Craemer-Ruegenberg, Begrifflich-systematische Bestimmung von Gefühlen. Beiträge aus der antiken Tradition, in: Fink-Eitel, Heinrich/Lohmann, Georg (Hg.), Zur Philosophie der Gefühle, Frankfurt/Main 1993, 20-32, hier: 20

[91] Vgl. Steinfath, Orientierung am Guten, 125.

[92] Freud, Sigmund, Einige Bemerkungen über den Begriff des Unbewussten in der Psychoanalyse, in: Gesammelte Werke, Werke aus den Jahren 1909-1913, Band 8, Frankfurt/Main 1999, 430-439, 431.

[93] Ebd., 430.

[94] Ebd., 431f.

das den Schwellenwert des Bewusstseins nicht erreicht"[95] beschrieben werden. Im Laufe seines individuellen Lebens erwirbt der Einzelne diese unbewussten Inhalte, die dann auch auf die Identitätsentwicklung wirken, ohne dass dies wahrgenommen werden kann.[96] Dazu zählen Erlebnisse aus frühester Kindheit, an die sich der Erwachsene zwar nicht mehr erinnern kann, die ihn aber dennoch geprägt haben.

Aufgrund ihres Selbst-Bewusstseins[97] kann sich die Person selbst als sich selbst betrachten, zu sich selbst Stellung nehmen. Mit dem Bewusstsein ihres Selbst ist eine notwendige aber nicht hinreichende Bedingung für personale Identität geschaffen. Dieses Selbst-Bewusstsein aber kann der Einzelne nur über andere erlangen. Mit Selbst-Bewusstsein ist auch das Bewusstsein, ein individuelles Individuum zu sein, verbunden.[98] Die Tatsache, dass die Person erst über andere sich ihrer selbst bewusst werden kann, zeigt, dass personale Identität auch wesentlich von anderen abhängig ist.

Die Struktur des zweistufigen Willens ist ein weiteres Merkmal der Person. Das befähigt sie, Wünsche erster Stufe auf der Ebene Wünsche zweiter Stufe zu bejahen oder abzulehnen, wie dies oben mit Harry Frankfurt erläutert wurde. Aufgrund dieser Willensstruktur kann die Person auch ihre Gefühle reflektieren und sich in weiterer Folge einen Willen aneignen. Mit der freien, selbstbestimmten Aneignung eines Willens sagt sie aus, wer sie ist.

Die freie Aneignung eines Willens setzt voraus, dass sie sich in ihrem Denken und Handeln selbst bestimmen kann. Das geschieht dann, wenn sie eine Einheit zwischen ihren Wünschen erster und zweiter Stufe herstellen kann. In diesem Sinne ist die Person ein freies Wesen. Aufgrund des Wissens um eine offene Zukunft und die eigene Endlichkeit haben Personen das Bedürfnis nach Sinn und Glück. Deshalb stellen sie die Frage nach ihrem individuell guten Leben – diese Überlegung wurde bereits bei Steinfath deutlich. Schließlich kann die Person aufgrund ihrer reduzierten Instinkte als Handlungswesen bezeichnet werden, das auf seine Zukunft hin lebt, so deuten dies

---

[95] Jung, Carl Gustav, Das persönliche und das Kollektive Unbewusste, in: ders., Von Mensch und Gott. Ein Lesebuch, ausgewählt von Franz Alt, Olten 1989, 86-101, hier: 86.

[96] Ebd., 96f: „Wir erkennen diese Materialen als *persönliche Inhalte* daran, dass wir ihre Wirkungen oder ihr partielles Erscheinen oder ihre Herkunft in unserer persönlichen Vergangenheit nachweisen können." Jung nennt neben dem persönlichen Unbewussten auch das kollektive Unbewusste, das vererbte Kategorien oder Archetypen enthält, wie z.B. ein bestimmtes Gottesbild. Vgl. ebd., 98f.

[97] Diese Fähigkeit ist nach Erikson bereits mit dem vierten oder fünften Lebensjahr vorhanden. Erikson, Erik H., Wachstum und Krisen der gesunden Persönlichkeit, in: ders., Identität und Lebenszyklus, Frankfurt/Main 1973, 55-122, 87.

[98] Vgl. Schmidinger, Heinrich, Der Mensch ist Person. Ein christliches Prinzip in theologischer und philosophischer Sicht, Innsbruck 1994, 134.

auch Holmer Steinfath und Arnold Gehlen. Um Handeln zu können, sind Bewusstsein und Körper die Bedingung der Möglichkeit.

2.6.2 Personale Identität

Auf Basis des soeben erläuterten Personbegriff gilt es nun folgende Fragen zu beantworten: Was ist unter personaler Identität zu verstehen? Wann ist personale Identität gelungen? Wann ist diese selbstbestimmt? Wie kann personale Identität vor anderen präsentiert werden? Erst nach Klärung dieser Fragen kann gezeigt werden, wie der Prozess der Identitätsbildung verlaufen kann.

Personale Identität ist das, was eine Person in ihrer Individualität ausmacht. In der Identität zeigt sich, dass die Person mit allen anderen Wesen, die Personen sind, gleich, aber als Individuum von allen anderen Individuen verschieden ist.[99] Denn das, was alle Wesen, die Personen sind, gemeinsam haben, wird in jeder Person auf je andere, einmalige Art und Weise individualisiert. Individualität soll hier im Sinne des Richard von St. Viktor verstanden werden, nämlich als Unmitteilbarkeit, als eine nicht mögliche Vervielfältigung.[100] Die Einzigartigkeit der Person findet in ihrer Identität Ausdruck. Manche Merkmale hat die Person mit anderen gemeinsam, wie z.B. Hautfarbe, Kultur, biologisches Geschlecht – aber jede Person integriert diese Identitätsmerkmale in ihre individuelle Identität auf ihre je eigene Weise. So kann das Geschlecht in einer patriarchalen Gesellschaft für eine Frau eine ganz andere Rolle für ihre Identität spielen, als für eine Frau, die in einer Gesellschaft lebt, in der Männer und Frauen gleichberechtigt sind.

Zur Identität einer Person zählt auch, was der Person im Laufe ihres Lebens anerzogen worden ist und was sie erworben hat. Es ist das, was sie bewusst oder unbewusst in sich aufgenommen hat, was ihr widerfahren ist. Sowohl positive Erlebnisse wie fröhliche Familienfeiern in Kindheitstagen als auch negative Widerfahrnisse, wie z.B. Gewalterlebnisse, können bewusst oder unbewusst verankert sein. Diese Erlebnisse sind immer auch Teil der individuellen Identität, ohne dass die Person dies beeinflussen könnte. Personale Identität ist also stets auch Produkt ihrer Gesellschaft. Die Einflüsse in der primären Sozialisation sind dabei besonders wirksam, weil in dieser

---

[99] Vgl. Habermas, Jürgen, Zur Rekonstruktion des Historischen Materialismus, Frankfurt/Main 1976, 95.

[100] Vgl. Sankt-Victor, Richard von, Die Dreieinigkeit, 141.

Phase noch keine Reflexion möglich ist. Die Fähigkeit zur Selbstreflexion wird ja erst über andere erlangt.

Im Laufe der Kindheit werden gewisse Rollen unbewusst internalisiert und zeigen sich auch im Denken und Handeln der erwachsenen Person, z.B. in einer bestimmten Frauenrolle. Rollen sind unterschiedliche Tätigkeiten und Verhaltensweisen, die das ganze Leben lang von zentraler Bedeutung sind, denn in diesen spiegeln sich verschiedene Teilbereiche der Identität.[101] Die erwachsene Person kann Rollen reflektieren und auch auf eher distanzierte, provisorische Weise annehmen. Verschiedene Rollen werden eingenommen, das Individuum identifiziert sich jedoch nicht vollständig mit diesen. Die berufliche Rolle kann provisorisch angeeignet werden, indem die Erwartungen der Bezugsgruppe – den Vorgesetzten, den Kollegen und Kolleginnen – der man in dieser Rolle gegenübersteht, erfüllt wird. Mit anderen Rollen wiederum identifiziert sich der Einzelne und nimmt sie bewusst in seine Identität auf. Es geht dann nicht mehr nur darum, den Erwartungen und Anforderungen der Bezugsgruppe gerecht zu werden. Vielmehr wird die Rolle als eigene akzeptiert und es besteht das Bestreben, so handeln zu können, dass sowohl man selbst, als auch die Bezugsgruppen in vollem Ausmaß zufrieden ist.[102] Das trifft z.B. auf die Rolle als Mutter zu. Mütter wollen mit sich selbst als Mutter zufrieden sein und auch ihrer Bezugsgruppe, den Kindern, gerecht werden. Die bewusste Rollenübernahme zählt zu jenem Teilbereich der personalen Identität, über den die Person selbst entscheiden kann. Was ihre Identität ausmacht, kann sie folglich zum Teil auch selbst bestimmen. Die Person wird damit zum Produzent ihrer Identität.

Eine notwendige Bedingung für gelungene personale Identität ist, dass die Person selbst mit dieser zufrieden ist. Wenn sie also das, was sie ausmacht, aber selbst nicht beeinflussen kann – das Angeborene und das Widerfahrene –, mit dem, was sie selbst bestimmen und lenken kann, harmonisch vereinbaren kann. Gelungene Identität impliziert, sich trotz Veränderungen, die die Zeit mit sich bringt, als gleiche Person erfahren zu können.[103] Denn wenn ein permanenter Widerspruch herrscht zwischen dem, was man aufgrund äußerer Umstände und nicht beeinflussbarer Widerfahrnisse geworden ist, und dem,

---

[101] Vgl. Hammer, Signe, Töchter und Mütter. Über die Schwierigkeiten einer Beziehung, Frankfurt/Main 1978, 109.

[102] Vgl. Coburn-Staege, Ursula, Der Rollenbegriff. Ein Versuch der Vermittlung zwischen Gesellschaft und Individuum, Heidelberg 1973, 53.

[103] Vgl. dazu auch die Überlegungen in: Behringer, Luise, Lebensführung und Identitätsarbeit. Der Mensch im Chaos des modernen Alltags, Frankfurt/Main 1998, 55. Dieser Gedanke stammt von Erikson, Erik H., Ich-Entwicklung und geschichtlicher Wandel, in: ders., Identität und Lebenszyklus, Frankfurt/Main 1973, 11-54, 18.

was man sein will, wird sich die Person zerrissen und unwohl in sich selbst fühlen.

Wenn der Einzelne weiß, was ihn ausmacht, aber nicht damit zufrieden ist, kann er daran arbeiten, denn personale Identität ist nichts Starres oder Abgeschlossenes. Vielmehr kann sie gemäß den eigenen Wünschen, Vorstellungen und Überlegungen verändert werden – freilich immer nur innerhalb gewisser Rahmenbedingungen, die durch individuelle und soziale Bedingungen vorgegeben sind. Der Versuch, eine Harmonie zwischen Angeborenem, Widerfahrenem und den eigenen Zielen und Vorstellungen von einem guten Leben herzustellen, setzt voraus, sich selbst zu kennen und die eigenen Gefühle, Wünsche etc. zu reflektieren. Das macht Selbstbestimmung aus: Die bewusste Arbeit an der eigenen Identität gemäß den eigenen Vorstellungen und Überlegungen. Dabei kann die Person Mittel zur Identitätsgewinnung nutzen, wie Erwerbsarbeit. Wenn sich der Einzelne über seine Arbeit definiert, dient sie ihm zur Identitätsbildung. Aber auch die bewusste Internalisierung einer Rolle kann Identität stiften. Wird die Rolle als Mutter bewusst angenommen, kann diese ein wichtiger Bereich der selbstbestimmten Identität sein.

Schließlich lässt sich personale Identität auch vor anderen präsentieren. Mittel, die zur selbstbestimmten Identitätsgewinnung dienen, können auch als Mittel zur Identitätspräsentation genutzt werden, wie z.B. die Erwerbsarbeit. Die berufliche Tätigkeit ist einerseits eine Möglichkeit zur Identitätsbildung und andererseits kann der Einzelne damit auch zeigen, wer er ist. Der Körper der Person ist ein weiteres Beispiel für Identitätsgewinnung und zugleich Identitätspräsentation: Er ist ein Teil der Person, den sie gestalten kann. Sie kann sich gesund ernähren, Sport treiben, ihrer Körperpflege viel Zeit widmen, etc. Die Person kann ihren Körper als einen wichtigen Teil von sich selbst verstehen und dies auch nach außen präsentieren, indem sie zeigt, dass ihr gesunde Ernährung und Fitness wichtig sind. Körperbewussten Personen sehen andere an, dass sie sich mit ihrem Körper identifizieren. Wenn das Körperbewusstsein weniger stark ausgeprägt ist, wird auch das in den Augen der anderen sichtbar, Identität wird dann über andere Mittel präsentiert. Freilich kann Identität über mehrere Identitätsmerkmale gleichzeitig präsentiert werden, z.B. kann sich eine Frau als körperbewusste Mutter und Karrierefrau verstehen und das auch anderen so demonstrieren.

In der alltäglichen Lebensführung, im Mitteilen und Tätigsein[104], zeigt die Person, was sie ausmacht. Um jedoch personale Identität glaubwürdig prä-

---

[104] Vgl. Gerhardt, Volker, Selbstbestimmung. Das Prinzip der Individualität, Stuttgart 1999, 286.

sentieren zu können, ist es erforderlich zu wissen, wer man ist. Die Harmonie wird nicht glücken, wenn sich der Einzelne nicht mit seiner Arbeit identifiziert, aber vor anderen dies vorgibt. Nur die Mutter, die mit ihrer Rolle als Mutter zufrieden ist, wird dies auch vor anderen glaubhaft zeigen können. Erst durch authentische Identitätspräsentation kann die Anerkennung anderer erlangt werden. Die Harmonie der personalen Identität wird dann auch in den Augen anderer Personen sichtbar. Personale Identität wird nicht nur als subjektiv gelungen erlebt, sondern ist dies auch objektiv betrachtet.

Im Folgenden werde ich die Begriffe „Persönlichkeit", „Charakter" und „personale Identität" synonym verwenden. Denn Persönlichkeit ist die Person in ihrer individuellen Entfaltung und kann auch mit Charakter oder der Identität der Person gleichgesetzt werden.[105] Person hingegen ist ein Wesensbegriff und Personsein ist die Grundlage für die Ausbildung der individuellen Persönlichkeit bzw. personaler Identität.[106] Wie oben gezeigt wurde, spricht Steinfath von der „Person als je einzelne". Er meint damit nicht den Wesensbegriff „Person", sondern die Person in ihrer Individualität resp. personale Identität – das macht die Rede von „als je einzelne" deutlich.

Im Sinne der hier zugrunde gelegten Bestimmung ist personale Identität formbar und entwickelt sich in einem Prozess. Faktoren, wie das biologische Geschlecht oder die Familie, in die das Individuum hineingeboren wird, kann es zwar nicht beeinflussen, es ist jedoch immer eine individuelle Entscheidung, wie der Einzelne mit dem, was das Leben aus ihm gemacht hat, umgeht. Da sich die Person als sich selbst betrachten kann, ist sie fähig – im Rahmen der gegebenen inneren und äußeren Umstände – etwas an sich zu ändern und in diesem Zuge an ihrer Identität zu arbeiten.

Damit ist jedoch noch nicht ausgesagt, wie selbstbestimmt personale Identitätsbildung geschieht, sondern lediglich, dass das Individuum die Möglichkeit des Einflusses auf seine Identität hat. Um selbstbestimmt personale Iden-

---

[105] So spricht beispielsweise Arnold Gehlen von Persönlichkeit (Vgl. z.B. Gehlen, Arnold, Mensch und Institutionen, in: ders., Anthropologische und sozialpsychologische Untersuchungen, Hg.: König Burghard, Reinbek 1986, 72.) und Erikson von einer „gesunden Persönlichkeit" (Erikson, Erik H., Wachstum und Krisen der gesunden Persönlichkeit, in: ders., Identität und Lebenszyklus, Frankfurt/Main 1973, 55-122.). – Gemeint ist stets personale Identität, wie sie in der vorliegenden Untersuchung verstanden wird. Aristoteles spricht von *hexis* (vgl. Aristoteles, Die Nikomachische Ethik, zweites Buch, übersetzt von Olof Gigon, Düsseldorf 2007.), damit ist der Charakter bzw. eine Grundhaltung der Person zu ihren Affekten gemeint, welche nach Aristoteles wesentlich durch Erziehung und Gewöhnung geprägt wird. Bei Aristoteles gewinnt der Begriff des Charakters moralische Bedeutung, denn in der *hexis* zeigt sich die Tugend einer Person.

[106] Vgl. dazu auch Quante, Michael, Person, Berlin 2007, 180.

tität zu bilden, scheint es unerlässlich, reflektiert vorzugehen. Dafür ist es notwendig, Wünsche, Gefühle, Beziehungen zu anderen und äußere Umstände zu kennen, zu prüfen und dann Entscheidungen zu treffen. Denn erst dann weiß der Einzelne, welche individuellen Potenziale und Möglichkeiten er hat, um seine Identität zu entwickeln. Auf diese Weise kann er seine personalen Fähigkeiten individuell zur Entfaltung bringen, was ihm wiederum Sinn und Glück erleben lassen wird. Wenn sich die Person die Frage nach ihrem individuell guten Leben stellt, ist dies der erste Schritt zur selbstbestimmten Bildung ihrer Identität.

Um aufzuzeigen, welch hohe Reflexionsfähigkeit der Person im Prozess der Identitätsbildung in einem verbreiteten Verständnis der aktuellen Philosophie angenommen wird, wurden exemplarisch drei Denker gewählt, die sich in jüngerer Zeit mit der Klärung der Konstitution der individuellen Identität auseinandergesetzt haben. Dabei werden Überlegungen Harry Frankfurts als Ausgangsbasis dienen, weil diese sowohl Holmer Steinfath und als auch Peter Bieri angeregt und beeinflusst haben und Anknüpfungspunkte für ihre Thesen darstellen.[107] Nach den Ausführungen dieser drei ähnlichen Sichtweisen, werden die vorherrschenden Elemente zusammengefasst, diskutiert und in Folge als Anknüpfungspunkt für die weiteren Überlegungen herangezogen.

---

[107] Bieri weist explizit darauf hin, dass im Kontext der Theorie zur Willensfreiheit die Idee eines inneren Abstands, den das Individuum zu seinen Wünschen aufbauen kann, Harry Frankfurt zu verdanken ist: „Es ist Frankfurts bleibendes Verdienst, dieses Thema ins Zentrum einer Diskussion der Willensfreiheit gerückt zu haben." Bieri, Das Handwerk der Freiheit, 438. Auch Holmer Steinfath verhehlt nicht, dass er von Frankfurts Überlegungen zu seinen eigenen Gedanken inspiriert worden ist. Vgl. Steinfath, Orientierung am Guten, 13.

3 Personale Identitätsbildung nach Frankfurt, Steinfath, Bieri

3.1 Harry Frankfurt

Für die folgende Darstellung des individuellen Identitätsbildungsprozesses nach Harry Frankfurt, wird in erster Linie seine Arbeit *Sich selbst ernst nehmen* herangezogen.[108] Wie schon angedeutet, sind die Grundlage der Überlegungen, die Frankfurt nach 1971 anstellt, stets seine Gedanken aus *Freedom of the will and the concept of the person.* Es handelt sich dabei um jenen Personbegriff, demgemäß die Person als einziges Lebewesen mit der Struktur des zweistufigen Willens ausgestattet ist. In *Sich selbst ernst nehmen* geht Frankfurt der Frage nach, wie und nach welchen Maßstäben die Person als rationales Wesen ihr Handeln anleitet und Entscheidungen für ihr Leben trifft. In anderen Worten: Es geht ihm darum zu klären, wie Personen ihre individuelle Identität bilden. Im Sinne Frankfurts sind es drei Faktoren, die eine wesentliche Bedeutung für den Identitätsbildungsprozess aufweisen: (1) reflektierende Selbstbewertung, (2) die Freiheit des Willens und (3) die Frage nach dem guten Leben. Es wird in weiterer Folge deutlich werden, dass auch Steinfath und Bieri diese drei Punkte in den Mittelpunkt ihrer Analyse stellen.

Identitätsbildung und reflektierende Selbstbewertung

Frankfurt stellt fest, dass Personen sehr viel Energie darauf verwenden, über sich selbst nachzudenken. Er geht davon aus, dass Personen sich darüber klar werden möchten, wie sie beschaffen sind, wie sie leben sollen und was ihnen wichtig sein sollte. Der Einzelne will über sich selbst Bescheid wissen, er nimmt sich selbst ernst, weil er ein Bedürfnis nach Sinn in seinem Leben hat:

> „Sich selbst ernst zu nehmen bedeutet, sich nicht einfach so hinzunehmen, wie man eben ist. Wir wollen, dass unsere Gedanken, unsere Gefühle, unsere Entscheidungen und unser Verhalten Sinn ergeben."[109]

---

[108] Es handelt sich dabei um Vorlesungen, die Frankfurt 2004 an der Stanford University hielt und die 2006 erstmals publiziert wurden (2007 erschien die deutsche Ausgabe). Ähnliche Überlegungen stellt Frankfurt auch in *Gründe der Liebe* an (Originalausgabe: 2004, deutsche Ausgabe: 2005.). Vgl.: Frankfurt, Harry G., Gründe der Liebe, Frankfurt/Main 2005.

[109] Frankfurt, Sich selbst ernst nehmen, 16.

Indem sich der Einzelne mit sich selbst auseinandersetzt, seine Aufmerksamkeit auf sich selbst richtet, arbeitet er an seiner Identität. Aufgrund dieser einzig dem Menschen gegebenen Fähigkeit sich selbst zu objektivieren, d.h. sich mit Abstand zu sich selbst zu betrachten, können Reaktionen zweiter Ordnung ausgebildet werden.[110] Demnach besteht nicht nur die personale Fähigkeit, etwas zu wünschen – das entspricht der ersten Stufe –, sondern auch jene, zu wünschen, einen bestimmten Wunsch zu haben oder auch nicht zu haben, dies findet auf der zweiten Stufe statt.[111] Angenommen eine Person hat den Vorsatz, sich gesünder zu ernähren, sie möchte deshalb ihre Ernährung umstellen. Doch jeden Nachmittag verspürt sie auf der ersten Stufe ihres Willens den Wunsch, ein Stück Sahnetorte zu essen, so wie sie es bisher getan hat. Sie weiß aber genau, dass dieser Wunsch nach einer Torte nicht ihrem neuen Ernährungsplan entspricht und wünscht sich deshalb auf der zweiten Stufe, diesen Wunsch nicht zu haben. Könnte sich die Person nicht von außen selbst betrachten und ihre Wünsche erster Stufe reflektieren, wäre es ihr gar nicht möglich, die Wünsche zweiter Stufe auszubilden, sie würde unreflektiert dem Wunsch erster Stufe nachgeben und ohne zu überlegen das Stück Torte essen. Das entspräche im Sinne Frankfurts dann nicht mehr dem Wesen der Person[112], denn

> „eine Person ist ein Geschöpf, das bereit ist, die Motive seines Handelns zu bejahen oder abzulehnen, zu entscheiden, ob, worauf es Lust hat, ihm auch wichtig ist“[113].

Personsein gründet gemäß Frankfurt wesentlich im Bejahen- oder Verneinenkönnen eines Wunsches erster Ordnung. Er nennt zwei Folgen der Fähigkeit zur reflektierenden Selbstbewertung: Einerseits reduziert sie unbekümmerte Spontaneität, weil die Person sich immer selbst betrachten kann – und dies gemäß Frankfurt auch tut –, denkt sie über sich und ihre Handlungen nach. Das kann sie unglücklich über sich selbst machen, weil sie vielleicht anders

---

[110] Der Gedanke, dass der Einzelne sich selbst zum Objekt machen kann, findet sich auch bei E. Tugendhat wieder: „…und da alles, was er sagt oder denkt, in Frage gestellt werden kann, muss das auch seine Beziehung zu sich selbst betreffen.“ Vgl.: Tugendhat, Ernst, Anthropologie statt Metaphysik, München 2007, 24.

[111] Vgl. Frankfurt, Sich selbst ernst nehmen, 18.

[112] Vgl. ebd., 20. In diesem Kontext konstatiert auch Tugendhat – unter Berufung auf Aristoteles – dass reflektiertes, überlegtes Wünschen, bei dem das Individuum nach den Gründen seines Wünschens fragt, eine Fähigkeit ist, die den Menschen von anderen Tieren unterscheidet. Die Fähigkeit nach Gründen zu fragen, macht den Menschen als rationales Wesen aus. Vgl.: Tugendhat, Anthropologie statt Metaphysik, 43, 58.

[113] Frankfurt, Harry G., Die Notwendigkeit von Idealen, in: Betzler, Monika/Guckes, Barbara (Hg.), Freiheit und Selbstbestimmung, Berlin 2001, 163.

sein will, als sie ist. Die Auseinandersetzung mit der eigenen Identität ist harte und zeitweise auch unangenehme Arbeit, denn dazu ist es unabdingbar, genau über sich selbst nachzudenken und das kann belastende Ungewissheit und Ambivalenz über die eigene Identität mit sich bringen, „ebenso eine hartnäckige Unzufriedenheit mit der eigenen Person“[114]. Andererseits impliziert die Fähigkeit zur Selbstobjektivierung praktische Vernunft und ermöglicht Personen Freiheit in der Ausübung ihres Willens.[115] Zu sich selbst kritisch Stellung nehmen zu können als notwendige Fähigkeit zur Identitätsbildung hat also einerseits eine ständige Unsicherheit über sich selbst zur Folge, aber andererseits auch das Wissen, dass man die Entscheidung, wie man sein will, selbst in der Hand hat. Die vorhergegangenen Ursachen, die den Einzelnen in gewisser Weise determinieren, sind nach Frankfurt keine Einschränkung der Freiheit, sondern der Macht. So handeln zu können, wie man will, ist nach Frankfurt die größte „Freiheit, auf die ein endliches Wesen vernünftigerweise hoffen kann“[116].

Es hängt demnach vom Einzelnen selbst ab, inwieweit er sich mit sich selbst auseinandersetzt und seine Identität selbst bestimmt festlegt. Er übernimmt aufgrund seiner Willensfreiheit selbst dafür Verantwortung, wie er ist. Indem sich der Einzelne mit seinen Wünschen, Gefühlen und Einstellungen identifiziert, bestimmt er eigenverantwortlich seine Identität.[117]

Frankfurt zufolge ist es unumgänglich, die Anstrengung auf sich zu nehmen, sich selbst zu definieren und anzuleiten.[118] Das Verspüren eines Wunsches macht es für die Person notwendig, sich damit auseinanderzusetzen und sich zu

> „entscheiden, ob sie sich mit dem Wunsch identifizieren und somit erklären soll, dass sie ihm im Prinzip entsprechen würde, oder ob sie sich von ihm distanzieren und ihn als grundsätzlich inakzeptabel behandeln soll“[119].

Im Hinblick auf die vorangegangenen Überlegungen lässt sich zur Rolle der reflektierenden Selbstbewertung im Kontext der personalen Identitätsbildung im Sinne Frankfurts zusammenfassen: Die Reflexivität als Bestandteil der praktischen Vernunft, befähigt Entscheidungen zu treffen, was bedeutet, dass

---

[114] Frankfurt, Sich selbst ernst nehmen, 19
[115] Vgl. ebd.
[116] Vgl. ebd., 31.
[117] Vgl. ebd., 21.
[118] Das liegt nach Gehlen daran, dass der Mensch aufgrund seiner Instinktarmut ein Handlungswesen ist und sein Leben zu führen hat. Vgl. Gehlen, Der Mensch, 32.
[119] Frankfurt, Sich selbst ernst nehmen, 25f.

die Person sich ihre Lage klarmacht und sich dabei zu sich selbst verhält.[120] Diese spezifisch menschlichen Fähigkeiten zu Reflexion und Identifikation mit Wünschen, Gefühlen und Dispositionen sind Frankfurt zufolge Voraussetzungen zur Identitätsbildung, denn nur damit können Entscheidungen getroffen und Ziele festgelegt werden.

Identitätsbildung und Willensfreiheit

Es wurde deutlich, dass in der Sicht Frankfurts im Kontext der selbst bestimmten Identitätsbildung der freie Wille der Person eine zentrale Rolle spielt. Gemäß Frankfurt ist ein Wille dann frei, wenn der Wunsch der zum Handeln bewegt, auch der Wunsch ist, den man haben will. Wünsche erster und zweiter Stufe stimmen überein, der Wunsch wird zum Willen gemacht. Nur wenn man das tut, was man tun will, kann von freiem Handeln die Rede sein.[121] Wenn sich jemand durch äußere Umstände, wie z.B. Werbung oder innere, triebhafte Wünsche, von dem abbringen lässt, was er gemäß seinen Wünschen zweiter Stufe will, ist er im Sinne Frankfurts nicht frei. Die Unfreiheit zeigt sich darin, dass er seine Handlungsentscheidung nicht zugunsten einer Übereinstimmung zwischen seinen Wünschen erster und zweiter Ordnung trifft – sein Wille stellt keine Einheit dar. Denn im Grunde ist die Person – reflektiert sie ihre Handlung – nicht einverstanden mit dem, was sie tut, weil sie die Handlung nicht in Übereinstimmung mit ihren Wünschen erster und zweiter Stufe getätigt hat. Um von selbstbestimmter, frei gewählter Identität sprechen zu können, ist es unabdingbar, die Identität, die man bereits in sich vorfindet, anzuerkennen. Damit meint Frankfurt,

> „dass man einverstanden ist, die Person zu sein, die man ist, und dass man, wenn auch vielleicht nicht enthusiastisch, aber doch willentlich die Motive und Dispositionen akzeptiert, die uns dazu bewegen, zu tun, was wir tun. Das würde zu einer inneren Harmonie führen, die ungefähr auf das gleiche hinausläuft, wie einen freien Willen zu haben, und es würde mit der natürlichen Befriedigung einhergehen – oder der Zufriedenheit oder dem Selbstwertgefühl - dass man die Art von Person ist, die man sein will“[122].

Wenn Frankfurt davon spricht, dass es für eine innere Harmonie erforderlich ist, dass die Person akzeptiert, diejenige zu sein, die sie bereits ist, meint er damit die Annahme dessen, was die Person in sich selbst bereits vorfindet, denn kein Individuum ist eine tabula rasa. Deshalb sind in jeder Person auch

---

[120] Vgl.ebd., 28.
[121] Vgl. ebd., 29-31.
[122] Ebd., 32.

ihre Ziele und Wünsche schon in gewisser Weise vorgegeben. Nun muss sich der Einzelne mit diesen auseinandersetzen. Zur selbstbestimmten Identitätsbildung ist es folglich notwendig, sehr reflektiert vorzugehen und sich selbst genau zu kennen. Mit Willensfreiheit meint Frankfurt also nicht, alles wollen zu können, sondern vielmehr das wollen zu können, was individuell richtig zu sein scheint, weil die Person das Richtige in sich selbst schon vorfindet. So ist die Person in ihrem Willen frei, wenn sie ein bestimmtes Ziel anstrebt, weil sie dieses Ziel als gut in sich erkennt.[123] Demnach ist personale Identitätsbildung ein Prozess, „in dem ein Mensch unabhängig von anderen entdeckt und entscheidet, was er ist."[124]

Identitätsbildung und die Frage nach dem guten Leben

Wie sich bisher gezeigt hat, sind gemäß Frankfurt die Fähigkeit zur reflektierenden Selbstbewertung und der freie Wille die Voraussetzungen zur individuellen Identitätsbildung. Aber wie geht der Einzelne nun im Prozess seiner Identitätsbildung vor? Woran orientiert er sich dabei? Was dient ihm als Maßstab für die Bewertung seiner Wünsche?

Nach Frankfurt ist im individuellen Identitätsbildungsprozess die Frage, wie man leben soll, eine fundamentale. Denn wenn sich der Einzelne die Frage nach seinem individuellen guten Leben stellt, geht es ihm darum, herauszufinden, was ihm wichtig ist, woran er seine Identität festmachen will:

> „Ich frage mich, welche Ziele ich anstreben und welche Grenzen ich respektieren soll. Ich will mir darüber klarwerden, was beim Nachdenken über Entscheidungen und Handlungen als ein guter Grund gilt. Es ist mir wichtig zu verstehen, was mir wichtig ist."[125]

Antworten auf diese Fragen des praktischen Lebens kann der Einzelne in der Sicht Frankfurts aber nicht in der Moral und allgemeinen Werturteilen finden, weil es sich um ganz individuelle, persönliche Fragen handelt. Es ist Frankfurt zufolge die Liebe als ein Modus der Sorge[126], die als Wegweiser dient, denn die Liebe macht der Person deutlich, was ihr wichtig ist, sie stellt Endzwecke bereit und legitimiert sie.[127] Wenn das Individuum weiß, was ihm wichtig ist, worum es sich sorgt, kann es Ziele für sein Leben identifizieren

---

[123] Vgl. dazu auch: Brachtendorf, Personalität und Freiheit, 164.
[124] Frankfurt, Die Notwendigkeit von Idealen, 157.
[125] Frankfurt, Sich selbst ernst nehmen, 44.
[126] Im englischen Original verwendet Frankfurt den Begriff „caring" für Sorge, welcher seine Ansicht deutlicher macht als der deutsche Begriff. Wesentlich ist hier, dass es um Dinge/Menschen geht, die dem Einzelnen etwas bedeuten.
[127] Vgl. Frankfurt, Sich selbst ernst nehmen, 42.

und so ordnen, dass ihm „ein organisiertes Repertoire von Endzwecken zur Verfügung steht"[128].

Wenn selbstreflektierend Klarheit darüber geschaffen wurde, worum man sich sorgt, ist eine Handlungsanleitung verfügbar und die Gründe des Tuns sind klar. Um vernünftig handeln zu können, ist es also notwendig zu wissen, worum man sich sorgt. Erst mit diesem Wissen über sich selbst, ist die Fähigkeit gegeben, selbstbestimmt personale Identität zu entwickeln.[129]

Frankfurt ist es wichtig zu betonen, dass diese Orientierung an der Liebe keineswegs nonkognitivistisch und relativistisch ist, weil die gewählten Endzwecke „durch aussagekräftige rationale Grundlagen authentifiziert"[130] werden müssen. Die Liebe, wie sie Frankfurt in diesem Kontext versteht, hat also nichts mit romantischer Liebe oder Schwärmerei zu tun, sondern ist unfreiwillig, nicht-utilitaristisch, starr fokussiert und selbstbestätigend.[131] Es macht gemäß Frankfurt keinen Sinn, einen unpersönlichen Bewertungsstandpunkt für die Frage, wie man leben sollte, zu suchen. Denn die Antwort auf diese Frage findet die Person nur in sich selbst. Frankfurt spricht von einer „volitionale Prädisposition"[132]. Darunter versteht er, dass der Wille bereits in einer Weise vorgegeben ist. Deshalb bezeichnet Frankfurt auch die Liebe als etwas Unfreiwilliges, sie ist in der Person schon vorhanden: „Selbstlose Objektivität ist in diesem Zusammenhang unvernünftig"[133], weil es um etwas zutiefst Individuelles geht. Der Liebende identifiziert sich mit dem Objekt seiner Liebe, dadurch erhält er Gründe für sein Handeln. Für die Liebe gibt es keine Gründe, aber die Liebe gibt Gründe vor.

> „Die Notwendigkeiten der Liebe, die unser Verhalten steuern und unsere Optionen begrenzen, sind Notwendigkeiten des Willens. … Liebe fordert eine Menge von uns und schränkt uns in erheblichem Maße ein. In diesen Grenzen zeichnet sich die Substanz und Struktur unseres Willens ab. Sie definieren also, was unsere innerste und wesentlichste Identität ausmacht."[134]

Frankfurt zufolge ist es wichtig, Notwendigkeiten der Liebe von anderen Einschränkungen des Willens zu unterscheiden, denn obwohl die Liebe eben

---

[128] Ebd., 45.

[129] In *Gründe der Liebe* spricht Frankfurt in diesem Zusammenhang von Selbstliebe: Ist der Einzelne mit seinen Endzwecken zufrieden, so ist er auch mit seiner Identität zufrieden. Vgl. Frankfurt, Gründe der Liebe, 105.

[130] Vgl. Frankfurt, Sich selbst ernst nehmen, 43 und 46.

[131] Vgl. ebd., 58.

[132] Frankfurt, Harry G., Über die Nützlichkeit letzter Zwecke, in: Betzler, Monika/Guckes, Barbara (Hg.), Freiheit und Selbstbestimmung, Berlin 2001, 138-155, 154.

[133] Ebd.

[134] Frankfurt, Sich selbst ernst nehmen, 61.

Notwendigkeiten mit sich bringt, werden diese nicht als Zwang erlebt, sondern bejaht. Man identifiziert sich mit den Notwendigkeiten seiner Liebe und übernimmt Verantwortung für sie. Die Notwendigkeiten der Liebe haben demnach die Eigenart, einen Willen zu entwickeln, um den man zwar nicht umhin kann, ihn zu entwickeln, dennoch wird er bejaht.

Auf den ersten Blick scheinen diese Überlegungen Frankfurts zu den Notwendigkeiten der Liebe ein Widerspruch zur Willensfreiheit zu sein. Frankfurt hält dem jedoch entgegen, dass sowohl Notwendigkeiten der Liebe als auch Notwendigkeiten der Vernunft als befreiend erlebt werden, weil sie Selbstzweifel mindern: Die Vernunft gibt vor, was aus logischer Sicht der Fall sein muss und die Liebe macht deutlich, worum man sich sorgt. Deshalb entlasten beide Notwendigkeiten den Einzelnen, denn wenn aufgrund von Logik und Liebe Gründe bzw. Endzwecke vorgegeben werden, gewinnt er Sicherheit im Handeln.[135]

Die Vernunft spielt neben der Liebe im Prozess der personalen Identitätsbildung auch insofern eine Rolle, als im Zuge der Frage, wie man leben soll, ein rationales Auseinandersetzen mit sich selbst und den objektiven Tatsachen seiner Welt unabdingbar ist. Es ist für die Bildung einer selbstbestimmten Identität erforderlich, sich selbst und seine Welt zu kennen. Denn nur unter dieser Voraussetzung ist es dem Einzelnen auch möglich, die Dinge seiner Liebe bei Bedarf zu korrigieren, wenn zwei Dinge, die man zu lieben glaubt, einander widersprechen oder nicht vereinbar sind, z.B. – um bei einem banalen Beispiel zu bleiben – jeden Tag ein Stück Torte zu essen und abzunehmen. Intensives Auseinandersetzen mit den persönlichen Zielen, lässt erkennen, welches der beiden als wichtiger angesehen wird. Um dazu fähig zu sein, muss man sich selbst gut kennen.[136]

Selbst- und Weltkenntnis sind Frankfurt zufolge die Voraussetzung für die normativen Endzwecke, an denen der Einzelne seine Identität festmacht:

> „Wenn wir alles über die natürlichen Eigenschaften der Dinge, um die wir uns sorgen, in Erfahrung gebracht haben, was wir in Erfahrung bringen können, und auch soviel wie möglich über uns selbst wissen, können keine weiteren substantiellen Korrekturen erforderlich sein. Soweit es die Normativität der Endzwecke angeht, gibt es ansonsten nichts herauszufinden."[137]

Zusammenfassend lässt sich sagen, dass die Liebe im Sinne Frankfurts eine legitime Autorität ist, die als einzige angemessene und letzte Grundlage

---

[135] Vgl. Frankfurt, Gründe der Liebe, 70-72.
[136] Vgl. Frankfurt, Sich selbst ernst nehmen, 68.
[137] Ebd., 69.

normativer Einstellungen und Überzeugungen dient. Die Liebe macht klar, worum man sich sorgt und im Zuge dessen werden Endzwecke festgelegt, die die individuelle Identität bestimmen. Um die Autorität der Liebe rational akzeptieren zu können, ist es notwendig, sich selbst gut zu kennen, zu verstehen und die Forderungen und Grenzen des persönlichen Willens voll und ganz zu akzeptieren. Für diese Akzeptanz ist es unabdingbar, dass Vertrauen in das eigene Urteilsvermögen gesetzt wird. Dieses Selbstvertrauen wiederum ist die sichere Grundlage der praktischen Vernunft.[138] Praktische Vernunft befähigt den Einzelnen, die Frage nach seinem individuellen, guten Leben zu stellen und personale Identität rational und reflektiert zu konstituieren.

3.2 HOLMER STEINFATH

Holmer Steinfath hat auf der Grundlage von Überlegungen anderer Denker wie Harry Frankfurt, Charles Taylor und Ernst Tugendhat einen wesentlichen Beitrag zur Klärung der Konstitution von Identität in der analytischen Philosophie geleistet. Der Schwerpunkt seiner Arbeit *Orientierung am Guten. Praktisches Überlegen und die Konstitution von Personen* liegt auf der Analyse praktischer Überlegungen, die ein Individuum anstellt, um seine personale Identität zu bilden. Wie aus Steinfaths Verständnis der Begriffe *Person* und *Identität* deutlich geworden ist, impliziert Identität Personsein: Nur jene Eigenschaften, die der Person zukommen, geben dem Einzelnen die Möglichkeit, seine Identität zu bilden. Wenn sich demnach eine Person als die Person, die sie als je einzelne ist, durch praktisches Überlegen konstituiert und damit darüber Auskunft gibt, wer sie ist und sein will, bildet sie ihre individuelle Identität.[139]

Dazu ist es nach Steinfath notwendig, sich zu sich selbst zu verhalten. Dies zeigt sich

> „… in Absichten und Entscheidungen, die zentrale Aspekte unseres Lebens betreffen und unumgänglich auf die Frage verweisen, wer wir als je einzelne sind und sein wollen und wie wir überhaupt zu leben gedenken. Erst auf dieser Ebene ist auch aus dem Gedanken ein greifbarer Sinn zu machen, dem zufolge sich über bestimmte fundamentale Wertorientierungen bestimmt, worin unsere ‚Identität' besteht. Darüber hinaus ist zu bedenken,

---

[138] Vgl. ebd., 70f.

[139] Um begriffliche Unklarheiten zu vermeiden, wird im Folgenden grundsätzlich der Begriff *Identität* statt *Person als je einzelne* verwendet.

> dass die Konstitution von uns als je einzelne Personen durch praktische und insbesondere grundlegende praktische Überlegungen auf eine eher fremd- oder eher selbstbestimmte Weise ausfallen kann"[140].

Wichtige Faktoren, die nach Steinfath Identität ausmachen, werden in diesem Zitat deutlich:

1.) In Absichten und Entscheidungen, die zentrale Aspekte unseres Lebens betreffen, verhalten wir uns zu uns selbst.

2.) In jenen Absichten und Entscheidungen, legen wir fest, wer wir als je einzelne sind und sein wollen und wie wir überhaupt zu leben gedenken. Es wird dabei über fundamentale Wertorientierungen die Identität bestimmt.

3.) Die Konstitution der Identität durch praktische Überlegungen kann eher fremd- oder eher selbstbestimmt ausfallen.

In diesen drei Aussagen wird ersichtlich, dass Steinfath zufolge Identität in erster Linie durch rationales, reflektiertes Vorgehen in Form von praktischen Überlegungen konstituiert wird. Diese für den Identitätsbildungsprozess wichtigen Aspekte sollen nun näher beleuchtet werden:

1.) In Absichten und Entscheidungen, die zentrale Aspekte unseres Lebens betreffen, verhalten wir uns zu uns selbst.

Wenn das Individuum seine Identität bildet, muss es sich mit sich selbst auseinandersetzen, sich praktisch zu sich selbst verhalten, indem es zu sich selbst Stellung nimmt. Das praktische Sich-zu-sich-Verhalten vollzieht sich in Überlegungen, in welchen das eigene Fühlen, Wollen und Wünschen geprüft wird. Dadurch wird Klarheit über die äußere Situation und sich selbst erlangt. In diesem Zuge interpretiert sich der Einzelne selbst und seine Welt.[141] Diese personale Fähigkeit ist deshalb gegeben, weil es möglich ist, seine Umwelt und auch sich selbst zu objektivieren, also einen Abstand einzunehmen.

---

[140] Steinfath, Orientierung am Guten, 28.

[141] Vgl. ebd., 27. Die Bezeichnung des Menschen als selbstinterpretierendes Wesen übernimmt Steinfath von Charles Taylor. Vgl. dazu: Taylor, Charles, Self-interpreting Animals, in: ders., Human Agency and Language, Philosophical Papers I, Cambridge 1985, 45-76.

Die Person ist nach Steinfath sehr rational und reflektiert – auch was ihre Gefühle und Wünsche angeht. Denn diese werden einer Prüfung unterzogen, indem in einem ersten Schritt aufgrund der vorhandenen Gefühle und Wünsche ein Werturteil gefällt und dann in einem zweiten Schritt erwogen wird, ob das, was gefühlsmäßig gut zu sein scheint, auch tatsächlich gut ist. Zur Überprüfung ihrer Gefühle und Wünsche dienen der Person Wertungsstandards, die sie sich im Laufe ihrer Sozialisation zu eigen gemacht hat. Es werden also Gefühle und Wünsche reflektiert, indem diese an den von der Person verinnerlichten Wertungsstandard geprüft werden. Danach werden die geprüften Wünsche oder Gefühle bejaht oder verneint und erst dann folgt die Handlung.[142] Wenn etwa ein Vater den Wunsch verspürt, seine Karriere voranzutreiben, indem er ein Jahr in einem ausländischen Betrieb tätig ist, wird er – gemäß Steinfaths Überlegungen – an seinen verinnerlichten Wertungsstandards prüfen, ob er dies auch tatsächlich für gut befinden kann. Je nachdem, ob für ihn seine Familie oder sein Beruf einen höheren Stellenwert haben, wird er den Wunsch bejahen oder verneinen.

Praktische Überlegungen sind demnach das Fundament im Identitätsbildungsprozess, sie sind die Basis für Interpretation und Selbstinterpretation, die Frage nach dem individuellen guten und sinnvollen Leben, das Setzen von Zielen, die Auseinandersetzung mit sich selbst, der Welt und anderen.

Es lässt sich folglich konstatieren, dass sich das praktische Verhalten zu sich selbst in Überlegungen realisiert, die hinsichtlich zentraler Lebensbereiche angestellt werden. Damit macht sich die Person zu derjenigen, die sie ist. Mit durch praktische Überlegungen getroffenen Entscheidungen konstituiert das Individuum seine Identität:

2.) In den Absichten und Entscheidungen, die zentrale Aspekte unseres Lebens betreffen, legen wir fest, wer wir als je einzelne sind und sein wollen und wie wir überhaupt zu leben gedenken. Es wird dabei über fundamentale Wertorientierungen die Identität bestimmt.

Der Einzelne muss sich nach Steinfath fragen, wer er ist und sein will, wenn er Entscheidungen fällt, die sein Leben betreffen, denn diese fundamentalen Entscheidungen machen seine Identität aus. Bei diesem Vorgang orientiert er sich an Werten, die für ihn gut sind und seinem Leben Sinn geben. Es werden praktisch überlegend Werturteile gefällt, indem geprüft wird, ob etwas

---

[142] Vgl. Steinfath, Orientierung am Guten, 282f. Im Sinne Frankfurts handelt es sich bei diesem Vorgang um die Abstimmung der Wünsche erster und zweiter Ordnung aufeinander.

gut für das eigene Leben ist.[143] Es handelt sich dabei um die Frage nach dem individuellen guten Leben[144] und nach dem persönlichen Lebenssinn. Steinfath ist überzeugt:

> „Werturteile sind für unsere praktischen Überlegungen von zentraler Bedeutung, weil wir in ihnen nicht nur Standards für die Bewertung irgendwelcher Dinge in der Welt, sondern auch für die Bewertung unseres eigenen Handelns und Lebens formulieren können. Diese Bewertungsstandards fungieren dann zugleich als Normen für unser Handeln und Leben, die leitende Gesichtspunkte für die Beantwortung der praktischen Grundfrage darstellen."[145]

Da die praktische Grundfrage nach dem guten Leben konstitutiv für individuelle Identitätsbildung ist, sind folglich auch Bewertungsstandards fundamental, weil sie Orientierung zur Beantwortung dieser Frage geben.

Wenn Absichten und Entscheidungen hinsichtlich der Frage nach dem guten Leben getroffen werden, zielen diese immer auf die Zukunft ab. Das Leben auf die Zukunft hin ist ein Merkmal des Menschen als Handlungswesen. Die Person weiß um ihre Vergangenheit und Zukunft und dieses Wissen beeinflusst maßgeblich den Identitätsbildungsprozess. Die Person kommt nicht umhin, ihr Leben zu führen und ist dabei – als instinktreduziertes Wesen – auf ihre praktischen Überlegungen angewiesen.[146] Zu handeln bedeutet, sich Ziele zu setzen und zu versuchen, diese zu verwirklichen. Ziele sind identitätsbildend, weil sie eine einheitsstiftende Funktion haben. Um nämlich ein Ziel verfolgen zu können, muss zuvor eine Entscheidung zwischen verschiedenen Möglichkeiten getroffen werden. Deshalb wird, sobald ein bestimmtes Ziel festgelegt wurde, Einheit und Stetigkeit für das eigene Leben geschaffen. Weitreichende Ziele geben dem Einzelnen eine individuelle Form. Sie sind identitätsbildend, weil sie etwas darüber aussagen, was für die

---

[143] Vgl. ebd., 237-239. Die Frage, wie der Einzelne zu seinen Werturteilen kommt, wird bei Frankfurt beantwortet: Es ist die Liebe bzw. die Sorge um etwas, die einen Wert von etwas verdeutlicht. Im Zuge dieser Erkenntnis, was dem Individuum etwas wert ist, bilden sich Endzwecke heraus: „Die Liebe ist der Ursprung äußerster Werte. Liebten wir nichts, dann besäße nichts einen definitiven, einen inhärenten Wert für uns." Frankfurt, Gründe der Liebe, 61.

[144] Tugendhat bemerkt in diesem Zusammenhang: „…alles menschliche Verstehen ist von der Art, dass es sich selbst in Frage stellen kann, und daher auch die Frage, wie zu leben ist." Tugendhat, Anthropologie statt Metaphysik, 40.

[145] Steinfath, Orientierung am Guten, 263.

[146] Vgl. ebd., 286.

Person Bedeutung hat, um als Ziel verfolgt zu werden.[147] Der Kern der personalen Identität wird also durch grundlegende Ziele und Ideale bestimmt, weil in ihnen ersichtlich ist, was dem Individuum in seinem Leben am wichtigsten ist. Ideale gehen der Festlegung von Zielen voraus, weil sich der Einzelne beim Setzen seiner Ziele an Idealen orientiert:

> „Wir halten Ziele für gut, weil und sofern sie Ausdruck einer bestimmten von uns gut befundenen Lebensweise – und d.h. eines bestimmten Ideals – sind."[148]

So wird sich beispielsweise das Ideal der Familie in der Lebensweise einer Person zeigen. Sie wird einerseits ihrer Herkunftsfamilie einen hohen Stellenwert in ihrem Leben einräumen und sich andererseits zum Ziel setzen, eine eigene Familie zu gründen.

Ideale sind folglich als Wertungsstandards für das individuelle Leben zu begreifen, weil sie deutlich machen, wie jemand sein will. In diesem Sinne bezeichnet Steinfath Ideale als vom Einzelnen geschätzte, positiv bewertete „Seinsweisen":[149] Deshalb zeigt sich nach Steinfath die Identität einer Person „in ihrem Handeln und Leben", an dem „was sie für gut erachtet und wichtig nimmt"[150].

Zusammenfassend kann nun über die Signifikanz von Werturteilen im Prozess der Identitätsbildung nach Steinfath gesagt werden: Wenn im Kontext der personalen Identitätsbildung Ziele bestimmt werden, um dem Leben Sinn zu geben, und damit wiederum deutlich gemacht wird, was für gut und wichtig erachtet wird, wird die Frage „Wie soll ich leben?" beantwortet. Es gilt also herauszufinden, was von persönlichem Wert und Wichtigkeit ist. Wird etwas als wertvoll beurteilt, bilden sich dadurch Endzwecke heraus. Damit ergibt sich eine grundlegende, praktische Orientierung im Leben. Die Antwort auf die praktische Grundfrage muss folglich lauten, dass so zu leben ist, wie es für die jeweilige Person gut, besser oder am besten ist und was für

---

[147] Vgl. ebd., 298-302. Gemäß Steinfath ist das Verfolgen von Zielen, die das Leben prägen, ein „Teil der Formierung unseres je besonderen Charakters, unserer Persönlichkeit." Ebd., 301.

[148] Ebd., 317.

[149] Vgl. ebd., 313.

[150] Ebd., 394. Auch Frankfurt zufolge sind Ideale die persönliche Substanz, in der die notwendigen Bedingungen von personaler Identität ihren Grund haben. Vgl. Frankfurt, Die Notwendigkeit von Idealen, 164.

sie wertvoll ist. Praktische Überlegungen orientieren sich demnach am individuellen Guten.[151]

Die Wertorientierungen, die die Identität bestimmen, sind deshalb individuell, weil das Gute immer an die Perspektive der einzelnen Person gebunden ist, die die praktische Grundfrage stellt. Die Antwort auf die Frage, wie zu leben am besten ist, hängt vom jeweiligen Leben mit seinen Besonderheiten und der aktuellen Situation des Fragenden ab. Das Gute muss zum Individuum passen.[152]

Ein Beispiel aus dem Alltag verdeutlicht, wie individuell das Gute ist: Eine junge Mutter hat die Möglichkeit in ihrer Karenzzeit an den Abenden von Montag bis Freitag drei Monate lang einen Fortbildungskurs zu besuchen. Der Kurs wird kostengünstig angeboten und er würde ihr den Wiedereinstieg ins Berufsleben sehr erleichtern. Dennoch überlegt sie, ob sie diese Chance nutzen soll, weil sie dann drei Monate lang an den Abenden nicht zu Hause wäre und damit nur noch an den Wochenenden Zeit mit ihrem Mann verbringen könnte. Die gemeinsame Zeit mit ihrer Familie ist ihr aber sehr wichtig. Die junge Frau stellt nun praktische Überlegungen hinsichtlich ihrer aktuellen Situation an. Sie weiß, dass ihr Mann beruflich zurzeit sehr gefordert ist und dass ihm die gemeinsamen Abende besonders viel bedeuten und ihm wieder Kraft für seinen Arbeitsalltag geben. Außerdem hat sie erfahren, dass der für sie interessante Fortbildungskurs in einem Halbjahreszyklus angeboten wird. Sie könnte also auch erst beim nächsten Kurs einsteigen. Aufgrund ihrer praktischen Überlegungen entscheidet sie sich deshalb, dass es für sie in ihrer aktuellen Situation, das Beste ist, den Kurs nicht zu besuchen und die Zeit mit ihrer Familie zu verbringen.[153]

Dieses Beispiel zeigt, wie entscheidend die Besonderheiten des Lebens des Individuums für die Frage nach dem Guten sind. Grundlegende Entscheidungen wie in diesem Beispiel sind konstitutiv für die Identität, weil sie darüber Auskunft geben, was dem Individuum wichtig ist. Identität ist dem-

---

[151] Vgl. Steinfath, Orientierung am Guten, 15f und 230. „Gut" ist in diesem Kontext nicht moralisch zu verstehen, sondern im Sinne von Wohlergehen. Diesen Gedanken formuliert auch Frankfurt in Bezug auf Ideale: „Die Ideale, welche die Substanz eines Menschen bestimmen, müssen nicht moralische Ideale sein." Frankfurt, Die Notwendigkeit von Idealen, 164.

[152] Vgl. Steinfath, Orientierung am Guten, 19. Das macht auch Frankfurts Rede von der Liebe als normative Grundlage deutlich, denn Liebe kann nur individuell sein. Zudem ist Frankfurt davon überzeugt, dass allgemeine moralische Werturteile die Frage wie man leben soll, für den Einzelnen nur begrenzt und unzureichend beantworten kann. Vgl. Frankfurt, Gründe der Liebe, 11.

[153] Frankfurt würde in diesem Beispiel von Liebe bzw. Sorge sprechen: Die Sorge um das Wohl der Familie ist größer als die um die Karriere. Im Sinne Steinfaths wäre es das „Ideal der Familie", das die Frau vor Augen hat, welches für ihre Entscheidung ausschlaggebend ist.

nach individuell. Der Einzelne kommt nicht umhin, sich immer selbst die Mühe zu machen, die praktische Grundfrage nach dem Guten für sich und sein Leben zu beantworten.

Der Grund, warum das gute Leben und damit die Konstitution von Identität so individuell sind, liegt darin, dass die persönlichen Gefühle und Wünsche die erste Orientierung für das Gute geben. Auch der folgende zweite Schritt, in dem geprüft wird, ob das, was den Gefühlen und Wünschen nach gut zu sein scheint, auch wirklich gut ist, ist individuell, weil damit Werturteile gefällt werden, die man sich zu eigen gemacht hat.[154] Im Zuge der praktischen Überlegungen zeigt sich, dass es viele Optionen gibt, um dem Leben einen Sinn zu geben. Woran letztendlich der persönliche Lebenssinn festmacht, ist das Ergebnis individueller, überlegter Entscheidung.[155]

Selbst gesteckte Ziele zu verfolgen bedeutet zum einen über sich selbst zu bestimmen und zum anderen wird damit das Bedürfnis nach Sinnerfahrung erfüllt. Wenn die Entscheidung für ein Ziel im Leben getroffen ist, wird damit bestimmt, wie zu leben und handeln gewünscht wird. Das sinnstiftende Moment von Zielen zeigt sich darin, dass man mit Blick auf etwas handelt, das man als wichtig und wertvoll erachtet. Durch zielgerichtetes Handeln gewinnt das Leben Sinn.[156] Steinfath sieht in diesen Tatsachen

> „eine weitere mögliche Bestimmung unserer selbst in der Feststellung, dass wir glücks- und sinnbedürftige Wesen sind, die praktisch überlegend herausfinden müssen, worin sie Glück und Sinn finden können“[157].

Ein Leben ist dann glücklich und sinnerfüllt, wenn es vom Individuum selbst als glücklich und wertvoll bezeichnet wird.[158] An dieser Stelle wird das Individuelle im Identitätsbildungsprozess wieder explizit: Sinnvolles Handeln wird als identitätsstiftend erlebt. Den Sinn seines Lebens zu bestimmen, ist jedoch Aufgabe des Individuums.[159]

---

[154] Vgl. Steinfath, Orientierung am Guten, 282f.

[155] Vgl. ebd., 427. In diesem Sinne konstatiert auch Frankfurt, dass Absichten und in diesem Zuge personale Identität „nicht durch Nachahmung, sondern durch einen individuellen schöpferischen Prozess“ gebildet werden. Frankfurt, Die Notwendigkeit von Idealen, 157.

[156] Vgl. Steinfath, Orientierung am Guten, 304f.

[157] Ebd., 446.

[158] Vgl. ebd., 380.

[159] Besonders ausführlich mit dem Lebenssinn als etwas Konstitutivem für Identität beschäftigt sich Charles Taylor, auf dessen Überlegungen u.a. Steinfaths Thesen basieren. Taylor verwendet den Begriff „Rahmen“, den ein Mensch braucht, um seinem Leben Sinn zu verleihen. Das Leben ist in gewisser Weise eine Suche nach dem Sinn des Lebens. Das Finden von Sinn wiederum ist mit dem Erfinden des Sinns für das personale Leben verbunden. Daraus folgt, dass das sinnvolle Verstehen des individuellen Lebens das Ziel der Suche ist.

Auch wenn sich der Einzelne im Zuge seiner Identitätsbildung sehr intensiv mit sich selbst, seinen Wünschen, Gefühlen und Zielen auseinanderzusetzen hat, kann Identität jedoch nicht in innerer Abgeschlossenheit entwickelt werden. Vielmehr findet der Identitätsbildungsprozess immer auch in einem sozialen Gefüge unter dem Einfluss von anderen statt. Der Einfluss der Anderen hat eine grundlegende Bedeutung für die Identitätsbildung, denn

3.) die Konstitution der Identität durch praktische Überlegungen kann eher fremd- oder eher selbstbestimmt ausfallen.

Praktische Überlegungen anzustellen allein bedeutet noch nicht, dass das Individuum selbstbestimmt lebt. Da praktisches Überlegen nie ohne Einfluss von außen, sondern immer in einem sozialen Raum abläuft, besteht die Gefahr der Fremdbestimmung der eigenen Identität. Wie fremd- oder selbstbestimmt das Leben geführt wird, hängt Steinfath zufolge davon ab, wie gut das Individuum sich selbst und seine Welt kennt. Er spricht von Selbst- und Weltkenntnis. Zur Selbstkenntnis zählt nach Steinfath all das, was zur Person als körperlich-geistigem Wesen gehört. Sich selbst zu kennen bedeutet, mit den eigenen Einstellungen, den eigenen Gefühlen, Meinungen und Wünschen vertraut zu sein und auch zu wissen, welche geistigen und körperlichen

---

(Vgl.: Taylor, Quellen des Selbst. Die Entstehung der neuzeitlichen Identität, Frankfurt/Main 1994, 40f.) In anderen Worten: Die Suche nach personaler Identität ist zugleich die Suche nach dem persönlichen Lebenssinn. Im Kontext des geschaffenen Rahmens für das Leben, lässt sich personale Identität bestimmen. Taylor konstatiert – wie auch später Steinfath –, dass die Identität eng damit verbunden ist, was für den Einzelnen von ausschlaggebender Bedeutung ist (das entspricht dem „caring“ nach Frankfurt). Damit ist die Antwort auf die Frage, wer er ist, gegeben. Bindungen und Identifikationen die den Rahmen definieren, innerhalb dessen zu bestimmen versucht wird, was gut oder wertvoll ist, ergeben die Identität. So ist beispielsweise die moralische Bindung an den humanistischen Atheismus, wie ihn Albert Camus vertritt – nach diesem Verständnis steht der Mensch im Mittelpunkt aller Handlungen. Menschen müssen für ihre Mitmenschen da sein, das ist gemäß Camus das einzige was im Leben zählt –, ein wichtiger Bestandteil seiner Identität. (Vgl. dazu auch: Schmidhuber, Martina, Albert Camus: Die Pest – Eine sozialethische Interpretation, Saarbrücken 2008.) Wenn man sich zu einer bestimmten Denk- oder Glaubensrichtung bekennt, wird damit der Rahmen, in welchem man agiert, definiert. Der Rahmen gibt an, wo der eigene Standort ist und wie man zu Fragen nach dem Guten steht. (Vgl.: Taylor, Quellen des Selbst, 55.) Wenn Bindungen und Identifikationen, die einen Lebensrahmen und damit Halt geben, abhanden kommen, besteht die Gefahr einer Identitätskrise, weil Orientierungsverlust für die eigene Identität Ungewissheit bedeutet. Sowohl eine feste Bedeutung der Dinge als auch Wertungen, was als gut, sinnvoll oder schlecht angesehen wird, werden in dem geschaffenen Rahmen definiert. Kommt der Rahmen abhanden, ist der Sinn der Dinge unbeständig und unbestimmt – die Identität gerät ins Schwanken. Das bedeutet, dass es eine signifikante Verbindung zwischen Identität und Orientierung gibt. Zu wissen wer man ist, heißt, zu wissen, was man vertritt, welche moralische Einstellung man bezieht und was einem wichtig ist. (Vgl. ebd., 56, 59f.)

Fähigkeiten man hat. Selbstkenntnis ist die Bedingung der Möglichkeit für selbstbestimmtes Handeln, denn nur wer über sich selbst Bescheid weiß, kann bestimmen, wie er handeln möchte.[160] So ist es beispielsweise notwendig, über seine Fähigkeiten Bescheid zu wissen, wenn man ein bestimmtes berufliches Ziel anstrebt, denn Glück und Sinnerfüllung sind nur dann möglich, wenn der Beruf zum Einzelnen passt bzw. seinen Fähigkeiten entspricht.

Ebenso wichtig für selbstbestimmte Identitätsbildung wie Selbstkenntnis ist Weltkenntnis. Der selbstbestimmte Mensch ist realitätsoffen und fähig, sich mit der Wirklichkeit und ihren Veränderungen auseinanderzusetzen, um seine eigenen Einstellungen daran zu prüfen, zu bestätigen oder zu verwerfen.[161] Er kommt also nicht umhin, sich mit der Wahrheit, mit von ihm unabhängigen Fakten auseinanderzusetzen. Insofern setzt eine gelingende selbstbestimmte Identitätsbildung auch eine rationale, realistische Beschäftigung mit den objektiven Gegebenheiten voraus.[162]

Wenn es zur Identitätsbildung auch notwendig ist, sich selbst mit objektiven Tatsachen zu konfrontieren, heißt das aber noch nicht, dass das Individuum untätig alles Gegebene hinzunehmen hat. Denn um auf selbstbestimmte Weise ihre Identität zu konstituieren, ist es notwendig, dass sich die Person fragt,

> „was sie will, wie sie jetzt handeln und künftig leben will, und dabei wird sie nichts als bloß vorgegeben akzeptieren, das sie verändern könnte“[163].

Aber um Veränderungen vornehmen zu können, ist eben Weltkenntnis notwendig.[164] Selbstbestimmte praktische Überlegungen bestehen folglich darin, sich explizit und reflektiert mit seiner Situation zu befassen, „sie beruhen auf einer unverzerrteren Wahrnehmung der Welt und der eigenen Person“[165]. Es handelt sich dabei um den Vorgang der Welt- und Selbstinterpretation, in

---

[160] Vgl. Steinfath, Orientierung am Guten, 417f und 422.

[161] Vgl. ebd., 415.

[162] Frankfurt betont die Abhängigkeit des Einzelnen von einer objektiven Wirklichkeit, mit deren Auseinandersetzung er erst seine Identität kreieren kann: „Somit fußt unser Erkennen und Verstehen unserer Identität auf unserer Einschätzung einer Realität, die definitiv von uns unabhängig ist, und es ist zur Gänze von ihr abhängig.“ Frankfurt, Harry G., Über die Wahrheit, München 2007, 93.

[163] Steinfath, Orientierung am Guten, 423.

[164] So auch Tugendhat: „Wir müssen die Wirklichkeit richtig erkennen, um sie unseren Wünschen gemäß verändern zu können.“ Tugendhat, Anthropologie statt Metaphysik, 87.

[165] Steinfath, Orientierung am Guten, 425.

dem Selbstkreation stattfindet und in diesem Zuge personale Identität bestimmt wird.[166]

In diesem Prozess des selbstbestimmten praktischen Überlegens, setzt sich der Einzelne immer auch mit anderen Menschen auseinander, weil personale Identität nur im sozialen Raum gebildet werden kann.[167] Identität entsteht also in einer Wechselwirkung zwischen dem Einfluss der anderen und den eigenen reflektierten Wünschen, Gefühlen und Meinungen. Im selbstbestimmten Prozess der Identitätsbildung geht es darum, sich auf andere einzulassen, ohne sich von ihnen bestimmen zu lassen, denn Erziehung, Rat und Anerkennung anderer sind Steinfath zufolge konstitutive Elemente für die Entwicklung selbstbestimmter praktischer Überlegungen, die zur Identität führen. Wenn Wünsche, Gefühle und Meinungen zum persönlichen guten Leben reflektiert werden, spielen dabei die anderen auch insofern eine wesentliche Rolle, so Steinfath, als dem Individuum an Wertschätzung und Anerkennung der anderen etwas liegt.[168] Personen sind auf die Anerkennung anderer angewiesen, weil es ohne diese nicht möglich ist, ein starkes Selbstwertgefühl auszubilden. Dieses ist aber wiederum die Bedingung der Möglichkeit zum eigenständigen Denken.[169] „Was Personen wichtig ist, wird sich deswegen immer auch dem offenen oder verinnerlichten Dialog mit anderen verdanken."[170]

Es ist folglich notwendig, sich im Prozess der Identitätsbildung auf andere einzulassen und auf ihr Urteil zu vertrauen. Dieses Vertrauen auf das Urteil anderer ist mit Selbstbestimmung dann vereinbar, wenn geprüft wird, ob Vertrauen angebracht ist und wenn dies nicht der Fall ist, das Vertrauen zurückgezogen wird.[171] Blindes Vertrauen würde Steinfath zufolge in Fremdbestimmung münden. Daraus folgt, dass der Einzelne nur dann voll und ganz selbstbestimmt handelt, wenn er das Urteil anderer zwar in seinen Überlegungen berücksichtigt, aber nur annimmt, wenn er es für vertrauenswürdig hält. Um dies leisten zu können, ist es erforderlich, sich selbst und die Motive[172] seines intendierten Handelns gut zu kennen.[173]

---

[166] Vgl. ebd.

[167] Charles Taylor konstatiert deshalb: „Ein Selbst ist man nur unter anderen Selbsten. Es ist nie möglich, ein Selbst zu beschreiben, ohne auf diejenigen Bezug zu nehmen, die seine Umwelt bilden." Taylor, Quellen des Selbst, 69.

[168] Vgl. Steinfath, Orientierung am Guten, 320: „Wir wollen von uns selbst ein gutes Bild haben, weil wir in den Augen anderer gut dastehen wollen."

[169] Vgl. ebd., 435.

[170] Ebd., 435.

[171] Vgl. ebd., 436.

[172] Motive bzw. Gründe geben eine Antwort auf die Warum-Frage, z.B.: Warum möchtest du so handeln? Vgl. dazu ebd., 83. Nach Frankfurt ist es die Liebe, die Handlungsgründe vorgibt. Auf die Frage, warum man so oder so handelt, könnte im Sinne Frankfurts geantwortet

Steinfath räumt jedoch ein, dass sich die Frage aufdrängt, ob es überhaupt möglich ist, voll und ganz selbstbestimmt zu sein, denn es gibt Fälle, in denen das eigene Handeln nicht immer vollkommen klar und erklärbar zu sein scheint. Oft wird das Motiv erst aufgrund der Handlung erklärbar: Wenn jemand beispielsweise das Rauchen aufgeben möchte und dennoch immer in sein altes Verhaltensmuster zurückfällt, wird der umgekehrte Weg gegangen: Nicht bewusste, praktische Überlegungen führen zum Handeln, sondern vom Handeln wird auf die eigene innere Einstellung geschlossen[174] – etwa, dass man offenbar gar nicht wirklich zu rauchen aufhören möchte und sich das selbst nicht eingestehen will.

Selbstbestimmt zu handeln bedeutet nicht, dass bei jeder alltäglichen Entscheidung reflektierte Überlegungen eine Rolle spielen müssen. Vielmehr sind bewusste, reflektierte Überlegungen dann für selbstbestimmtes Handeln notwendig, wenn es um wichtige, grundlegende Bereiche des individuellen Lebens geht, die die personale Identität betreffen, beispielsweise bei der Frage nach den Lebenszielen.

Um solche relevanten Fragen mit Hilfe praktischer Überlegungen möglichst selbstbestimmt für sich beantworten zu können, sind, wie sich zeigte, Selbst- und Weltkenntnis erforderlich.[175] Selbst- und Weltkenntnis sind aber begrenzt, deshalb ist auch die individuelle Selbstbestimmung nur in begrenztem Maße möglich. Das Wissen des Einzelnen von sich selbst und seiner Welt kann zwar nur beschränkt sein, aber mit diesem Wissen ist es möglich, personale Identität zu bilden. Dasselbe gilt für die Optionen des Individuums: Die Möglichkeiten im Leben sind nicht grenzenlos, aber wenn sich der Einzelne mit seinen Optionen vertraut macht, kann er selbstbestimmt entscheiden, welche er für sein Leben nutzen möchte.[176]

Selbstbestimmte Entscheidungen für konkrete Lebensziele sind Steinfath zufolge der Kern der Identität, weil damit festgelegt wird, was wichtig und erstrebenswert ist. Die Konstitution personaler Identität ist folglich mit Anstrengung verbunden. Sich Gedanken über sich selbst, die Welt und die eigene Zukunft zu machen, ist ein mühsames Unterfangen. Das ist der Preis für ein selbstbestimmtes Leben. Dieser Preis der Anstrengung ist es nach Steinfath

---

werden: „Weil mir die Sache wichtig ist/etwas bedeutet." Vgl. Frankfurt, Sich selbst ernst nehmen, 42.

[173] Vgl. Steinfath, Orientierung am Guten, 418.

[174] Vgl. ebd., 422. So auch George Steiner, der dieses Phänomen für häufiger und für einen Grund zur Traurigkeit hält: „In vielen Fällen sieht es so aus, als käme die Ursache nach der Wirkung. Denkakte scheinen auf unüberlegte, spontane Handlungen zu folgen…" Steiner, George, Warum denken traurig macht. Zehn (mögliche) Gründe, Frankfurt/Main 2006, 46.

[175] Vgl. Steinfath, Orientierung am Guten, 432.

[176] Vgl. ebd., 434.

wert bezahlt zu werden, weil mit Selbstbestimmung Glücks- und Sinnerfahrungen verbunden sind. Die selbst getroffene, bewusste Entscheidung verschafft dem Individuum mehr Befriedigung, als ein fremdbestimmtes Leben, auch wenn dieses Orientierungssicherheit geben und von Verantwortung entlasten kann.[177]

Zusammenfassend lässt sich über selbstbestimmte Identitätsbildung im Sinne Steinfaths sagen, dass das Individuum in diesem Prozess sehr reflektiert vorzugehen hat. Wenn in persönlichen Überlegungen die Frage nach dem guten Leben, nach Zielen gestellt wird, ist es notwendig, dass dabei genau geprüft wird, wessen Wertschätzung hinsichtlich der eigenen Absichten und Motive vertraut wird. Ebenso hohe Reflexion ist sowohl hinsichtlich der eigenen Wünsche, Gefühle und Meinungen, als auch bezüglich der objektiven Gegebenheiten erforderlich.

3.3 Peter Bieri

Schließlich soll nun auch die Arbeit Peter Bieris *Das Handwerk der Freiheit. Über die Entdeckung des eigenen Willens* hinsichtlich der Klärung des Identitätsbildungsprozesses untersucht werden. Es soll gezeigt werden, dass die Auffassungen über den Prozess der Identitätsbildung bei den ausgewählten Philosophen sehr ähnlich sind.[178] Die Terminologie und die gesetzten Schwerpunkte der einzelnen Autoren sind jedoch unterschiedlich: So spricht Bieri nur von *Überlegen* und nicht wie Steinfath vom *praktischen Überlegen.* Bieri betont mit Frankfurt besonders den *Willen* der Person, der als angeeigneter Wille Identität ausmacht usw. Vergleicht man aber die hinter diesen Termini stehenden Überlegungen, wird ersichtlich, dass die Analysen zum Prozess der Identitätsbildung auf einem grundlegenden Gedanken basieren: Personale Identität wird rational und reflektiert gebildet.

Drei Textpassagen aus seinem Werk *Das Handwerk der Freiheit. Über die Entdeckung des eigenen Willens* dienen im Folgenden als Ausgangspunkte der Analyse des Identitätsbildungsprozesses im Sinne Bieris. Diese werden mit Steinfaths Gedanken verglichen, um Unterschiede und Übereinstimmungen in den Werken aufzuzeigen. Wie Steinfaths Überlegungen, basieren auch jene von Bieri auf den Analysen Harry Frankfurts.

---

[177] Vgl. ebd., 457f.

[178] Bieri zählt diese philosophischen Analysen über personale, mentale Vorgänge zur *Philosophie des Geistes.* Vgl. Bieri, Peter, Generelle Einführung, in: ders., Analytische Philosophie des Geistes, Königstein 1981, 1-28, hier: 25.

In der ersten Textpassage geht es um Überlegungen, die dem identitätsbildenden Entscheiden vorausgehen; es handelt sich in der Terminologie Steinfaths um das praktische Verhalten zu sich selbst. Bieri legt im Kontext des überlegten Entscheidens die Betonung auf den Willen:

> 1.) „Wenn wir entscheiden, nehmen wir Einfluss auf unseren Willen. Entscheiden ist Willensbildung durch Überlegen. Als Ergebnis des Nachdenkens bildet sich der Wille heraus, etwas Bestimmtes zu tun."[179]

Bieri nennt Entscheidungen, die zentrale Aspekte des persönlichen Lebens betreffen – und insofern auch die personale Identitätsbildung –, substantielle Entscheidungen. Bei diesen Entscheidungen stellt sich nach Steinfath der Einzelne die Frage, wer er als je einzelner ist und wie er leben möchte. Bieri formuliert diesen Gedanken so:

> 2.) „In einer substantiellen Entscheidung geht es stets um die Frage, welche meiner Wünsche zu einem Willen werden sollen und welche nicht."[180]

Bei Steinfath wurde deutlich, dass personale Identität nur im sozialen Raum entwickeln werden kann. Die anderen, auf die der Einzelne im Prozess seiner Identitätsbildung angewiesen ist, können ihn stärker oder schwächer beeinflussen, das hat Auswirkungen auf seine praktischen Überlegungen, die je nachdem eher fremd- oder eher selbstbestimmt ausfallen können. Auch Bieri thematisiert den Unterschied zwischen selbst- und fremdbestimmter Identität:

> 3.) „Dass ein Wille selbständig ist, kann nicht bedeuten, dass er sich in innerer Abgeschlossenheit entwickelt und ein Monadendasein führt. Die entscheidende Frage lautet demnach: Was ist der Unterschied zwischen einem im Austausch mit anderen entwickelten und durch sie veränderten selbständigen Willen und einem von den anderen bloß übernommenen, durch sie manipulierten Willen?"[181]

---

[179] Bieri, Das Handwerk der Freiheit, 61.
[180] Ebd., 62. Im Sinne Frankfurts handelt es sich dabei um Volitionen zweiter Stufe.
[181] Ebd., 419.

Nun sollen diese Momente des individuellen Identitätsbildungsprozesses genauer untersucht werden:

1.) Wenn wir entscheiden nehmen wir Einfluss auf unseren Willen. Entscheiden ist Willensbildung durch Überlegen. Als Ergebnis des Nachdenkens bildet sich der Wille heraus, etwas Bestimmtes zu tun.

Bieri zufolge ist es bei selbstbestimmter Identitätsbildung wesentlich, sich zu fragen, was man in seinem Leben will und wie man sein will und – nachdem diese Fragen aufgrund von Überlegungen für sich beantwortet wurden – dementsprechend zu entscheiden. Der Wille wird also geprüft, bevor eine Entscheidung getroffen wird. Dabei ist es notwendig, einen kritischen Abstand zu sich selbst einzunehmen und sich selbst zum Problem werden zu können.[182] Dieser kritische Abstand zu sich selbst ist es, der die Freiheit der Entscheidung ausmacht.[183] Denn wäre es dem Individuum nicht möglich, zu sich selbst kritisch überlegend Stellung zu nehmen und in weiterer Folge nicht frei entscheiden zu können, würde es sich fremdbestimmen lassen, weil es seinen Willen nicht durch Überlegen bilden könnte, sondern andere, äußere Umstände seinen Willen leiten würden. Das Nachdenken über sich selbst und den eigenen Willen ist folglich im Sinne Bieris ein wichtiger Faktor zur Bildung der personalen Identität: „Indem wir durch Überlegen und durch das Spiel der Phantasie einen Willen ausbilden, arbeiten wir an uns selbst.“[184] Das Entscheiden über das eigene Leben und damit darüber, wer man ist, ist gemäß Bieri ein gestaltender, schöpferischer Akt, welcher auf der Fähigkeit beruht, „einen inneren Abstand zu sich selbst aufzubauen und uns dadurch in unserem Willen zum Thema zu werden“[185]. Nach einer Entscheidung, wie der Wille sein soll, ist der Einzelne also ein anderer als vorher.[186]

Dieser Akt der Willensbildung durch Entscheiden ist nicht nur gestaltend und schöpferisch, sondern auch reflektiert hinsichtlich der eigenen Meinungen, Wünsche und Gefühle. Es geht darum, sich selbst zu kennen und zu hinterfragen, woher die eigenen Meinungen, Wünsche und Gefühle kommen.

---

[182] Vgl. Bieri, Peter, Wie wäre es gebildet zu sein?, Festrede in Bern 2005, Hörbuch, Komplett Media, Grünwald 2007. „Es kennzeichnet Personen, dass sie sich, was ihre Meinungen, Wünsche und Emotionen anbelangt, zum Problem werden und sich um sich selbst kümmern können.“ Vgl. auch: Bieri, Das Handwerk der Freiheit, 71: „Wir können uns selbst in Gedanken gegenübertreten, Fragen an uns richten und uns zum Problem werden.“

[183] Vgl. ebd., 91.

[184] Ebd., 382.

[185] Ebd.

[186] Vgl. ebd.

Im reflektierten Identitätsbildungsprozess will sich der Einzelne in seinem Denken, Fühlen und Wollen verstehen. Dabei interpretiert er seine Vergangenheit und durchleuchtet seine Zukunftsentwürfe, um Klarheit über sich zu gewinnen.[187] Das reflektierte Individuum möchte nach Bieri wissen, warum es etwas will und durch dieses kritische Nachdenken über den eigenen Willen werden die Entscheidungen beeinflusst. Ist durch Überlegen eine Entscheidung getroffen und ein bestimmter Wunsch zum Willen gemacht worden[188], identifiziert sich die Person mit diesem und legt damit fest, wer und wie sie sein will, sie entscheidet sich für eine Identität.[189]

Wie bereits oben angedeutet, spielt bei der Identitätsbildung in der Sicht Bieris neben der kritischen Reflexion auch die Phantasie eine wichtige Rolle. Soll personale Identität selbstbestimmt konstituiert werden, ist es unabdingbar, sich vorzustellen, wie das künftige Leben mit diesem oder jenem Wunsch – würde dieser zum Willen gemacht – aussehen würde. Um die richtigen Entscheidungen für die Zukunft zu treffen, ist es also notwendig, sich sehr gut selbst zu kennen, um den eingeschlagenen Weg nicht zu bereuen.

> „Noch mehr als sonst gilt das, wenn wir vor einer unumkehrbaren Entscheidung stehen, mit der wir die eine Identität wählen und uns gegen eine andere entscheiden.“[190]

Die Phantasie kann im Sinne Bieris als wichtiges Hilfsmittel verstanden werden, sich die eigene Zukunft mit dieser oder jener Identität auszumalen. In einem rationalen Prozess wird die Identität gewählt, mit der man sich in seinem Vorstellungsvermögen am wohlsten fühlt. In diesem Zuge wird der Wunsch zum Willen gemacht und personale Identität festgelegt. Wenn etwa eine junge Frau einerseits den Wunsch verspürt, Kinder zu bekommen und voll und ganz Hausfrau und Mutter zu sein, andererseits aber auch den Wunsch hat, Karriere in ihrem Beruf zu machen, kommt sie nicht umhin, sich diese beiden Wünsche in ihrer Phantasie als realisierten Willen vorzustellen, bevor sie sich für einen entscheidet. Die Rolle, in der sie sich in ihrer Phantasie wohler fühlt, wird sie zu ihrem Willen machen und legt im Zuge dessen ihre Identität fest.

---

[187] Vgl. Bieri, Wie wäre es gebildet zu sein?

[188] Hier wird, wie bereits oben aufgezeigt wurde, nochmals deutlich, dass erst der Wunsch, der zum Willen gemacht wird, identitätsrelevant ist.

[189] Vgl. Bieri, Das Handwerk der Freiheit, 65.

[190] Ebd., 66. Unumkehrbar ist z.B. die Entscheidung für ein Kind. Mit der Entscheidung Mutter zu werden, trifft man eine unumkehrbare, identitätsfestlegende Entscheidung.

Folglich unterstützt die Phantasie den Einzelnen in seinem reflektierten Prozess der Identitätsbildung, weil die äußeren Umstände, die eine mögliche Entscheidung mit sich bringen würden, bedacht werden können. Doch nicht nur die äußeren Bedingungen lassen sich mit Phantasie vorausdenken, sondern auch die „innere Zukunft“[191]. Die Person kann sich vorstellen, wie sie sich fühlen würde, wenn sie sich gegen ihren Beruf und für die Mutterrolle entscheiden würde.[192] Erst wenn sich der Einzelne vorstellt, wie sein Leben nach dieser oder jener Entscheidung aussehen würde, kann er rational und reflektiert einen Wunsch zu seinem Willen machen.

Solche Entscheidungen, bei welchen ganz explizit die Frage gestellt wird, was und wie man sein will, betreffen die Substanz des individuellen Lebens. Bieri spricht deshalb von substantiellen Entscheidungen:

2.) In einer substantiellen Entscheidung geht es stets um die Frage, welche meiner Wünsche zu einem Willen werden sollen und welche nicht.

Bei der freien Entscheidung für einen bestimmten Wunsch, so wurde deutlich, ist die Fähigkeit vorausgesetzt, kritisch Abstand zu sich selbst einnehmen zu können und sich damit selbst zum Thema zu machen, sich selbst zu objektivieren. Bieri konstatiert, dass sich das Individuum nicht nur denkend, sondern auch wünschend selbst zum Thema werden kann. Demnach ist es sowohl möglich, sich über seine ursprünglichen Gedanken weitere Gedanken zu machen, als auch Wünsche über die ursprünglichen Wünsche zu entwickeln:

> „Ich kann mich nicht nur denkend fragen, was mit meinen Gedanken und Meinungen ist, ich kann mir auch wünschen, einen bestimmten Wunsch oder Willen zu haben oder nicht zu haben.“[193]

Diese Wünsche zweiter Ordnung befähigen den Einzelnen, einen kritischen, bewertenden Abstand zu sich selbst einzunehmen, der die Bedingung der Möglichkeit zur selbstbestimmten Identitätsbildung ist.

Demzufolge ist man den eigenen Wünschen nicht einfach ausgeliefert, sondern „ich kann einen Schritt hinter sie zurücktreten, sie ordnen und im Lichte höherstufiger Wünsche bewerten, gutheißen oder ablehnen.“[194]

---

[191] Bieri, Das Handwerk der Freiheit, 67.
[192] Vgl. ebd., 66f.
[193] Ebd., 71. Peter Bieri übernimmt hier die Idee Harry Frankfurts von Wünschen zweiter Ordnung, unterscheidet aber terminologisch nicht zwischen Wünschen und Volitionen.

In der Beurteilung der eigenen Wünsche wird entschieden, ob sie nun zum Willen werden sollen oder nicht. Wenn in weiterer Folge der Abstand zu sich selbst aufgegeben wird und der Vorgang der Identifikation mit dem gewählten Wunsch abgeschlossen ist, ist damit die personale Identität festgelegt. Dieser Prozess der Willensaneignung unter Berücksichtigung von höherstufigen Wünschen setzt Reflexionsfähigkeit voraus.

Bei der Entscheidung für einen Willen spielt die Offenheit der Zukunft eine wesentliche Rolle. Im Zuge der Auseinandersetzung mit den persönlichen Wünschen wird die Frage gestellt, wie man in Zukunft leben soll und will. Dabei wird davon ausgegangen, dass bezüglich der Zukunftsgestaltung eine Wahlmöglichkeit besteht. In diesem Zusammenhang ist es von großer Bedeutung die gewählte Identität, dass die Möglichkeit besteht, immer wieder in den Willen einzugreifen und ihn den allerneuesten Entwicklungen anzupassen.[195] Demnach sind der Wille und damit die Identität im Sinne Bieris nichts Statisches, vielmehr macht der Einzelne „die Erfahrung der Plastizität und Wandelbarkeit des Willens, die Erfahrung, dass er stets im Fluss ist“[196]. Der angeeignete Wille, der die Identität ausmacht, beruht folglich nicht nur auf freier Entscheidung, das zu wollen, was für richtig gehalten wird, sondern ist auch variabel. Die Freiheit des variablen Willens wird insofern erlebt, als das zum angeeigneten Willen gemacht werden kann, was dem eigenen Urteil nach das richtige ist, und dieses Urteil bei Bedarf auch korrigierbar ist.[197] So kann man es z.B. zu einem bestimmten Zeitpunkt für richtig halten, auszuwandern. Das heißt aber nicht, dass man nicht die Möglichkeit hat, wieder in sein Heimatland zurückzukehren. Der Wille kann geändert werden und damit auch ein Stück weit personale Identität.[198]

Zudem können es auch die äußeren Umstände erfordern, dass der Wille verändert werden muss. Etwa dann, wenn sich ein angestrebtes Ziel nicht verwirklichen lässt, weil z.B. eine Krankheit dies unmöglich macht. Ein passionierter Läufer ist genötigt, sein Ziel, bei einem Marathon mitzulaufen, zu revidieren, wenn nach einem Unfall seine Beine gelähmt sind. Es ist nun notwendig, dass er seinen Willen den neuen Gegebenheiten reflektiert anpasst und sich neue Ziele steckt.

---

[194] Bieri, Das Handwerk der Freiheit, 72.
[195] Vgl. ebd., 78.
[196] Ebd.
[197] Vgl. ebd., 81. Es gilt zu bedenken, dass dies jedoch nicht bei unumkehrbaren Entscheidungen möglich ist, wie im oben erwähnten Beispiel der Entscheidung für ein Kind.
[198] Personale Identität kann nur „ein Stück weit“ geändert werden, weil, wie oben konstatiert wurde, auch das Angeborene und Vergangene zur individuellen Identität gehört.

Zusammenfassend lässt sich feststellen, dass Identitätsbildung gemäß Bieri ein kreativer, schöpferischer und reflektierter Prozess ist. Der Einzelne hat es selbst in der Hand seine Identität zu konstituieren, indem er sich einen Willen seinem Urteil gemäß aneignet. Er ist frei in der Entscheidung, welche seiner Wünsche zu seinem Willen werden sollen und welche nicht. Insofern spielt die Freiheit des Einzelnen bei Bieri eine besonders bedeutende Rolle im Identitätsbildungsprozess. Es stellt sich jedoch in diesem Zusammenhang die Frage nach dem Ausmaß und den Grenzen der individuellen Freiheit, denn wie bereits bei Steinfath deutlich wurde, kann personale Identität nur unter dem Einfluss anderer entwickelt werden. Der Wille, den sich das Individuum aneignet, kann demnach eher selbst- oder eher fremdbestimmt gebildet werden:

3.) Dass ein Wille selbständig ist, kann nicht bedeuten, dass er sich in innerer Abgeschlossenheit entwickelt und ein Monadendasein führt. Die entscheidende Frage lautet demnach: Was ist der Unterschied zwischen einem im Austausch mit anderen entwickelten und durch sie veränderten selbständigen Willen und einem von den anderen bloß übernommenen, durch sie manipulierten Willen?

Insofern Identität nur im sozialen Raum konstituiert werden kann, sind die anderen auch an der Willensbildung beteiligt, denn im Austausch mit ihnen wird ein Wille erst entwickelt. Das bedeutet aber noch nicht, dass der Einfluss der anderen das Individuum unfrei macht. Gemäß Bieri kommt es vielmehr darauf an, *wie* die anderen Einfluss auf den eigenen Willen nehmen. Die Fähigkeit, den eigenen Willen zu prüfen und Entscheidungen mit kritischem Abstand zu sich selbst zu treffen, ist das, was nach Bieri die Freiheit der Entscheidung ausmacht.[199] Erst unreflektiertes Handeln aufgrund des Einflusses der anderen würde bedeuten, sich fremd bestimmen zu lassen. Demgemäß ist es für selbstbestimmte Identitätsbildung wesentlich, „dass das Nachdenken in jeder Hinsicht der entscheidende Faktor für die Willensbildung“[200] ist. Im Sinne Bieris gilt ein Wille also dann als selbständig, wenn er nicht von anderen manipuliert ist.

Es können aufgrund des Nachdenkens Einflüsse von außen auch zugelassen werden, denn der Einfluss der anderen muss nicht notwendigerweise Fremdbestimmung und Unfreiheit bedeuten. Im Gegenteil, so ist Bieri über-

---

[199] Vgl. Bieri, Das Handwerk der Freiheit, 91.
[200] Ebd., 93.

zeugt, denn es gehört „zur Freiheit, dass man mit anderen Personen Erfahrungen macht, und das heißt: durch sie verändert wird, unter anderem in seinem Willen“[201]. Aufgrund dieser Ambivalenz des Einflusses anderer, der sich sowohl positiv als auch negativ auf den Willen auswirken kann, drängt sich die Frage auf, wie sich unterscheiden lässt, was als positiver und was als negativer Einfluss auf den Willen zu werten ist. Wie kann erkannt werden, ob der Wille im negativen Sinne von anderen beeinflusst wird? Bieri knüpft die Antwort dieser Frage an den Gedanken der Aneignung des Willens:

> „Der Einfluss der anderen trägt zur Freiheit meines Willens bei, wenn er mir bei der Aneignung hilft, und er ist freiheitszerstörend, wenn er mich darin behindert.“[202]

Gemäß Bieri ist der Einfluss anderer als Hilfe zur Aneignung des Willens daran erkennbar, wenn er unterstützt herauszufinden, ob der vermeintlich eigene Wille wirklich der eigene ist. Diese Art des Einflusses anderer kann dem Einzelnen eine Selbsttäuschung bewusst machen. Beispielsweise kann ein Mann seine Frau darauf hinweisen, dass ihr Wunsch, schlanker zu werden, seiner Ansicht nach gar nicht das ist, was sie will. Vielmehr erkennt er, dass sie die schlanken Körperbilder in den Medien stark beeinflusst haben und sie sich als Genießerin nun quält, um diesem medial postuliertem Ideal nachzueifern. Nun liegt es an der Frau, ihren Wunsch noch einmal zu prüfen und sich zu fragen, ob dieser wirklich zu ihrem Willen werden sollte. Insofern trägt der Einfluss von außen zur besseren Aneignung des Willens bei, weil der Einzelne seinen Wünschen, Meinungen und Gefühlen gegenüber nicht immer wach und kritisch ist und der innere Abstand nicht gelingt.[203] In Fremdbestimmung würde der Wille nur dann münden, wenn der Einfluss von außen nicht reflektiert werden würde.

Behinderung zur Aneignung des Willens erkennt das Individuum daran, wenn andere versuchen, ihm einen Willen aufzudrängen. Wenn deutlich wird, dass andere ihm aus eigenen Interessen einen Willen suggerieren wollen, dann wird versucht, ihm „einen Willen einzureden“[204]. Um diesen für den Prozess der selbstbestimmten Identitätsbildung wichtigen Unterschied zu erkennen, ist wiederum das Nachdenken über sich und seinen Willen unumgänglich. Es gilt folglich abzuwägen, welcher Meinung und welchem Urteil anderer man vertrauen kann. Demnach liegt es am reflektierten Individuum

---

[201] Ebd., 419.
[202] Ebd., 420f.
[203] Vgl. ebd., 95.
[204] Vgl. ebd., 421.

selbst zu entscheiden, welche Beeinflussungen es annimmt und welche es ablehnt:

> „Es sind Einsicht und Verstehen, die uns zu befreiender Abgrenzung verhelfen, nicht Abschottung und das Verstecken in einem inneren Schützengraben."[205]

Eng in Zusammenhang mit einem selbstständig angeeigneten Willen steht in der Sicht Bieris Eigenwilligkeit. Eigenwillig zu sein impliziert Freiheit, weil die Entscheidung für einen Wunsch als Willen selbstständig geschieht, der Individualität und Einzigartigkeit zum Ausdruck bringt. Das eigenwillige Individuum besitzt deshalb auch die Fähigkeit zwischen einem versucht aufgedrängtem Willen und seinem wirklich eigenen Willen zu unterscheiden.[206] Für diesen Prozess des Herausfindens, was die eigene Individualität ausmacht, ist ein kritischer, reflektierter Abstand zu sich selbst notwendig.

Bieri konstatiert, dass der Prozess der Willensaneignung mit Rückschlägen verbunden ist. Es ist immer wieder notwendig, äußere Einflüsse, denen man ausgesetzt ist, kritisch zu prüfen:

> „Man gerät stets von neuem in Strudel des Erlebens, die einen im Willen taumeln lassen und dazu zwingen, die Anstrengung der Aneignung zu unternehmen."[207]

Es lässt sich zusammenfassend im Sinne Bieris festhalten: Selbstbestimmte personale Identitätsbildung impliziert Reflexion auf das eigene Denken, Fühlen und Wünschen. Auch Einflüsse von außen können selbstbestimmt in die Identität integriert werden, wenn sie reflektiert werden.

3.4 Folgerungen

Aus den eben dargestellten Konzepten können drei fundamentale Aspekte, die den Prozess der selbstbestimmten, personalen Identitätsbildung leiten, festgehalten werden: (1) der Einzelne verhält sich mit kritischem Abstand zu sich selbst, (2) er stellt sich die Frage nach dem guten Leben und (3) er ver-

---

[205] Ebd., 422.
[206] Vgl. ebd., 429: „Eigenwillig kann man auf mancherlei Weise sein: durch das, was man tut, durch die Art, wie man sich darstellt, durch die besondere Bewertung, die man den Dingen gibt."
[207] Ebd., 415.

fügt über Willensfreiheit, steht aber unter dem Einfluss anderer, die seinen Willen verändern können. Auffallend ist, dass Frankfurt in seinen Überlegungen den Einfluss anderer ausklammert. Steinfath und Bieri hingegen, die Frankfurts Theorie in gewisser Weise „weiterdenken", berücksichtigen diesen wesentlichen Aspekt in ihren Konzepten.

Grundsätzlich wird angenommen, dass nur Menschen, die auch Personen sind, fähig sind, ihre individuelle Identität zu konstituieren. Vernunftbegabung und Willensfreiheit, die der Person zugeschrieben werden, sind die Bedingung der Möglichkeit eines selbstbestimmten Identitätsbildungsprozesses. Vernunft und freier Wille sind nämlich notwendig, um sich selbst kritisch zu betrachten, seine Wünsche und Einstellungen zu prüfen und sich in weiterer Folge einen Willen anzueignen. Hier wird deutlich, dass die behandelten Autoren davon ausgehen, dass die Person über sich selbst nachdenkt und sich selbst verstehen will. Frankfurt, Steinfath und Bieri zufolge hat das Individuum ein Bedürfnis nach Sinn und will sich deshalb über seine Wünsche, Gefühle und Meinungen klar werden – es nimmt sich selbst ernst. Es wird aufgezeigt, dass personale Identitätsbildung individuell ist, es gibt keine allgemeingültigen Regeln, die zur Orientierung dienen. Vielmehr ist es notwendig, selbst reflektierend herauszufinden, was von persönlicher Wichtigkeit ist. Wenn dies geklärt ist, werden Ziele für das Leben gesteckt und damit die Frage beantwortet, wie man leben will. Mit der Definition von Lebenszielen ist personale Identität konstituiert.

Folglich ist der Weg zur selbstbestimmten personalen Identität gemäß Frankfurt, Steinfath und Bieri mit großer Anstrengung verbunden, denn Identitätskonstitution erfordert höchste Reflexion. Als Begründung, warum diese Mühe auf sich genommen werden soll, wird der Lohn der selbstbestimmten Identität genannt, durch welche eine Zufriedenheit mit sich selbst erlangt wird. Nimmt man sich selbst ernst und reflektiert seine Wünsche, Gefühle und Meinungen, schafft man sich im Zuge dessen die Identität, die man nach seinem Willen haben möchte und wird dabei das Gefühl erlangen, „in sich selbst zu Hause zu sein"[208].

Einerseits liegt die Betonung aller drei Autoren auf Rationalität und Reflexion der einzelnen Person in ihrem Identitätsbildungsprozess. Andererseits wird aber auch der Einfluss anderer, zumindest bei Steinfath und Bieri, für erheblich gehalten, weil sich Identität nicht in innerer Abgeschiedenheit konstituieren lässt. Es geht diesem Verständnis zufolge aber auch – oder

---

[208] Harry Frankfurt spricht von der Hoffnung „auf intimere Annehmlichkeit des Gefühls, in uns selbst zu Hause zu sein", wenn man sich mit der Frage, wie man leben soll, auseinandersetzt. Vgl. Frankfurt, Gründe der Liebe, 10.

gerade – unter dieser Bedingung darum, dass das Individuum besonders reflektiert vorgeht. Es kommt also nicht umhin, sich selbst und ebenso die anderen kritisch und Stellung nehmend zu betrachten. Es ist notwendig zu prüfen, ob der andere bei der personalen Identitätsbildung behilflich ist, z.B. mit seiner Hilfe Selbsttäuschungen erkennbar werden, oder zu seinem eigenen Nutzen manipulativ agiert. Nur wenn erkannt wird, welche Einflüsse im persönlichen Interesse zugelassen werden dürfen und welche nicht, kann Identität selbstbestimmt konstituiert werden. Das setzt wiederum voraus, genau zu wissen, was man selbst will und welchen Wunsch man sich als Willen aneignen möchte. Dazu ist nicht nur Selbstkenntnis, sondern auch die Auseinandersetzung mit der Wirklichkeit und ihren Veränderungen unerlässlich. Es ist unabdingbar, seine persönlichen Fähigkeiten, Interessen und die Dinge, die einem wichtig sind, in Verbindung mit seinen objektiven Möglichkeiten zu eruieren.

Die Analysen zum Prozess der Identitätsbildung nach Frankfurt, Steinfath und Bieri zeigen, dass hier von einem sehr starken Subjekt ausgegangen wird. Der Einzelne setzt sich intensiv mit sich selbst auseinander und ist gegen äußere, manipulative Einflüsse, die ihn bei seiner selbstbestimmten Identitätsbildung stören, gewappnet, weil er rational und reflektiert vorgeht. Er ist zudem flexibel, passt sich seiner Umwelt an, ohne seine Ziele aus dem Auge zu verlieren.

In der Beantwortung der Frage, woran sich der Einzelne orientiert, wenn er eruiert, was für ihn ein gutes Leben ist, lassen sich unterschiedliche, aber doch eng miteinander zusammenhängende Auffassungen bei den drei Autoren feststellen. Im Sinne Frankfurts ist es die Liebe als ein Modus der Sorge, die deutlich macht, was man für gut und wichtig hält. Liebe ist eng mit Idealen verknüpft. Denn nur weil der Einzelne Ideale hat, kann er sich auch um etwas sorgen.[209] Aufgrund persönlicher Ideale, die die Person in sich selbst vorfindet, möchte sie auf eine bestimmte Art und Weise handeln. Sie wird sich aufgrund ihrer Sorge nicht von ihrer Handlung abbringen lassen wollen.[210] Auch Steinfath hält die Ideale, die der Einzelne im Laufe seiner Sozialisation internalisiert hat, als wesentliche Orientierungshilfe für die individuelle Frage nach dem guten Leben.[211] Denn Ideale zeigen, wie man seine Ziele erreichen will.[212] Bieri zufolge spielt die Phantasie eine wichtige Rolle

---

[209] Vgl. Frankfurt, Die Notwendigkeit von Idealen, 164.
[210] Vgl. Frankfurt, Über die Bedeutsamkeit des Sich-Sorgens, 106.
[211] Vgl. Steinfath, Orientierung am Guten, 286f: „Wir können die Orientierung an bestimmten, sozial vermittelten Verhaltens- und Lebensmustern so verinnerlicht haben, dass für uns in gewisser Hinsicht gar kein Zweifel besteht, wie wir leben sollten."
[212] Vgl. ebd., 285,

bei der Frage, wie man gut leben soll. Obwohl Bieri dies nicht erwähnt, ist anzunehmen, dass auch die Entscheidung des Einzelnen, wie seine Zukunft aussehen soll, von Idealen geleitet wird. Folglich kann konstatiert werden, dass Ideale dem Einzelnen als Orientierung dienen, wenn er die Frage nach seinem guten Leben beantwortet. Aber Idealen wird nicht blind gefolgt, vielmehr werden diese zuvor reflektiert. Das selbstbestimmte Individuum würde sich Frankfurt, Steinfath und Bieri zufolge nicht einfach intuitiv entscheiden. Intuitive Entscheidungen würden der ersten Stufe des Willens entsprechen. Werden diese jedoch bereits ohne Reflexion zum angeeigneten Willen gemacht, könnte nicht mehr von Selbstbestimmung die Rede sein.[213]

Dass Individuen ihre Identität möglichst selbstbestimmt bilden, ist durchaus erstrebenswert, weil damit Sinn- und Glückserfahrungen verbunden sind.[214] Dennoch scheinen einige Hürden in der gegenwärtigen westeuropäischen Gesellschaft dies erheblich zu erschweren oder gar zu verhindern.

Deshalb soll im Folgenden die These vom starken, selbstbestimmten Subjekt in Frage gestellt werden. Warum machen Menschen Schulden, die sie niemals tilgen können? Warum setzen Menschen Kinder in die Welt, obwohl sie noch mit der Bewältigung ihres eigenen Lebens beschäftigt sind? Warum haben Menschen Schwierigkeiten, ihre Lebensziele zu definieren? Warum kaufen Menschen Dinge, die sie nicht brauchen und die ihnen im Grunde gar nicht wichtig sind? Warum ernähren sie sich ungesund, obwohl sie wissen, dass es ihrem Körper schadet? Warum fahren Menschen Wegstrecken mit dem Auto, die sie ebenso gut zu Fuß oder mit einem öffentlichen Verkehrsmittel bewältigen könnten, obwohl sie wissen, dass sie auf die Umwelt achten müssen?

Allgemein formuliert: Was hindert Personen daran, dem Menschenbild, wie es Frankfurt, Steinfath und Bieri aufzeigen, zu entsprechen? Oder positiv gefragt: Wie können Personen befähigt werden, ihre Identität selbstbestimmt zu konstituieren? Frankfurt, Steinfath und Bieri zeigen auf, wie der Prozess selbstbestimmter personaler Identitätsbildung abläuft, machen aber nicht explizit deutlich, wie das Individuum die Befähigung dazu erlangt.[215]

---

[213] Frankfurt spricht in diesem Zusammenhang von einem „Triebhaften", der „sich nicht die Wünschbarkeit seiner Wünsche selber zum Gegenstand macht. Er übergeht die Frage, welches sein Wille sein soll." Frankfurt, Willensfreiheit und der Begriff der Person, 292.

[214] Vgl. Steinfath, Orientierung am Guten, 458. Steinfath spricht an dieser Stelle davon, dass Selbstbestimmung „mit einem besonderen Glück der kreativen Selbstentfaltung verbunden" ist.

[215] Steinfath verweist als einziger der drei Autoren kurz darauf, dass für die Ausbildung der Fähigkeiten zur Selbstbestimmung „Personen in ihrer Kindheit auf eine entsprechende Erziehung angewiesen sind." Steinfath, Orientierung am Guten, 435.

Es scheint deshalb notwendig, einen Schritt zurückzugehen und die Voraussetzungen für die Erlangung der Fähigkeiten zur selbstbestimmten personalen Identitätsbildung zu klären. Einzelwissenschaften können dabei helfen, den Blick auf den Prozess zu schärfen und neue Perspektiven eröffnen.

4 Erweiterung der Perspektive: Unterschiedliche Konzeptionen zur Identitätsbildung

Gegenüber den intellektualistischen Entwürfen von Frankfurt, Steinfath und Bieri sollen nun Konzepte personaler Identitätsbildung vorgestellt werden, in denen äußere Einflüsse, Erwartungen anderer und die Körperlichkeit verstärkt berücksichtigt werden.

Als eine der klassischen Identitätstheorien gilt in den Sozialwissenschaften jene des Philosophen und Sozialpsychologen, George Herbert Mead. In seiner Theorie sind die anderen die Voraussetzung für Identitätsbildung. Meads Überlegungen dienen als Grundlage für die soziologische Theorie des Interaktionismus.

Erik Erikson berücksichtigt in seinem Modell personaler Identitätsbildung sowohl die Körperlichkeit der Person, als auch die sozialen Einflüssen. Er versteht Identitätsentwicklung als einen lebenslangen Prozess, in dem Körperliches, Mentales und soziale Einflüsse miteinander verschränkt sind (vgl. 4.3.1 unten).

Durch die Erweiterung der Perspektive lassen sich die Grenzen und Hindernisse der Selbstbestimmung in der Identitätsbildung ausmachen. In weiterer Folge kann so die Frage beantwortet werden, ob es sich bei den Überlegungen Frankfurts, Steinfaths und Bieris um ein unerreichbares Ideal handelt.

4.1 George Herbert Mead

George Herbert Mead zeigt auf, dass sich das Kind in der Frühsozialisationsphase in die Rolle anderer versetzt und sich auf diese Weise mit ihnen identifiziert. In diesem Zuge erfährt das Kind, wie es von anderen gesehen wird und lernt auf diese Weise, sich selbst mit den Augen der anderen zu sehen. Dadurch entsteht Selbst-Bewusstsein und reflexives Auf-sich-selbst-Schauen wird möglich.[216] Personale Identität kann Mead zufolge nur in der Interaktion mit anderen gebildet werden. Dies geschieht in zwei sozialen Phasen.[217]

---

[216] Auch Arnold Gehlen greift Meads Konzept auf, vgl. z.B. Gehlen, Der Mensch, 262: „Sichhineinversetzen in einen anderen bedeutet Sichobjektivieren, Sichentfremden, Sichselbsthaben. Die kindlichen Rollenspiele und ‚Nachahmungen' bedeuten daher die Entwicklung des Selbstbewusstseins auf dem Umweg über das Bewusstsein vom anderen in sich!" Rollen, so

„Play" und „Game"

Die erste Phase des „Play" besteht aus einem Rollenspiel, in welchem das Kind die Rolle wichtiger Bezugspersonen, auch signifikante Andere genannt, einnimmt. Es spielt z.B. seine Mutter und nimmt in diesem Zuge die Rolle der Mutter und damit auch ihre Perspektive ein. Es ist in diesem Augenblick die Mutter, indem es in sich dieselbe Reaktion hervorruft, die es selbst in der Mutter hervorruft.[218] Das Kind ist in der Sicht Meads deshalb fähig, diese Rolle zu übernehmen, weil es aufgrund seiner Abhängigkeit von den Reaktionen anderer „eine besondere Sensitivität für dieses Verhältnis besitzt"[219]. In diesem Zuge entsteht Selbst-Bewusstsein. Über andere wird sich das Kind bewusst, dass es ein Ich ist.

In der zweiten Phase des „Game", das einem Wettkampf mit festgelegten, sozialen Regeln entspricht, nimmt das Kind nicht nur die Haltung einer Person ein, sondern die aller Beteiligten – Mead spricht vom generalisierten Anderen. In dieser späteren Entwicklung ist das Kind schon so weit, dass es sich von seiner Position lösen und nicht nur die Rolle einer Person einnimmt und darin aufgeht, sondern sich das Allgemeine, wie die Ziele, Werte und Vorstellungen einer Gemeinschaft, zu eigen machen kann.[220]

> „Diese gesellschaftlichen oder Gruppenhaltungen werden in den direkten Erfahrungsbereich des Einzelnen gebracht und als Elemente in die Struktur der eigenen Identität ebenso eingefügt wie die Haltungen der anderen."[221]

Erst durch das Einnehmen der Rollen des generalisierten Anderen wird der Einzelne zum sozialen Objekt.[222] Denn indem er sich in das gesellschaftliche Regelgefüge eingliedert, erhält er Stabilität zur Identitätsbildung, weil ihn das Gefüge mitträgt. Mead zufolge kann der Einzelne seine individuelle

---

wurde eingangs erläutert, sind unterschiedliche Tätigkeiten und Verhaltensweisen, die eine Person bewusst oder unbewusst im Laufe ihres Lebens angenommen hat.

[217] Vgl. zum Folgenden: Mead, George Herbert, Die Genesis des sozialen Selbst und die soziale Kontrolle, in: ders., Hg.: Blumenberg, Hans et al., Philosophie der Sozialität. Aufsätze zur Erkenntnisanthropologie, Frankfurt/Main 1969, 69-101, 90f; Ders., Geist, Identität und Gesellschaft aus der Sicht des Sozialbehaviorismus, Mit einer Einleitung herausgegeben von Charles W. Morris, Frankfurt/Main 1968, 192-194.

[218] Vgl. Abels, Heinz, Identität, Über die Entstehung des Gedankens, dass der Mensch ein Individuum ist, den nicht leicht zu verwirklichenden Anspruch auf Individualität und die Tatsache, dass Identität in Zeiten der Individualisierung von der Hand in den Mund lebt, Wiesbaden 2006, 261.

[219] Mead, Die Genesis des sozialen Selbst und die soziale Kontrolle, 91.

[220] Vgl. ebd., 89f.

[221] Mead, Geist, Identität und Gesellschaft, 200f.

[222] Mead, Die Genesis des sozialen Selbst und die soziale Kontrolle, 90.

Identität erst durch die Teilhabe an den gemeinsamen Haltungen einer Gesellschaft entwickeln.[223]

Folglich wird in den sozialen Strukturen – in welchen das Kind zuerst über die Rolle eines signifikanten Anderen sich seiner selbst bewusst wird (Play) und dann im generalisierten Anderen die allgemeinen, gesellschaftlichen Vorstellungen und Erwartungen (Game) erfährt – eine Basis für selbstbestimmte Identität geschaffen. Diese Basis impliziert die Möglichkeit, sich als sich selbst zu betrachten bzw. einen Abstand zu sich selbst einzunehmen. Die Fähigkeit, einen Abstand zu sich selbst einnehmen zu können, bedeutet, Selbst-Bewusstsein entwickelt zu haben – das Individuum ist sich Subjekt und Objekt zugleich.[224] Diese Entwicklung ist gemäß Mead ausschließlich in der sozialen Umwelt im Zuge des Hineinnehmens der Antwort des Anderen in das eigene möglich.

„I" und „Me"

Diese Abhängigkeit von anderen für die Erlangung des Bewusstseins eines personalen Selbst, wird auch in einer weiteren Überlegung Meads deutlich. Mead unterscheidet zwei Seiten des Ichs[225]: *I* und *Me*. Das *I* ist vorsozial und unbewusst. Das *Me* spiegelt die Identifikation des Individuums mit anderen wider, es ist sozialisiert und reflektiert. Es ist die Seite des Ichs, welche in der Auseinandersetzung zwischen dem Einzelnen und seiner Gesellschaft entsteht. Das geschieht im Laufe der Sozialisation, in welcher der Einzelne Verhaltensweisen verinnerlicht. Diese Verhaltensweisen versteht er selbst als Teil von sich. Auch andere rechnen beim Einzelnen mit bestimmten Verhaltensweisen, die sie sich selbst ebenso zuschreiben. In diesem Sinne kann das *Me* als soziale Identität bezeichnet werden.

> „Das Me ist ein von Konventionen und Gewohnheiten gelenktes Wesen. Es ist immer vorhanden. Es muss jene Gewohnheiten, jene Reaktionen in sich haben, über die auch alle anderen verfügen; der Einzelne könnte sonst nicht Mitglied einer Gesellschaft sein."[226]

---

[223] Vgl. Mead, Geist, Identität und Gesellschaft, 206: „Wir können nicht wir selbst sein, solange wir nicht auch an gemeinsamen Haltungen Anteil haben."

[224] Vgl. Mead, Die Genesis des sozialen Selbst und die soziale Kontrolle, 89f. Mead verwendet Selbst-Bewusstsein und Identitätsbewusstsein synonym. Vgl. Mead, Geist, Identität und Gesellschaft, 206.

[225] Vgl. zum Folgenden: Mead, Geist, Identität und Gesellschaft, 216-221.

[226] Mead, Geist, Identität und Gesellschaft, 241. (Me wird in dieser Übersetzung mit ICH widergegeben)

Das *Me* entsteht ausschließlich über die Rollenübernahme. Im Zuge der Rollenübernahme wird auch die Geschlechterrolle erlernt. Denn durch die Normen und Konventionen der Gesellschaft wird dem Einzelnen vermittelt, welches Verhalten gemäß dem Geschlecht erwünscht ist.[227] Diese – meist stereotypen – Verhaltensweisen werden internalisiert und sind somit Teil der Identität.

Mead zeigt deutlich auf, dass verallgemeinerte, gesellschaftliche Haltungen einen wesentlichen Teil der personalen Identität ausmachen.[228] Für eine gelungene Identität scheint es demzufolge notwendig zu sein, gesellschaftliche Verhaltensmuster verinnerlicht zu haben, ein Teil vom Ganzen zu sein. Personale Identität ist ohne Interaktion nicht möglich. Diese These liegt auch der Theorie des Interaktionismus zugrunde, wie im Folgenden deutlich werden wird.

4.2 Interaktionistische Sicht

Die Überlegungen des soziologischen Interaktionismus haben die Genese des sozial handlungsfähigen Subjekts zum Gegenstand. Interaktionisten, wie Lothar Krappmann, berufen sich auf die Vorstellung von George Herbert Mead, dass sich jeder nur mit den Augen der anderen sehen kann. Erst durch die Reaktionen der wichtigsten Bezugsgruppen, v.a. der Eltern, erfahren Kinder, wer sie sind. In diesem Zuge erlernen sie auch gesellschaftliche Kooperation im Rahmen einer sozialen Ordnung. Vor diesem Hintergrund wird personale Identität im Interaktionismus als verständliches Handeln gedeutet. Wenn der Einzelne sein Handeln aus der Perspektive seines Gegenübers und auch im weiten gesellschaftlichen Zusammenhang einschätzen kann, hat er seine Identität erlangt.[229] Dennoch ist personale Identität nie abgeschlossen, sondern muss immer wieder neu mit anderen ausverhandelt werden. Es steht also nicht die Selbstbestimmung des Einzelnen im Vordergrund, sondern seine Kompetenz in der Interaktion:

---

[227] Vgl. Mertens, Wolfgang, Entwicklung der Psychosexualität und der Geschlechtsidentität, Band 1: Geburt bis 4. Lebensjahr, Stuttgart/Berlin/Köln 1994, 25.

[228] Nach Mead sind aber beide Seiten des Ichs „für den vollen Ausdruck der Identität absolut notwendig", weil einerseits die Haltungen einer Gruppe eingenommen werden müssen, um einer Gemeinschaft anzugehören (Me), und andererseits der Einzelne auf die gesellschaftlichen Haltungen reagiert und durch diesen kooperativen Prozess die Gesellschaft auch mehr oder weniger verändert (I). Vgl. Mead, Geist, Identität und Gesellschaft, 243f.

[229] Vgl. Krappmann, Lothar, Die Identitätsproblematik nach Erikson aus einer interaktionistischen Sicht, in: Keupp, Heiner/Höfer, Renate (Hg.), Identitätsarbeit heute. Klassische und aktuelle Perspektiven der Identitätsforschung, Frankfurt/Main 1997, 66-92, 79.

> „Jedes Individuum entwirft seine Identität, indem es auf Erwartungen der anderen, der Menschen in engeren und weiteren Bezugskreisen, antwortet.“[230]

In diesem Sinne gilt personale Identität als eine „vom Individuum für die Beteiligung an Kommunikation und gemeinsamem Handeln zu erbringende Leistung“[231]. Der Einzelne ist auf soziale Beziehungen zu anderen angewiesen, weil er nur in diesen Beziehungen Identität gewinnen kann.[232]

Zwar wird auch in der interaktionistischen Theorie von eigenen Vorstellungen, Wünschen und Idealen des Einzelnen ausgegangen, aber diese sind im Prozess der Identitätsbildung mit den Erwartungen anderer abzugleichen. Die anderen haben insofern großen Einfluss auf die individuelle Identität, weil sie diese bestätigen oder ablehnen. Der interaktionistischen Theorie zufolge ist der Einzelne nicht so stark und selbstbestimmt, wie Frankfurt, Steinfath und Bieri konstatieren, sondern die Identität des Einzelnen ist abhängig vom Urteil anderer. Es gilt demzufolge „Identität zu entwerfen, sie anderen verständlich zu machen, sie zu verteidigen und immer wieder neu umzukonstruieren“[233]. Dabei handelt es sich also nicht um eine klare Orientierung an den eigenen Wünschen, Zielen und Vorstellungen von einem guten Leben, die im Wesentlichen personale Identität ausmachen, sondern um ein

> „mühevolles Balancieren zwischen Erwartungen, Zuschreibungen und eigenen Interessen und Sehnsüchten ... Erreichbar ist trotz dieses Aufwands keine ein für allemal gesicherte Identität, sondern lediglich, sich trotz einer immer problematischen Identität die weitere Beteiligung an Interaktionen zu sichern“[234].

Gesellschaftliche Wandlungen und unterschiedliche Erwartungen der Bezugspersonen machen es Krappmann zufolge für den Einzelnen unmöglich, Identität selbstbestimmt festzulegen. Im Gegensatz dazu, weiß die Person gemäß Frankfurt, Steinfath und Bieri auch mit Veränderungen im Leben und sich wandelnden Umständen umzugehen, sie kann sich ihnen anpassen, dazu neue, selbstbestimmte Überlegungen anstellen. Damit ist personale Identität

---

[230] Ebd., 67.
[231] Krappmann, Lothar, Soziologische Dimensionen der Identität. Strukturelle Bedingungen für die Teilnahme an Interaktionsprozessen, Stuttgart 1993, 8.
[232] Ebd., 20.
[233] Krappmann, Die Identitätsproblematik nach Erikson aus einer interaktionistischen Sicht, 81.
[234] Ebd.

gesichert, weil der Einzelne um seinen freien Willen weiß. Auf diese Weise bestimmt die Person selbst aufgrund ihrer praktischen Überlegungen, wie sie mit den gesellschaftlichen Wandlungen umgeht. Es ist gemäß Bieri möglich,

> „dass wir immer von neuem in unseren Willen eingreifen und ihn den allerneusten Entwicklungen anpassen können, seien es Entwicklungen draußen oder in uns selbst“[235].

Die wichtigste Instanz im Prozess der Identitätsbildung ist dieser philosophischen Sicht zufolge die Person für sich selbst. Sie orientiert sich an ihren eigenen Wünschen, Überlegungen und Idealen, indem sie sich selbst ernst nimmt. Im Interaktionismus dagegen sind die anderen der wichtigste Orientierungspunkt. An die Erwartungen der anderen muss der eigene Wille angepasst werden, weil personale Identität im Wesentlichen die Beteiligung an Interaktion bedeutet.[236]

In diesem Sinne kann konstatiert werden, dass Identität zwar ein subjektives Konstrukt ist, aber die Arbeit an der personalen Identität stets unter den Augen der anderen geschieht, die die vorgeschlagene Identität aufheben oder bekräftigen.[237]

4.3 Die entwicklungspsychologische Sicht

4.3.1 Erik H. Erikson

Erik Erikson zufolge ist personale Identitätsbildung ein zum Teil unbewusst ablaufender Entwicklungsprozess in acht Phasen, der das ganze Leben lang dauert.[238] Eriksons Theorie ist eine der einflussreichsten und wird in unterschiedlichsten wissenschaftlichen Disziplinen immer wieder aufgegriffen und weiterentwickelt[239] – so auch in der vorliegenden Arbeit im siebten Kapi-

---

[235] Bieri, Das Handwerk der Freiheit, 78.

[236] Vgl. Krappmann, Soziologische Dimensionen der Identität, 207: Krappmann bezeichnet hier Identität als „die Leistung, die das Individuum als Bedingung der Möglichkeit seiner Beteiligung an Kommunikations- und Interaktionsprozessen zu erbringen hat“.

[237] Vgl. Kaufmann, Die Erfindung des Ich, 41f.

[238] Vgl. zum Folgenden: Erikson, Wachstum und Krisen der gesunden Persönlichkeit, 55-122.

[239] Vgl. z.B. die psychologische Untersuchung der personalen Identitätsbildung freiberuflicher Journalisten in: Behringer, Lebensführung als Identitätsarbeit, 47. „Auch wenn ich in dieser Untersuchung lediglich eine Momentaufnahme von Identität unter Bedingungen von Offenheit machen kann, ist der Gedanke Eriksons für mich zentral, dass der Prozess der Identi-

tel. Sein Modell ist vor allem deshalb bemerkenswert und fruchtbar für weitere Überlegungen, weil in diesem viele Facetten der Identitätsbildung in den Blick genommen werden. Personale Identitätsbildung wird hier weder rein intellektualistisch, noch als permanent von anderen abhängig aufgefasst. Erikson berücksichtigt die körperliche, die soziale und die intellektuelle Entwicklung gleichermaßen. In jeder der acht Phasen ist eine Krise zu lösen, deren Bewältigung oder Nicht-Bewältigung die weitere Identitätsbildung prägt.

Erikson integriert in sein Stufenmodell jenes von Sigmund Freud. Das erklärt, warum in Eriksons Konzept auch die körperlichen Aspekte Beachtung finden. Auch wenn man Freuds Tendenz, alles zu „sexualisieren“[240], kritisch gegenüberstehen mag, kann es als Verdienst der Psychoanalyse angesehen werden, dass sie die Entwicklung der Person in ihrer Körperlichkeit untersucht.[241] Durch die Integration der psychosexuellen Entwicklung wird der Tendenz entgegengewirkt, Identitätsbildung zu intellektualistisch oder als rein soziologischen Prozess zu deuten.

Erikson unterscheidet zwischen zwei Identitätsbegriffen: „Ich-Identität“ und „persönlicher Identität“. Mit „Ich-Identität“ meint er einen Zuwachs an Persönlichkeitsreife,

> „den das Individuum am Ende der Adoleszenz der Fülle seiner Kindheitserfahrungen entnommen haben muss, um für die Aufgaben des Erwachsenenlebens gerüstet zu sein.“[242]

„Persönliche Identität“ ist die unmittelbare Wahrnehmung der eigenen Gleichheit und Kontinuität und zugleich die Beobachtung, dass „auch andere diese Gleichheit und Kontinuität erkennen“[243].

Erikson trägt also sowohl – wie Frankfurt, Steinfath und Bieri – dem subjektiven Gefühl von Identität im Sinne einer inneren Harmonie, Rechnung, als auch dem sozialen Umfeld. Wenn beide Bereiche zufriedenstellend ver-

---

tätsbildung nicht in der Adoleszenz abgeschlossen wird … sondern das gesamte Leben begleitet.“

[240] Diese Tatsache wurde Freud unter dem Stichwort „Pansexualismus“ zum Vorwurf gemacht. Freud selbst spricht von „der Bedeutung des Sexuallebens für alle menschlichen Leistungen“. Vgl. Freud, Sigmund, Drei Abhandlungen zur Sexualtheorie und verwandte Schriften, Frankfurt/Main 1964, 11.

[241] Vgl. Mertens, Entwicklung der Psychosexualität und der Geschlechtsidentität, 30.

[242] Vgl. Erikson, Erik H., Das Problem der Ich-Identität, in: ders., Identität und Lebenszyklus, Frankfurt/Main 1973, 123-211, 123.

[243] Erikson, Ich-Entwicklung und geschichtlicher Wandel, 18.

einbart werden können, kann von einer gelungenen Identität, oder in den Worten Eriksons einer „gesunden Persönlichkeit" gesprochen werden.

Vier Phasen der Kindheit

Die ersten vier Phasen der Kindheit erklärt Erikson in Anlehnung an Sigmund Freud eher psychosexuell, geht aber über diese Deutung hinaus, indem er den sozialen Aspekt verstärkt einbezieht.

In der ersten Lebensphase, dem Säuglingsalter, ist das Kind gänzlich von anderen abhängig. Diese Phase entspricht in Freuds Modell der oralen Phase.[244] Sie ist geprägt durch orale Befriedigung, durch die Nahrungsaufnahme. Wenn der Säugling permanent erlebt, dass seine Bedürfnisse nicht erfüllt werden, wird er Ur-Misstrauen entwickeln. Das kann z.B. der Fall sein, wenn die Mutter ihr Kind nicht häufig genug stillt. Hingegen bei regelmäßiger, angemessener Zuwendung entwickelt das Kind Erikson zufolge Ur-Vertrauen. Wenn das Ur-Vertrauen verletzt wird, zeigt sich das auch noch im Erwachsenenalter, nämlich durch Rückzug aus den sozialen Beziehungen. Deshalb bezeichnet Erikson das Ur-Vertrauen als „Eckstein der gesunden Persönlichkeit"[245].

Wie bei Steinfath und Bieri deutlich wurde, geschieht selbstbestimmte Identitätsbildung nie in innerer Abgeschiedenheit, der Austausch mit anderen ist dabei genau so wichtig, wie das Nachdenken über sich selbst. Um sich aber für selbstbestimmte Identitätsentwicklung fruchtbar mit anderen austauschen zu können, ist Vertrauen in andere erforderlich. Deshalb ist das Ur-Vertrauen so fundamental für eine gelungene Identität.

In der zweiten Lebensphase erlernt das Kleinkind bereits eine Form der Autonomie, weil es Dinge angreifen und festhalten kann, wenn es dies will. Das Kind beginnt zu krabbeln und seine Umgebung zu erkunden. Es lernt, an sich selbst Forderungen zu stellen, aber es ist auch ständig mit den Erwartungen der Eltern konfrontiert. Die Krise in der zweiten Kindheitsphase besteht in den Forderungen, die gestellt werden und dem, was das Kind tatsächlich schon umsetzen kann. Diese Krise kann zugunsten der Autonomie gelöst werden, aber auch in Scham und Zweifel enden, wenn die Anforderungen immer zu hoch sind.

Für eine selbstbestimmte personale Identitätsbildung ist Autonomie und Vertrauen in sich selbst unabdingbar. Wer diese Fähigkeiten nicht in der

---

244 Vgl. Freud, Sigmund, Die infantile Sexualität, in: ders., Drei Abhandlungen zur Sexualtheorie und verwandte Schriften, Frankfurt/Main 1964, 47-78, 54-57.

245 Erikson, Wachstum und Krisen der gesunden Persönlichkeit, 63.

Kindheit entwickeln kann, ist gefährdet, auch noch als Erwachsener eher fremdbestimmt zu werden. Denn Scham und Zweifel lassen keine selbstbestimmten Entscheidungen und Handlungen zu.

Bewegung, Sprache und Vorstellung bestimmen die dritte Kindheitsphase. Wie Mead ist auch Erikson der Ansicht, dass das Kind nun beginnt, Selbst-Bewusstsein zu entwickeln, indem es die Rollen wichtiger Bezugspersonen übernimmt, mit denen es sich vergleicht und misst.[246] In dieser Zeit ist das Kind überaus wissbegierig und möchte möglichst schnell „groß" werden.[247] Es lernt in dieser Phase zwischen sozial Zulässigem und Falschem zu unterscheiden. Die Krise entscheidet sich zwischen Initiative und Schuldgefühl. Wieder sind es die Eltern, die großen Einfluss darauf haben, wie die Krise gelöst wird, indem sie das Verhalten des Kindes angemessen regulieren und ihm beibringen, Verantwortung für seine Handlungen zu übernehmen.[248]

Das Übernehmen von Verantwortung für die eigenen Entscheidungen und Handlungen ist erforderlich, um selbstbestimmt Identität konstituieren zu können. Ansonsten besteht die Gefahr, sein Leben und damit seine Identität dem Zufall zu überlassen.

Die vierte und abschließende Phase der Kindheit ist geprägt von der Erfahrung, etwas lernen und leisten zu können. Diese Stufe entspricht in Freuds Modell der Latenzphase[249], in welcher die sexuelle Energie in soziale Tätigkeiten umgewandelt wird. Auch Erikson zufolge steht hier die Tätigkeit, der Umgang mit anderen Menschen, im Mittelpunkt. Aufmerksame Eltern, die das Kind in seinem Lern- und Entdeckungsdrang fördern, können die Entwicklung in diesem Abschnitt der Kindheit begünstigen.[250] Mit der Erfahrung, etwas zu können, entwickelt das Kind Selbstvertrauen und Vertrauen in die eigene Leistung. Wird hingegen häufig die Erfahrung des Versagens gemacht, mündet diese Phase der Kindheit in einem Minderwertigkeitsgefühl. Erwachsene Vorbilder spielen in dieser Phase eine wichtige Rolle, denn von ihnen werden Werte übernommen. Mit Ende der vierten Phase, die mit dem Eintritt in die Schule beginnt, und durch die „Aufnahme guter Beziehungen zur Welt des Schaffens und zu denjenigen, die diese neuen Fertigkeiten leh-

---

[246] „Das Kind weiß jetzt sicher, dass es ein Ich ist." Vgl. Erikson, Wachstum und Krisen der gesunden Persönlichkeit, 87.

[247] Vgl. ebd., 96.

[248] Vgl. ebd.

[249] Vgl. Freud, Die infantile Sexualität, 72.

[250] Vgl. Erikson, Wachstum und Krisen der gesunden Persönlichkeit, 98: „Jetzt will das Kind, dass man ihm zeigt, wie es sich mit etwas beschäftigen kann und wie es mit anderen zusammen tätig sein kann."

ren und teilen"[251] gekennzeichnet ist, endet Erikson zufolge „die eigentliche Kindheit"[252].

Das Selbstvertrauen, das in dieser Phase gefördert werden kann, ist maßgeblich für Selbstbestimmung. Selbstvertrauen ist das, was die Person im Sinne Frankfurts vor der Zerstörung der eigenen Identität schützt.[253] Nur wenn die Person Vertrauen in sich selbst hat, kann sie auch Vertrauen in ihre Entscheidungen und Handlungen setzen. Erst dadurch wird selbstbestimmte Identitätsbildung möglich.

Es zeigt sich, dass die vier Phasen der Kindheit die Grundlage für eine gelungene Identitätsbildung im Erwachsenenalter sind. In diesen Phasen werden jene Fähigkeiten entwickelt, die es ermöglichen, später an der eigenen Identität selbstbestimmt zu arbeiten. Das meiste in der Kindheit verläuft unbewusst. Andere, nämlich die wichtigsten Bezugspersonen, tragen maßgeblich dazu bei, wie sich Identität im weiteren Verlauf entwickeln kann. Ob Identität gelingt oder scheitert, wird demzufolge wesentlich vom sozialen Umfeld des Kindes beeinflusst. Insofern kann Identität in den ersten Lebensjahren als Produkt der Gesellschaft bezeichnet werden. Erst ab dem Jugendalter, der fünften Phase in Eriksons Modell, wird vom Einzelnen ganz bewusst die Frage nach der eigenen Identität gestellt. Nun beginnt die Phase, in welcher er zum Produzenten seiner Identität werden kann.

Adoleszenz

Obwohl personale Identitätsbildung gemäß Erikson ein ganzes Leben lang stattfindet, ist die fünfte Phase von besonderer Bedeutung für die weitere Entwicklung. Primäre Beziehungen werden verlassen und der Einzelne ist gezwungen, sich mit seinen gesellschaftlichen Rollen auseinanderzusetzen. Nun stellt sich der Einzelne ganz explizit die Frage, wer er sein will und wer er nicht sein will. Es ist eine Phase der Reflexion, in welcher über die eigenen Wünsche und Vorstellungen für die Zukunft, und über die Erwartungen und Zuschreibungen anderer nachgedacht wird. Identitäten werden erprobt und verworfen. Zudem werden in diesem prüfenden Vollzug auch die Kindheitsidentifikationen reflektiert. Die Kindheitsidentifikationen bezeichnet Erikson als das „innere Kapital", das zuvor in den Erfahrungen der kindlichen Entwicklungsstufen angesammelt wurde.[254] Folglich ist es für die Konstitution der personalen Identität ab dem Jugendalter unabdingbar, dass der

---

[251] Ebd., 106.
[252] Ebd.
[253] Vgl. Frankfurt, Sich selbst ernst nehmen, 71.
[254] Vgl. Erikson, Wachstum und Krisen der gesunden Persönlichkeit, 107.

Einzelne das, was er im Laufe seiner Kindheit geworden ist, mit dem was er werden will und dem was andere von ihm erwarten, in einen stimmigen Einklang bringt. Nur dann kann er eine harmonische Identität erlangen.

Wesentlich ist in dieser Phase, dass sich sowohl die Anzahl der Bezugspersonen, als auch die Wahl und Zuschreibung sozialer Rollen erheblich erhöht. Der Jugendliche sieht sich mit einer Vielfalt von sich widersprechenden Möglichkeiten konfrontiert, zwischen denen er wählen muss, z.B. bei der Berufswahl. Auch die radikalen körperlichen Veränderungen sind für den Jugendlichen neu und können ihn verwirren. So wird im Jugendalter meistens der Umgang mit dem anderen Geschlecht plötzlich als schwierig erlebt. All diese Veränderungen und neuen Herausforderungen können – wenn in den vier Phasen der Kindheit nicht genügend Stabilität erlangt wurde – in einer Identitätsdiffusion münden. Identitätsdiffusion bezeichnet das Gefühl, das Leben nicht fassen zu können und orientierungslos zu sein.[255] Gelungene Identitätsbildung in der Adoleszenz zeichnet sich nach Erikson durch die Überzeugung aus,

> „dass man auf eine erreichbare Zukunft zuschreitet, dass man sich zu einer bestimmten Persönlichkeit innerhalb einer nunmehr verstandenen sozialen Wirklichkeit entwickelt“[256].

Drei Phasen des Erwachsenenalters

Erikson unterteilt den Lebensabschnitt des Erwachsenenalters in drei Phasen, welcher von Partnerschaft und Familiengründung geprägt ist.

Auf der sechsten Stufe der personalen Identitätsbildung ist, sofern in der Jugend „ein einigermaßen sicheres Gefühl der Identität“[257] erreicht wurde, Intimität mit einem Partner möglich. Eine Partnerschaft in dieser Phase zeigt, dass Identitätsbildung bisher gelungen ist. Ist die Identitätsentwicklung in der Jugendphase jedoch gescheitert, wird der Einzelne Erikson zufolge Distanz zu anderen aufbauen und sich isolieren. Mit Freud konstatiert Erikson, dass eine gelungene Identität sowohl Arbeit als auch Liebe beinhaltet.[258] Es geht also um die gegenwärtig viel diskutierte „Work-Life-Balance“[259]. Beruf und Privatleben in eine stimmige Balance bringen zu können, ist demzufolge ein Indiz für eine harmonische, ausgeglichene Identität.

---

[255] Vgl. ebd., 109-111.
[256] Ebd., 107.
[257] Ebd., 114.
[258] Vgl. ebd., 116.
[259] Vgl. dazu z.B.: Kastner, Michael (Hg.), Die Zukunft der Work Life Balance. Wie lassen sich Beruf und Familie, Arbeit und Freizeit miteinander vereinbaren?, Kröning 2004.

In der siebten Phase entsteht Erikson zufolge bei gesunden Persönlichkeiten, die einen Partner gefunden haben, mit dem sie Intimität teilen, das Bedürfnis nach Generativität. Sie hegen den Wunsch „mit vereinter Kraft einen gemeinsamen Sprössling aufzuziehen“[260]. Sie sind bereit elterliche Verantwortung zu übernehmen. Ist dies nicht der Fall, zieht sich der Einzelne in sich selbst zurück und neigt dazu „sich selbst zu verwöhnen“[261]. Die Ursache für eine negative Entwicklung liegt wiederum in der Kindheit. Vertrauen in sich selbst und andere konnte nicht aufgebaut werden.

In der achten und letzten Phase, im reifen Erwachsenenalter, nimmt die Person mit gelungener Identität ihr Leben, so wie es verlaufen ist und sie es selbst gestaltet hat als solches an. Erikson bezeichnet dieses Gefühl des reifen Erwachsenen als „Ich-Integrität“.[262] Kann die bisherige Entwicklung nicht akzeptiert werden, endet die letzte Lebensphase in Verzweiflung.

Folgerungen und Kritik

Persönlichkeitsreife zeigt sich darin, dass der Einzelne mit seinen wechselnden Lebensumständen zurechtkommt und zugleich Konstanz und Kontinuität mit sich selbst erfährt. Diese Gleichheit des Einzelnen ist auch für die anderen erkennbar.[263] Die individuelle Biographie spielt dabei schon in der Kindheit eine wesentliche Rolle, weil die Kindheitserfahrungen die Basis für die spätere Identitätsentwicklung sind.

Zu den Kritikern von Eriksons Modell zählt der Interaktionist, Lothar Krappmann. Er bezeichnet es als „nostalgisch“[264]. Denn soziale Rollen und Laufbahnen, für die sich der Jugendliche entscheidet, sind nicht mehr eindeutig, deshalb ist er sein Leben lang mit Unklarheiten, Abweichungen und Wi-

---

[260] Erikson, Wachstum und Krisen der gesunden Persönlichkeit, 117.

[261] Ebd., 118.

[262] Vgl. ebd., 118-120.

[263] Vgl. Erikson, Ich-Entwicklung und geschichtlicher Wandel, 18: „Das bewusste Gefühl, eine *persönliche Identität* zu besitzen, beruht auf zwei gleichzeitigen Beobachtungen: der unmittelbaren Wahrnehmung der eigenen Gleichheit und Kontinuität in der Zeit, und der damit verbundenen Wahrnehmung, dass auch andere diese Gleichheit und Kontinuität erkennen.“

[264] Vgl. Krappmann, Die Identitätsproblematik nach Erikson aus einer interaktionistischen Sicht, 80. Ähnlich auch Seitz: „Der klassische Identitätsbegriff erfasst die gesellschaftlichen Anforderungen an das Individuum nicht mehr. ... Die umfangreichen Anforderungen der gesellschaftlichen Moderne bzw. Postmoderne erschweren diese lineare Entwicklung und führen zur Erosion tradierter Muster der Subjektwerdung.“ Seitz, Rita, „Ich wünsche mir, dass mir jemand sagt, was ich machen soll...“ Weibliche Identitätsarbeit und gesellschaftliche Individualisierung, in: Haller, Verena (Hg.), Mädchen zwischen Tradition und Moderne, Innsbruck 1994, 31-56, hier: 33.

dersprüchen konfrontiert. Die Gesellschaft ist aufgrund ihrer Komplexität nicht überschaubar, sodass auch die eigene Identität immer wieder neu bestimmt werden muss. In soziologischer Sicht ist eine Auflösung der traditionellen Rollen, Wertewandel, Unübersichtlichkeit, Pluralisierung und Individualisierung zu diagnostizieren. Aus einer Fülle von Möglichkeiten muss Identität mit anderen immer wieder neu ausverhandelt werden und ist somit nur durch Interaktion gesichert.[265]

Dem ist entgegenzuhalten, dass Erikson sehr wohl rasche Veränderungen der Lebenswelten berücksichtigt und er sein Identitätsmodell keineswegs als einfach und immer umsetzbar versteht. So konstatiert er, dass

> „die raschen Veränderungen im Milieu es einem oft schwer machen, zu erkennen, wann man sich selbst treu bleiben soll ... Es ist auch deshalb schwierig, weil wir in einer sich wandelnden Welt immer neue Wege ausprobieren wollen und müssen“[266].

Folglich trägt Eriksons Identitätsbildungsmodell den gesellschaftlichen Veränderungen und Wandlungen Rechnung und ist gerade deshalb nach wie vor aktuell und hilfreich für weitere Konzepte der personalen Identitätsentwicklung. Trotz der Schwierigkeiten und Herausforderungen, mit denen sich das Individuum konfrontiert sieht, sind plurale und anpassungsfähige Identitäten nicht die Lösung für den Umgang mit Unsicherheiten. Vielmehr kann nur dann von gelungener Identität gesprochen werden, wenn die Person sich selbst als gleiche trotz Veränderungen erlebt und dies auch für andere sichtbar ist.

Kritisch sind jedoch die drei Stufen des Erwachsenenalters nach Erikson zu sehen. Sie entsprechen in der Tat nicht mehr den gegenwärtigen Umständen. Die Reihenfolge, in der sich gelungene Identität im Erwachsenenalter in Eriksons Sicht weiterentwickelt – Partnerschaft, dann Elternschaft und schließlich folgt der friedliche Lebensabend – scheint angesichts der Lebensformen in der Gegenwart obsolet. Partner können zusammenleben, ohne Eltern zu werden. Es gibt Ein-Eltern-Familien, in denen nur ein Elternteil mit einem Kind oder mehreren Kindern lebt. Manchmal wird zuerst ein Kind geboren und dann erst eine (neue) Partnerschaft fürs Leben eingegangen, etc. Dies zeigt, dass die Lebensformen plural sind und dies bei Erikson noch nicht berücksichtigt wird. Dennoch können auch Lebensläufe dieser Art mit gelungener Identität vereinbar sein. Denn wie oben konstatiert wurde, ist es

---

[265] Vgl. Krappmann, Die Identitätsproblematik nach Erikson aus einer interaktionistischen Sicht, 79f.

[266] Erikson, Wachstum und Krisen der gesunden Persönlichkeit, 121.

im Wesentlichen die Harmonie zwischen Angeborenem, Widerfahrenem und selbst Bestimmten, die diese ausmacht – und nicht ein bestimmter Verlauf des Lebens.

4.3.2 Jürgen Habermas

Auch Jürgen Habermas, der – das scheint in diesem Zusammenhang bemerkenswert – Philosoph und Soziologe ist, versteht den Prozess der Identitätsbildung als individuellen entwicklungsgeschichtlichen Vorgang. Er verweist bei seinen Überlegungen auf Mead[267], Eriksons Modell und auf die interaktionistische Soziologie.[268]

Personale Identität wird Habermas zufolge in drei Schritten entwickelt: Als „natürliche Identität" bezeichnet Habermas jene erste Phase, in welcher das Kind lernt, seinen Leib von seiner äußeren Umgebung abzugrenzen.[269] Das Kind merkt also, dass es ein Individuum ist.

Nach der natürlichen Identität des Organismus, wird im Laufe der Kindheit die Rollenidentität entwickelt. In der primären Sozialisation, in der Familie, erlernt es seine ersten Rollen, später in größeren Gruppen, z.B. im Kindergarten und in der Schule. Wie sicher das Kind seine ersten Rollen ausbilden kann, hängt wesentlich davon ab, wie stabil die Erwartungen der Bezugsgruppen sind.[270] Wenn das Kind in einer Rolle, z.B. als Tochter, mit permanent widersprüchlichen Erwartungen konfrontiert wird, kann es keine sichere Rollenidentität entwickeln. Es ist die Phase, in der im Sinne Eriksons und Meads Selbst-Bewusstsein entwickelt wird, in der die anderen von besonderer Bedeutung für die eigene Identitätsbildung sind.

Auch Habermas versteht die Adoleszenz als wichtige Umbruchs- und Neuorientierungsphase für die Identitätsbildung. Ziel ist, Konsistenz in der eigenen Identität in einer lebensgeschichtlichen Folge erhalten zu können. Habermas spricht von „Ich-Identität", die im Erwachsenenalter erreicht wird. Diese

---

[267] Vgl. Habermas, Zur Rekonstruktion des Historischen Materialismus, Anmerkung 4, 122. Für eine ausführlichere Auseinandersetzung Habermas' mit Meads Theorie, vgl.: Habermas, Jürgen, Individuierung durch Vergesellschaftung. Zu G.H. Meads Theorie der Subjektivität, in: ders., Nachmetaphysisches Denken. Philosophische Aufsätze, Frankfurt/Main 1988, 187-241.

[268] Vgl. Habermas, Zur Rekonstruktion des Historischen Materialismus, Anmerkung 3, 121.

[269] Vgl. ebd., 94.

[270] Vgl. ebd.

> „bewährt sich in der Fähigkeit, neue Identitäten aufzubauen und zugleich mit den überwundenen zu integrieren, um sich und seine Interaktionen in einer unverwechselbaren Lebensgeschichte zu organisieren“[271].

Die Einheit einer persönlichen Lebensgeschichte ist ebenso wichtig, wie die intersubjektive Anerkennung der Bezugsgruppen. Die Herausforderung an das Individuum ist, eine Balance zwischen seiner persönlichen und seiner sozialen Identität zu finden. Es gilt den normierten Erwartungen der Bezugsgruppen zu entsprechen und dennoch die Unverwechselbarkeit als Individuum zu bewahren. Dann ist im Sinne Habermas‘ personale Identität gelungen.

4.4 Folgerungen

In der Deutung Eriksons und Habermas‘ ist personale Identitätsbildung ein Entwicklungsprozess. Am Anfang der Entwicklung haben die anderen den größten Einfluss auf den Einzelnen, weil sie ihm Rollen vermitteln. Ab der Adoleszenz befasst sich die Person dann verstärkt mit sich selbst, setzt sich mit ihren Rollen, Interessen und Zielen auseinander. Sie will nun Sinn und Glück in ihrem Leben erfahren.

Aufgrund der Erweiterung der Sichtweisen des dritten Kapitels durch zwei entwicklungspsychologische Perspektiven, lässt sich konstatieren, dass die Klärung des Identitätsbildungsprozess im Sinne Frankfurts, Steinfaths und Bieris erst bei der Adoleszenz anzusetzen scheint. Indem Mead, Erikson und Habermas die wichtigen Phasen der Kindheit im Prozess der Identitätsentwicklung aufzeigen, gehen sie einen Schritt hinter Frankfurt, Steinfath und Bieri zurück. Vieles verläuft unbewusst, wird unreflektiert übernommen, ist aber die Grundlage für eine gelungene Identität. Es wird deutlich, dass eine Vielzahl von Voraussetzungen erfüllt werden muss, um personale Identität so selbstbestimmt und reflektiert zu konstituieren, wie Frankfurt, Steinfath und Bieri annehmen. Von gelungener personaler Identität kann im Sinne Eriksons und Habermas‘ erst dann gesprochen werden, wenn eine ausgewogene Balance zwischen den eigenen Wünschen, Vorstellungen und Zielen und den Erwartungen der anderen erreicht wurde.

Im Interaktionismus dagegen liegt die Betonung stärker auf den anderen – auch noch im Erwachsenenalter –, weil in dieser Auffassung personale Iden-

---

[271] Ebd., 95.

tität nur durch erfolgreiche Beteiligung an Kommunikation gesichert werden kann.

Eine Balance zwischen den eigenen Erwartungen und Ansprüchen an sich selbst und jenen der anderen als gelungene Identität zu bezeichnen, kann als abgeschwächte Form der Konzepte Frankfurts, Steinfaths und Bieris gedeutet werden. Selbstbestimmung wird hier nicht ausgeschlossen – vielmehr wird aufgezeigt, dass Selbstbestimmung allein gelungene Identität nicht ausmacht, weil der Einfluss von außen und die Erwartungen anderer viel wirksamer sind, als dies in den Überlegungen Frankfurts, Steinfaths und Bieris zum Tragen kommt.

Mit Rücksicht auf die zuletzt betrachteten Überlegungen, in denen äußere Einflüsse als maßgeblich für die Identitätsentwicklung des Einzelnen gedeutet werden, lässt sich fragen, ob und inwieweit Selbstbestimmung in der Identitätsentwicklung überhaupt möglich ist. Ist personale Identität doch eher Produkt der Gesellschaft und keine selbstbestimmte Konstruktion? Es gilt es nun zu klären, welche der Identitätsbildungstheorien für die erwachsene Person am realistischsten ist:

(1) Bestimmt die Person sich selbst, weil sie all ihre Bewusstseinszustände, wie Emotionen, Wünsche, etc., und auch den Einfluss anderer reflektiert und selektiert, bevor sie diese in ihre Identität aufnimmt? Entscheidet sie unabhängig von anderen, wer sie sein will?

(2) Wird der Einzelne wesentlich von äußeren Einflüssen und den Erwartungen anderer bestimmt, weil seine Identität nur mit einer gesicherten Beteiligung an Kommunikation gebildet und aufrechterhalten werden kann?

(3) Ist es möglich, personale Identität im Sinne einer Balance zwischen den eigenen und den fremden Erwartungen zu erreichen, ohne sich dabei fremd bestimmen zu lassen?

Dass sowohl eine starke – im Sinne Frankfurts, Steinfaths und Bieris – als auch eine schwächere Form – im Sinne einer Balance nach Erikson und Habermas – der Selbstbestimmung schwierig ist, soll nun an einigen Grenzen und Hindernissen aufgezeigt werden, welche die westeuropäische Gegenwart prägen. Diese können nämlich so wirksam sein, dass die Gefahr besteht, sie nicht mehr reflektieren zu können und somit fremdbestimmt zu werden.

5 Grenzen und Hindernisse bei selbstbestimmter personaler Identitätsbildung

5.1 Vielzahl an Handlungsmöglichkeiten in pluralen Lebenswelten[272]

In der gegenwärtigen westeuropäischen Gesellschaft sind Ausbildungs- und Berufsweg nicht mehr klar vorgegeben, ebenso wenig Heirat und Familiengründung; vielmehr lässt sich ein „Verlust der exklusiven Monopolstellung von Ehe und Familie“[273] diagnostizieren. Zu Ehe und Familie gibt es nunmehr Alternativen um dem Leben einen Sinn zu verleihen.[274] Wie bereits in den Überlegungen der Philosophen Frankfurt, Steinfath und Bieri deutlich wurde, ist Sinn etwas Individuelles, das jeder für sich herauszufinden hat. Aufgrund der Vielzahl an Handlungsmöglichkeiten einerseits und des Individualisierungsprozesses andererseits ist die Welt aber unübersichtlicher, mehrdeutiger und weniger vorhersehbar geworden.[275] Diese Situation kann überfordern und belasten. Den individuellen Sinn zu finden, wird aufgrund dieser Unübersichtlichkeit immer schwieriger. Wenn jedoch die Freiheit zur selbstbestimmten Identitätskonstitution zur Last wird, ist die Konsequenz daraus, dass Fremdbestimmung als erleichternd und entlastend erfahren wird, weil damit Entscheidungen abgenommen werden.

Eine Überforderung durch die Vielzahl an Optionen zeigt sich etwa im Ernährungsverhalten: Wissenschaftler haben das Ernährungsverhalten der Österreicher untersucht und festgestellt, dass dieses sich mit der immer grö-

---

[272] In der Philosophie geht der Begriff „Lebenswelt“ auf Husserls Phänomenologie zurück, bei welcher er auf die reine, ursprüngliche Erfahrung aufbaut. Max Weber spricht im soziologischen Kontext von nomologischem Wissen, welches das alltägliche Wissen von bekannten Erfahrungsregeln meint. Vgl. Janssen, P./Mühlmann W.E., Art. Lebenswelt, in: Ritter, Joachim/Gründer, Karlfried (Hg.), Historisches Wörterbuch der Philosophie, Band 5, Basel 1980, 151-158.

[273] Tyrell, Hartmann, Ehe und Familie – Institutionalisierung und Deinstitutionalisierung, in: Lüscher, Kurt/Schultheis, Franz/Wehrspaun, Michael (Hg.), Die „postmoderne“ Familie. Familiale Strategien und Familienpolitik in einer Übergangszeit, Konstanz 1988, 145-156, hier: 151.

[274] Vgl. ebd.

[275] Vgl. dazu auch Keupp, Heiner et al., Identitätskonstruktionen. Das Patchwork der Identitäten in der Spätmoderne, Hamburg 1999, 276.

ßeren Auswahl an Nahrungsmitteln verschlechtert hat.[276] Es scheint so, als kämen die Menschen mit den vielen Optionen nicht zurecht, die ihnen bei ihrer Ernährung offen stehen. Deshalb plädieren die Autoren der Untersuchung für eine Orientierung des Verhaltens: Nahrungsmittel sollten nicht verboten werden, vielmehr soll eine Hilfestellung geboten werden, damit ein Überblick über das breite Angebot gewonnen werden kann und so der richtige Umgang möglich wird.[277] Der „richtige Umgang“ mit Lebensmittel impliziert ein Essverhalten, das die Gesundheit fördert oder zumindest nicht schädigt. Offenbar werden aber die Folgen ungesunder Ernährung nicht reflektiert, die Lust auf Ungesundes und der Einfluss der Werbung scheinen stärker zu sein. Denn gerade dann, wenn es eine Vielzahl an Möglichkeiten gibt, ergreift die Werbung ihre Chance, die Entscheidung für eine bestimmte Option zu beeinflussen und suggeriert diese als Bestmögliche und Unverzichtbare. Würde bei jedem Einkauf rational überlegt, ob das Produkt wirklich gebraucht wird, ob es nützlich ist und ob es überhaupt begehrt wird – oder begehrt werden würde, wenn die Werbung dieses Begehren nicht suggerieren würde – wären wahrscheinlich viele Produkte nicht mehr auf dem Markt gefragt. Schneider sieht diese Art des Konsumierens als Ergebnis eines sozialen Wandels der 1960er Jahre:

> „Die asketische Konsumethik ist einer hedonistischen Konsum- und Erlebnisorientierung gewichen. Wie vormals Arbeit ist heute Konsum zur gesellschaftlichen Pflicht geworden. Soziologisch von Interesse ist hier, wie die Menschen mit dieser Pflicht umgehen.“[278]

Kritisch und selbstbestimmt zu agieren, scheint nicht ohne große Anstrengung und Willenskraft gelingen zu können. Die individuelle Überforderung aufgrund der Vielzahl an Handlungsmöglichkeiten wird noch verschärft, weil diese in verschiedenen Lebenswelten vorgefunden werden, die es sinnvoll ineinanderzufügen gilt. In früheren Gesellschaften ergaben die einzelnen Gesellschaftssegmente wie Familie und Arbeit einen Gesamtsinn, die Welt

---

[276] Vgl. dazu folgende Studie: Kiefer, Ingrid et al., Ernährungsverhalten und Einstellung zum Essen der ÖsterreicherInnen, in: Journal für Ernährungsmedizin 2000 (2/5), 2-7.

[277] Vgl. ebd., 7.

[278] Schneider, Norbert F., Konsum und Gesellschaft, in: Rosenkranz, Doris/Schneider, Norbert F. (Hg.), Konsum. Soziologische, ökonomische und psychologische Perspektiven, Opladen 2000, 9-22, 17. Schneider hat dabei ein positives Menschenbild vor Augen, denn er konstatiert: „Wir sind alle Konsumenten und damit als Massenkundschaft Objekte gezielter Beeinflussungsversuche, dennoch entscheiden die meisten als individueller Kunde kritisch und selbstbestimmt.“ Ebd., 14.

wurde als Einheit erlebt.[279] Erst mit der Moderne entstehen mehrere Lebenswelten, weil der private und der öffentliche Bereich stärker auseinandertreten. Aufgrund dieser Trennung der einzelnen Teil-Realitäten, ist z.B. die Arbeitswelt eine ganz andere Lebenswelt als das Familienleben. In jeder einzelnen Lebenswelt hat das Individuum andere Rollen.[280] Zu jeder Rolle gehört eine Bezugsgruppe: in der Arbeit sind die Kollegen, Kolleginnen und Vorgesetzten die Bezugsgruppe, in der Familie Ehemann und Kinder. Die Bezugsgruppen treten mit unterschiedlichen Erwartungen an das Individuum heran, der Arbeitgeber stellt andere als die Familie. Diese Erwartungen können so unterschiedlich sein, dass es zwischen den Rollen zu einem Konflikt kommt.[281] Aufgrund der unterschiedlichsten Rollenanforderungen in den diversen Lebenswelten, ist es eine große Herausforderung, einen Gesamtsinn in das Leben zu bringen und in diesem Zuge personale Identität zu konstituieren. Identitätsbildung wird zu einem persönlichen Projekt, das die Aufgabe impliziert, die unterschiedlichen Lebenswelten sinnvoll ineinanderzufügen.[282]

Die individuelle Herausforderung und Belastung ist also doppelt: Zum einen sollen plurale Lebenswelten sinnvoll vereinbart werden und zum anderen sollen in diesen Lebenswelten rationale Entscheidungen hinsichtlich vieler zur Auswahl stehender Optionen getroffen werden.

5.2 Schnelllebigkeit und Flexibilisierung der ökonomischen Lebenswelt

Eine weitere Herausforderung entsteht durch die Schnelllebigkeit der Gegenwart, womit sich die selbstbestimmte Identitätskonstitution noch diffiziler gestaltet. Vor allem die Arbeitswelt zielt immer stärker auf Kurzfristigkeit

---

[279] In der vorindustriellen Zeit waren – vor allem im bäuerlichen und handwerklichen Bereich – Produktion und Familie in einem Haus untergebracht. Arbeit und Familie stellten eine Einheit dar. Vgl. Peuckert, Rüdiger, Familie im sozialen Wandel, Wiesbaden 2004, 21.

[280] Vgl. Berger, Peter L./Luckmann, Thomas/Kellner, Hansfried, Das Unbehagen in der Modernität, Frankfurt/Main 1975, 59-61.

[281] Merton spricht vom „Rollenkonflikt", vgl.: Merton, Robert K., Soziologische Theorie und soziale Struktur, in: ders., herausgegeben und eingeleitet von Volker Meja/Nico Stehr, Berlin 1995, 112.

[282] Vgl. Bröckling, Ulrich, Das unternehmerische Selbst. Soziologie einer Subjektivierungsform, Frankfurt/Main 2007, 278f. Neue flexible Formen der Arbeit wie Heimarbeit ermöglichen es, Familie und Beruf wieder leichter zu vereinbaren, bringen aber wieder andere Probleme mit sich (z.B. prekäre Beschäftigungsverhältnisse). Vgl. dazu: Schweiger, Gottfried, Arbeit im Strukturwandel, in: Böhler, Thomas et al. (Hg.), Menschenwürdiges Arbeiten. Eine Herausforderung für Gesellschaft, Politik und Wissenschaft, Wiesbaden 2009, 39-71, zur Prekarisierung der Arbeitswelt: 60-65.

ab.[283] Es werden Flexibilität, Mobilität, Durchsetzungsvermögen sowie hohe Leistungsbereitschaft gefordert. Diese Anforderungen sind zu erfüllen, wenn sich beruflicher Erfolg[284] einstellen soll. Erfolg in der Erwerbsarbeit wird deshalb angestrebt, weil damit sowohl ein gewisser Lebensstandard als auch Prestige verbunden sind.[285] An diesen beiden Faktoren wiederum kann personale Identität festgemacht werden. In diesem Sinne konstatiert Böhler, dass sich die individuelle Bedeutung von Arbeit im Laufe der vergangenen Jahrzehnte vom Mittel zur Einkommensgenerierung und Lebenserhaltung zu einem identitätsbildenden Phänomen gewandelt hat.[286] Wenn aber durch Arbeit personale Identität gebildet und auch nach außen präsentiert wird, nimmt diese eine bedeutende Rolle im Leben des Einzelnen ein. Sowohl der Alltag als auch die gesamte Lebensführung werden an der Arbeit orientiert. Ob soziale Kontakte aufrechterhalten werden, hängt von der Art und den Zeiten der Arbeit ab. Persönliche Interessen sowie die eigene Gesundheit werden hinter die Anforderungen der Arbeitswelt gereiht. Selbst die Gründung einer Familie wird von den bestehenden Arbeitsverhältnissen abhängig gemacht.[287] Mit Erfolg im Beruf sind häufig Heimat- und Bindungslosigkeit, sowie Konformismus und Opportunismus verbunden.[288] Denn die Bedingungen, die in der schnelllebigen Wirtschaftswelt herrschen, widersprechen häufig jenen anderer Lebenswelten. Wenn aber an Erwerbsarbeit und ihren flexiblen und schnelllebigen Anforderungen personale Identität festgemacht wird, ist Selbstbestimmung nicht mehr möglich. Vielmehr wird Identität dann von Arbeit bestimmt.

Wenn beispielsweise ein Familienvater einer Erwerbsarbeit nachgeht, welche hohe örtliche Mobilität verlangt, können sich daraus Schwierigkeiten und Belastungen für die ganze Familie ergeben. Denn wenn sie ständig aus beruflichen Gründen des Vaters umziehen muss, sind damit umfangreiche Aufgaben verbunden, wie der Schulwechsel der Kinder, das Zurücklassen-

---

[283] Freilich sind auch andere Lebenswelten von Kurzfristigkeit geprägt, wie z.B. die Welt des Konsums, das Schlagwort „Wegwerfgesellschaft" ist ein Indiz dafür. Die Schnelllebigkeit der Arbeitswelt scheint jedoch die Identitätsbildung besonders stark zu betreffen und wird deshalb an dieser Stelle exemplarisch untersucht.

[284] Der Begriff des Erfolgs wird nicht immer auf gleiche Weise definiert. In diesem Kontext wird von beruflichem Erfolg, erfolgreichem Agieren, erfolgreicher Identitätskonstitution, etc. gesprochen. Mit *Erfolg* ist dabei stets ein *positives Ergebnis einer Bemühung* gemeint. Vgl. Duden: Das Bedeutungswörterbuch, 328.

[285] Vgl. Schweiger, Arbeit im Strukturwandel, 48.

[286] Vgl. dazu: Böhler, Thomas, Interessen und Verständnis eines zukünftigen Arbeitsmarktes, in: ders. et al. (Hg.), Menschenwürdiges Arbeiten. Eine Herausforderung für Gesellschaft, Politik und Wissenschaft, Wiesbaden 2009, 72-131, hier: 88.

[287] Vgl. Schweiger, Arbeit im Strukturwandel, 57f.

[288] Vgl. Keupp et al., Identitätskonstruktionen, 287.

Müssen von Freunden und die arbeitsweltliche Neuorientierung der Mutter. Unter diesen Bedingungen ist es schwierig, das Familienleben zu stabilisieren und längerfristige Lebensziele festzulegen, die aussagen, wer man sein will. Mit Stabilität ist eine gewisse Vorhersehbarkeit und Planbarkeit des Lebens verbunden. Eine fixe berufliche Anstellung lässt mehr Planung zu als ein befristeter Dienstvertrag, wie z.B. die Gründung einer Familie, der Kauf eines Hauses oder einer Wohnung.[289] Sowohl finanzielle als auch örtliche Vorhersehbarkeit ermöglichen die Umsetzung von längerfristigen Zielen. Wenn ein örtlicher Wechsel sehr häufig im Beruf gefordert ist, scheint es einfacher zu sein, ein Leben ohne feste Bindungen und Verpflichtungen außerhalb des Berufs zu führen, weil sich dann die Lebenswelten Beruf und Privatleben leichter vereinbaren lassen.[290]

Eine gewisse Einheit und Vorhersehbarkeit der Lebensgeschichte, welche die Planbarkeit von Zielen erst ermöglicht, scheint in der Gegenwart schwierig zu sein. Vielmehr sind Flexibilität und Offenheit gegenüber der Zukunft Eigenschaften, die unumgänglich sind, wenn das Leben erfolgreich gemeistert werden soll. Wenn dennoch Pläne für die Zukunft geschmiedet werden, so scheint es erforderlich, dass diese offen und flexibel sind, weil die Zukunft ebenso offen und unvorhersehbar ist. Es scheint auch nicht abwegig zu sein, gar nicht zu planen, sondern nur im Hier und Jetzt zu leben, weil nie vorhersehbar ist, was morgen sein wird.[291] Sennett spricht in diesem Zusammenhang von einer „entwürdigenden Oberflächlichkeit“[292], die diese schnelllebige Zeit mit sich bringt:

> „Der Pfeil der Zeit ist zerbrochen; er hat keine Flugbahn mehr in einer sich ständig umstrukturierenden, routinelosen, kurzfristigen Ökonomie. Die Menschen spüren das Fehlen anhaltender Beziehungen und dauerhafter Absichten.“[293]

---

[289] Die gängige Praxis im Wissenschaftsbetrieb, Nachwuchswissenschafter nur befristet anzustellen, zeigt, dass selbst eine gute Ausbildung kein Garant für Planbarkeit und Sicherheit ist.

[290] Aus diesem Grund entscheiden sich sehr karriereorientierte (Ehe)paare bewusst dafür, dauerhaft kinderlos zu bleiben. Vgl. Düntgen, Alexandra/Diewald, Martin, Auswirkungen der Flexibilisierung von Beschäftigung auf eine erste Elternschaft, in: Szydlik, Marc (Hg.), Flexibilisierung. Folgen für Arbeit und Familie, Wiesbaden 2008, 213. Studien zufolge sind es vor allem hoch qualifizierte und beruflich erfolgreiche Menschen, die sich gegen Kinder entscheiden, weil sie so für den Beruf Unabhängigkeit und Flexibilität bewahren können. Vgl. Peuckert, Familie im sozialen Wandel, 152.

[291] Vgl. Abels, Identität, 423.

[292] Sennett, Richard, Der flexible Mensch. Die Kultur des neuen Kapitalismus, Berlin 1998, 131.

[293] Ebd.

Sennett zufolge ist diese auf Kurzfristigkeit abzielende Arbeitswelt eine Bedrohung der „Charaktereigenschaften, die Menschen aneinander binden und dem Einzelnen ein stabiles Selbstgefühl vermitteln"[294]. Dieser Aspekt bleibt bei den Überlegungen Frankfurts, Steinfaths und Bieris völlig unberücksichtigt.

Aus dieser Schnelllebigkeit ergeben sich Folgen für die personale Identität: Sie ist nie abgeschlossen und transitorisch ausgesetzt. Berger, Berger und Kellner diagnostizieren deshalb eine permanente Identitätskrise des Individuums.[295] Gewohnheit und Routine werden in der modernen Arbeitswelt als Übel angeprangert. Aber gerade Gewohnheit ist eine praktische Notwendigkeit, die der individuellen Lebensführung dienlich ist und entlastet.[296] Sennett zufolge reduziert die geforderte Flexibilität in der Arbeitswelt die Möglichkeit, durch Arbeit Identität zu entwickeln, weil mit ökonomischer Flexibilität Ungewissheiten einhergehen und dadurch ein stabiles, verlässliches Fundament fehlt.[297] Die Möglichkeit, das Leben nach den eigenen Träumen zu gestalten, geht aufgrund der Schnelllebigkeit und Flexibilisierung verloren, weil für einen individuell gestalteten lebensgeschichtlichen Zusammenhang kein Raum bleibt.[298] Wer sich Erwerbsarbeit trotz ihrer Unsicherheiten und Flexibilitätspostulate als Mittel zur Identitätsbildung dienlich macht, läuft Gefahr, sich von ihr bestimmen zu lassen.[299]

Folgt man den vorangegangenen Überlegungen, lässt sich konstatieren, dass Arbeit – ob gewollt oder nicht – einen wichtigen und großen Teil des individuellen Lebens ausmacht. Sie soll vor allem zur Lebenserhaltung dienen, bestimmt aber in unserer westeuropäischen Kultur auch die gesellschaftliche Position des Einzelnen und beeinflusst seine Identität maßgeblich.[300]

---

[294] Ebd., 31.

[295] Vgl. Berger/Berger/Kellner, Das Unbehagen in der Modernität, 71.

[296] Wie wichtig die Gewohnheit für den Einzelnen ist, wird im nächsten Abschnitt bei Arnold Gehlen noch genauer erörtert.

[297] Vgl. Sennett, Der flexible Mensch, 189f.

[298] Vgl. Sennett, Richard, Die Kultur des neuen Kapitalismus, Berlin 2005, 145f.

[299] Dennoch gibt es die sogenannten „Flexibilisierungsgewinner": Sie zeichnen sich durch hohe berufliche Qualifizierung und überdurchschnittliche Entlohnung aus. Sie haben eine atypische Form der Erwerbsarbeit – sei es aufgrund des finanziellen Vorteils oder der persönlichen Bindungslosigkeit – freiwillig gewählt. Vgl. Schweiger, Arbeit im Strukturwandel, 64. Die Frage, ob sie ihre Tätigkeit als sinn- und identitätsstiftend erleben, ist damit jedoch noch nicht beantwortet.

[300] Vgl. dazu Böhler, Interessen und Verständnis eines zukünftigen Arbeitsmarktes, 88: „Zweifelsohne stellt in den Ländern der nördlichen Hemisphäre der Lebensbereich *Arbeit* einen, wenn nicht für viele Menschen *den* Mittelpunkt des Daseins dar." Der Beginn dieser Entwicklung, in deren Zuge Arbeit zu einem zentralen Lebensbereich wurde, kann im 18. Jahrhundert ausgemacht werden, weil das Bürgertum die Möglichkeit erhielt, über Arbeitsleis-

Wenn Arbeit weder über- noch unterfordert, Sinn stiftet, längerfristige Lebenspläne zulässt und sich mit anderen Lebenswelten vereinbaren lässt, kann sie durchaus ein adäquates Mittel zur Identitätsbildung sein.[301]

Wenn Erwerbsarbeit und *selbstbestimmte* personale Identitätsbildung vereinbar sein sollen, scheint es nur zwei Möglichkeiten zu geben: Entweder der Einzelne hat ein Arbeitsverhältnis, das längerfristige Lebenspläne zulässt,[302] oder er ist kompetent genug, mit der auf Kurzfristiges ausgerichteten Arbeitswelt zurechtzukommen, ohne sich von ihr bestimmen zu lassen.[303]

5.3 Manipulation

Wenn es die Schnelllebigkeit der Arbeitswelt erschwert, selbstbestimmt personale Identität im Sinne eines konstanten, stabilen Selbstbildes zu konstituieren, liegt dies an äußeren Umständen, die vorgeben, wie man zu sein hat: nämlich flexibel, offen, mobil, etc. Die Frage, wie man aufgrund seiner praktischen Überlegungen sein will, muss dann aber hinten angestellt werden. Der Einfluss von außen kann so stark sein, dass die Rede von Manipulation adäquater ist. Dadurch dass der Einzelne mit einer Vielzahl an Handlungsmöglichkeiten in verschiedenen Lebenswelten konfrontiert ist und immer schneller und flexibler agieren und sich entscheiden muss, ist er auch empfänglicher für Manipulation. Je größer die Überforderung, umso leichter ist es ihn zu manipulieren. Einerseits soll das eigene Wollen ermittelt werden, die Gestaltung des Lebens überlegt und dabei herausgefunden werden, was im persönlichen Leben als wichtig erachtet wird. Andererseits gibt es gesellschaftliche Imperative, die in eine bestimmte Richtung weisen.[304] Diese Rich-

---

tung seine Identität zu entwickeln und nicht mehr Land und Besitz diese bestimmten. Vgl. Schweiger, Arbeit im Strukturwandel, 41f.

[301] Am ehesten werden diese Kriterien mittels eines „Normalarbeitsverhältnis" erfüllt. Dieses lässt sich beschreiben als unbefristete Vollzeiterwerbstätigkeit mit einem den Lebensunterhalt sichernden Einkommen und sozialstaatlicher Absicherung. Die Tendenz geht jedoch in Richtung atypischer Beschäftigungsverhältnisse, welche sich durch Fehlen einer oder mehrerer Merkmale von Normalarbeit bestimmen lassen. Vgl. dazu z.B. Schweiger, Arbeit im Strukturwandel, 54-56.

[302] Das entspräche dem oben genannten „Normalarbeitsverhältnis". Sennett verweist darauf, dass Zeitarbeitsagenturen schnell expandierende Märkte sind, die in den USA von 1985 bis 1995 um 240 % gewachsen sind. Das verdeutlicht, wie wenig Stabilität Erwerbsarbeit bietet. Vgl. Sennett, Der flexible Mensch, 25.

[303] Welche Fähigkeiten und Kompetenzen dafür erforderlich sind und wie sie erlangt werden, soll in den folgenden Kapiteln dieser Arbeit untersucht werden.

[304] So spricht Schulze beispielsweise vom Druck des Imperativs: „Erlebe dein Leben!" Vgl. dazu: Schulze, Gerhard, Die Erlebnisgesellschaft. Kultursoziologie der Gegenwart, Frank-

tungsweisungen können sowohl unterstützend in der Identitätsfindung sein, aber auch manipulierend.[305]

Einfluss von außen und Austausch mit anderen ist unvermeidlich und sogar notwendig. Wird dieser aber nicht permanent reflektiert, können Manipulation und Fremdbestimmung die Folge sein. Bereichernd ist der äußere Einfluss dann, wenn dieser selektiert aufgenommen wird. Damit äußere Einflüsse identitätsbefördernd wirken können, gilt es abzuwägen, welche Einflüsse zugelassen und welche bewusst abgeblockt werden sollen.[306] Das setzt aber ein hohes Maß an Reflexionsfähigkeit und Selbstkontrolle voraus. Zieht man nun die ohnehin schon gegebenen individuellen Herausforderungen in Betracht – das Zurechtfindenmüssen in vielen Lebenswelten und die Überforderung durch die Vielzahl von Handlungsmöglichkeiten in einer auf Kurzfristiges ausgerichteten Welt – scheint es schwierig zu sein, jede Entscheidung so reflektiert treffen zu können. Bei Entscheidungen spielt der Zeitfaktor eine wesentliche Rolle. Aufgrund der Schnelllebigkeit ist es erforderlich, rasch zu entscheiden, aber

> „die Zeit für eine durchdachte – durch Information und Abwägung gut vorbereitete – Entscheidung kann meist nur um den Preis der Verschlechterung der Entscheidung verringert werden“[307].

Diese Tatsache macht sich wiederum die Werbung zu Nutze. Werbung ist ein Bestandteil des Alltags, beeinflusst auf subtile Weise und lässt aufgrund ihrer Omnipräsenz kaum Reflexionsmöglichkeiten zu. Sie informiert nicht nur über Konsummöglichkeiten, sondern spricht Emotionen und unbewusste

---

furt/Main 1993, 33. Interessant ist in diesem Kontext auch die Feststellung von Gerald Lewis, dem Chef des Kommunikationskonzerns Time Warner, dass „Konsumenten noch nie wussten, was sie eigentlich wollten, bis sie die neuen Angebote selbst kennenlernten“. Dieses Zitat greift Gerhard Scherhorn auf, in: ders., Umwelt, Arbeit und Konsum. Mikroökonomische Aspekte des modernen Konsums, in: Rosenkranz, Doris/Schneider, Norbert F. (Hg.), Konsum. Soziologische, ökonomische und psychologische Perspektiven, Opladen 2000, 283-304, 284.

[305] Vgl. dazu die oben dargestellten Überlegungen Peter Bieris, in denen er zwischen positivem Einfluss von außen, welcher bei der Willensaneignung unterstützen kann, und dem negativen Einfluss – der Manipulation – unterscheidet. Bieri, Das Handwerk der Freiheit, 420-422.

[306] Die Psychologen Martens und Kuhl weisen darauf hin, dass oft fremde Ziele als eigene wahrgenommen werden, weil nicht unterschieden wird, welche die eigenen Wünsche sind und welche von außen kommen. Das hat Folgen für die Identitätsbildung. Sie wird dann eher fremdbestimmt und dadurch können Glücks- und Sinnerfahrungen vereitelt werden. Vgl. Martens, Jens Uwe/Kuhl, Julius, Die Kunst der Selbstmotivierung. Neue Erkenntnisse der Motivationsforschung praktisch nutzen, Stuttgart 2005, 63f.

[307] Scherhorn, Umwelt, Arbeit und Konsum, 287.

Bedürfnisse nach Prestige und Status an.[308] Die Werbung vermittelt, dass das Konsumieren eines bestimmten Produktes dem Leben Sinn verleiht und zu gesellschaftlichem Ansehen verhilft. Aufgrund des permanenten Einflusses von Werbung ist die gegenwärtige Gesellschaft von Konsum geprägt und definiert sich auch über diesen.[309] Konsum ist sowohl zu einem bedeutsamen Teil der individuellen Lebensgestaltung – wie des sozialen und kulturellen Lebens – geworden, als auch zu einem Lebensbestandteil, welcher durch Erwerb, Besitz und den Gebrauch von Gütern und Dienstleistungen Status und Sinn verleiht. Das hat wiederum zur Folge, dass Konsum zunehmend die Funktion der Identitätsgewinnung und Identitätssicherung einnimmt.[310] Diese Tatsache hängt eng mit der oben diagnostizierten Funktion der Arbeit als Mittel zur Identitätsbildung zusammen. Wenn der Einzelne erfolgreich in seinem Beruf ist und/oder so viel verdient, dass er das konsumieren kann, was gesellschaftlich als wertvoll und prestigeträchtig erachtet wird, gewinnt er auf diese Art und Weise Identität. Freilich ist diese dann nicht selbstbestimmt, wenn er sich dabei lediglich an äußeren Anforderungen orientiert. Die Manipulation besteht darin,

> „den Menschen trotz aller Individualisierungsbegeisterung die gängigen Verhaltensmuster so einzubläuen, dass sie norm- und marktgerechtes Verhalten geradezu als Ausdruck ihrer Einmaligkeit und Spontaneität verstehen“[311].

Es stellt sich die Frage, inwieweit unter solcher Manipulation überhaupt noch die Möglichkeit besteht, Identität selbstbestimmt, reflektiert, nach eigenen Wünschen und Vorstellungen zu entwickeln. Wenn Konsum zur Identität beiträgt, dieser aber von außen manipulativ gesteuert wird, was ist dann noch wahre, personale Identität? Das Individuum muss bereits ein sehr stabiles

---

[308] Vgl. Schneider, Konsum und Gesellschaft, 18-21. Er spricht an dieser Stelle von der „enormen Expansion der Werbung“ und der „Professionalisierung im Marketingbereich“, welche diese Entwicklung beeinflusst haben.

[309] Vgl. dazu: Rosenkranz, Doris/Schneider, Norbert F., Konsum. Soziologische, ökonomische und psychologische Perspektiven, Opladen 2000.

[310] Vgl. Schneider, Konsum und Gesellschaft, 12. Vgl. auch: Stihler, Ariane, Ausgewählte Konzepte der Sozialpsychologie zur Erklärung des modernen Konsumverhaltens, in: Rosenkranz, Doris/Schneider, Norbert F. (Hg.), Soziologische, ökonomische und psychologische Perspektiven, Opladen 2000, 169-186. „Der moderne Mensch konsumiert im Grunde nicht Güter, die seine Bedürfnisse befriedigen, sondern er konsumiert die von Gütern transportierten Symbole für Befriedigung und Erleben. Des Menschen Beziehungen zu anderen und zu sich selbst werden durch diese Symbole vermittelt.“ Ebd., 183.

[311] Vgl. Prisching, Manfred, Das Selbst. Die Maske. Der Bluff. Über die Inszenierung der eigenen Person, Wien/Graz/Klagenfurt 2009, 167.

und sicheres Selbst sein, um sich dem manipulativen Konsumdruck entziehen zu können. Aber wie ist das überhaupt möglich, wenn es permanent manipulativen Einflüssen ausgesetzt ist?

Es sind vor allem zwei Ursachen für Manipulierbarkeit diagnostizieren: Einerseits sind Menschen dann beeinflussbar, wenn sie mit vielen Optionen ihres Lebens überfordert sind, andererseits weil es ihnen wichtig ist, einer bestimmten Gruppe anzugehören. Etwas, das als erstrebenswert propagiert wird, verleiht dem Besitzer Status, Prestige und die Anerkennung der anderen. Es scheint folglich nicht nur wichtig zu sein, was man selbst will, sondern auch – oder besonders –, wie die anderen die eigene Persönlichkeit beurteilen. Im Identitätsbildungsprozess geht es also stets auch um die Anerkennung anderer.

5.4 Einfluss und Anerkennung anderer

Charles Taylor deutet das Verlangen nach Anerkennung als menschliches Grundbedürfnis, deshalb kann Nicht-Anerkennung Leiden verursachen und in weiterer Folge den Identitätsbildungsprozess zum Scheitern bringen.[312] Auf den ersten Blick scheint es deshalb besser zu sein, alles zu tun, um die Anerkennung der anderen zu erhalten, denn – so Krappmann – „verlässlich kann Identität nur gewahrt werden, wenn sie durch freie Anerkennung der anderen legitimiert wurde“[313]. Taylor betont in diesem Zusammenhang den dialogischen Charakter des Menschen, aufgrund dessen nur im Gespräch personale Identität entwickelt werden kann. In einem äußeren oder inneren Dialog mit anderen wird abgewogen, was sie über eine bestimmte Entscheidung denken würden.[314]

Wie oben bereits aufgezeigt wurde, wird in soziologischen Theorien auf die Bedeutung der äußeren, gesellschaftlichen Umstände hingewiesen – im Gegensatz zu Frankfurt, Steinfath und Bieri, die das Hauptaugenmerk auf Vernunft, Reflexionsfähigkeit und Willensfreiheit der Person legen und den Einfluss von außen nur als ein weiteres Element in der Identitätsbildung berücksichtigen. Lothar Krappmann betont, dass selbst die „eigenen“ Erwartungen, die mit denen der anderen abzugleichen sind, im Laufe der Biographie im Austausch mit anderen und durch den Einfluss anderer entwickelt werden. In diesem Sinne gründet beispielsweise die individuelle Erwartung

---

[312] Vgl. Taylor, Multikulturalismus und die Politik der Anerkennung, 13-24.
[313] Vgl. Krappmann, Soziologische Dimensionen der Identität, 29.
[314] Vgl. Taylor, Multikulturalismus und die Politik der Anerkennung, 21f.

an sich selbst, einen prestigeträchtigen Beruf auszuüben, in der Sozialisation. Nach Krappmann gibt es folglich gar nichts „wirklich eigenes", weil vom Beginn des Lebens an jeder in einem sozialen Kontext steht, der ihn prägt.[315] So werden in der Familie von Anfang an Werte, Ideale und Sichtweisen vorgezeichnet, die das weitere individuelle Leben mitbestimmen. Das Kind lernt so zu sein, wie man es ihm in seiner sozialen Umgebung vorlebt und vorschreibt.[316]

Die Welt wird durch die signifikanten Anderen vermittelt und internalisiert, was wesentliche Auswirkungen auf die Identitätsbildung hat. So können beispielsweise inkonsistente Verhaltenserwartungen der Bezugsgruppen, wie der Eltern, die Entwicklung einer stabilen Rollenidentität vereiteln.[317] Auch wenn Identität selbstbestimmt und reflektiert entwickelt werden kann, ist dies als Leistung der anderen zu verstehen, denn diese befähigen zur Reflexion und prägen die Selbstbilder. Pointiert formuliert heißt das, dass personale Identität von anderen vermittelt wird und das Individuum weniger frei ist, als es glaubt.[318]

Es zeigt sich deutlich, dass in der soziologischen Sicht alles, was Identität ausmacht, von anderen, der sozialen Umgebung abhängt. Die Philosophen Frankfurt, Steinfath und Bieri verstehen im Gegensatz dazu Identitätsbildung in erster Linie als selbstbestimmten Prozess. Zwar wird auch von ihnen die Notwendigkeit sozialer Beziehungen für Identitätsbildung nicht geleugnet, doch wird diesen eine andere Bedeutung zugeschrieben. So konstatiert Steinfath, dass „jede Person zumindest anfänglich, in ihren ersten Lebensjahren, auf die Anerkennung durch andere – und zwar durch konkrete andere – angewiesen"[319] ist. Auf diese Weise erlangt der Einzelne ein Selbstwertgefühl, das ihn zur Selbstbestimmung befähigt: „Unser Vertrauen in uns selbst baut sich auf dem vorgängigen Vertrauen anderer in uns auf."[320] Die anderen sind also am Lebensanfang wichtig, um später in Unabhängigkeit von ihnen personale Identität bilden zu können.

Es herrscht Einigkeit darüber, dass der Einfluss der anderen in den ersten Lebensjahren von fundamentaler Bedeutung für die weitere Identitätsentwicklung ist. Ordnet man die Überlegungen Steinfaths den oben aufgezeigten

---

[315] Vgl. Krappmann, Soziologische Dimensionen der Identität, 11.
[316] Vgl. Berger, Peter L./Luckmann, Thomas, Die gesellschaftliche Konstruktion der Wirklichkeit. Eine Theorie der Wissenssoziologie, Frankfurt/Main 1970, 143.
[317] Vgl. Habermas in 4.3.2. und ders., Zur Rekonstruktion des Historischen Materialismus, 94.
[318] Vgl. Kaufmann, Die Erfindung des Ich, 300.
[319] Steinfath, Orientierung am Guten, 321.
[320] Ebd.

entwicklungsgeschichtlichen Theorien von Erikson und Habermas zu, wird ersichtlich, dass es sich im Sinne Eriksons um die ersten vier Phasen der Kindheit und bei Habermas um die Entwicklungsstufe der Rollenidentität handelt. Dass in den ersten Lebensjahren der Einfluss und die Anerkennung anderer von erheblicher Bedeutung für den Einzelnen sind, scheint demnach in den unterschiedlichen wissenschaftlichen Theorien unbestritten.

Die Übereinstimmung der philosophischen mit der soziologischen Sicht endet mit den Überlegungen zum Jugend- bzw. Erwachsenenalter. Während Frankfurt, Steinfath und Bieri dem Erwachsenen – es wird nicht explizit geklärt, ab welchem Alter sie diese Möglichkeit der Identitätsbildung sehen – hohe Selbstreflexion und Vertrauen in sein eigenes Urteil zuschreiben, verstehen Interaktionisten Identitätsbildung weiterhin als stark von äußeren Faktoren abhängigen Prozess. In der Sicht Krappmanns hat der Einzelne seine Identität immer „im Hinblick auf die aktuelle Situation und unter Berücksichtigung des Erwartungshorizontes seiner Partner“[321] zu bilden. Demgemäß ist Identitätsentwicklung ein ganzes Leben lang

> „eine immer wieder neue Verknüpfung früherer und anderer Interaktionsbeteiligungen des Individuums mit den Erwartungen und Bedürfnissen, in der aktuellen Situation“[322].

In der Soziologie wird auch verstärkt auf die Grenzen der individuellen Verfügungsmacht durch den sozialen Raum hingewiesen. Nach je persönlichen sozialen Umständen ist die selbstbestimmte personale Identitätsbildung mit mehr oder minder großen Hindernissen verbunden.[323] Da Identität im Sinne der Soziologie viel mit Anpassungsfähigkeit zu tun hat und die Anerkennung der anderen ein Bestandteil gelungener Identität ist, haben sozial benachteiligte Personen Probleme, ihre Identität zu konstituieren und in weiterer Folge nach außen zu präsentieren. Wie im vorangegangenen Teil deutlich wurde, ist Konsum in der Moderne ein identitätsbildender Faktor. Wenn jedoch die monetären Mittel fehlen, ist es schwierig, Dinge zu konsumieren, die in einer Gesellschaft(sgruppe) für wichtig und wertvoll gehalten werden. Mit Konsum, z.B. bestimmter Markenkleidung, wird soziale Zugehörigkeit ausge-

---

[321] Krappmann, Soziologische Dimensionen der Identität, 9.
[322] Ebd.
[323] Vgl. dazu auch Keupp et al., Identitätskonstruktionen, 286.

drückt, aber auch Abgrenzung von andern sozialen Gruppen vermittelt. Insofern wird durch Konsum Identität und Integration erzeugt.[324]

Der Druck von außen kann sehr groß werden und zu Handlungen führen, die die äußere Situation nur scheinbar verbessern. Um nicht Opfer von gesellschaftlichen Ausschließungsmechanismen[325] zu werden, wird häufig ein hohes finanzielles Risiko in Kauf genommen. Die Werbung tut ihr übriges, den Druck zu erhöhen. Um von einer sozialen Gruppe anerkannt zu werden, werden Schulden in Kauf genommen, die oft nur mit Hilfe von außen getilgt werden können. Nicht zufällig boomen „Reparatureinrichtungen"[326] wie Schuldnerberatungsstellen. Es wird konsumiert, um Identität zu behaupten – eine Identität, die man durch Druck von außen und im Kampf um die Anerkennung der anderen glaubt, behaupten zu müssen.[327]

Am Beispiel der Erwerbsarbeit lässt sich zeigen, dass diese auch als Mittel zur Gewinnung von Anerkennung dienen kann.[328] In der Gegenwart ist es aufgrund der Schnelllebigkeit und Flexibilisierung der Ökonomie schwierig, durch Arbeit Identität zu konstituieren. Wenn dann unter den Bedingungen der ökonomischen Postulate weniger reflektiert werden kann, welche berufliche Tätigkeit sinn- und identitätsstiftend sein kann, sondern in erster Linie um die Anerkennung anderer gerungen wird, kann dies zum „Ausverkauf der Arbeitskraft und des eigenen Selbst"[329] führen.[330]

---

[324] Vgl. Schneider, Konsum und Gesellschaft, 20f. Auch Wiswede konstatiert, dass Konsumgüter in der Moderne „eine Erweiterung der Persönlichkeit" bewirken. Vgl.: Wiswede, Günter, Soziologie des Verbraucherverhaltens, Stuttgart 1972, 48.

[325] Wie drastisch sich gesellschaftliche Ausschließungsmechanismen auf die personale Identität auswirken können, erklärt Avishai Margalit. Den Ausschluss aus identitätsstiftenden Gruppen bezeichnet er als Demütigung. Vgl.: Margalit, Avishai, Politik der Würde. Über Achtung und Verachtung, Frankfurt/Main 1999, 160-175.

[326] Vgl. Schneider, Konsum und Gesellschaft, 13.

[327] In einer Studie der Arbeiterkammer wird deutlich, dass sich der Druck, Dinge zu kaufen, um die Anerkennung anderer zu erlangen oder nicht zu verlieren, seit 1982 erhöht hat: 1982 empfanden 13 Prozent der Befragten den Druck als sehr stark, 2003 bereits 21 Prozent. Vgl.: Kollmann, Karl/Simperl, Kurt E., Konsumenten 2004, Wien 2004, 26.

[328] Vgl. Keupp et al., Identitätskonstruktionen, 129.

[329] Vgl. Schweiger, Arbeit um Strukturwandel, 70.

[330] Dass die berufliche Entscheidung vielfach unter Einbeziehung der Überlegung gefällt wird, ob damit Anerkennung anderer erlangt wird, zeigt sich z.B. auch in der Wahl der Studienrichtung: Wirtschaftsstudien gelten als prestigeträchtig, weil damit die Aussicht besteht, eines Tages viel Geld zu verdienen. Fällt die Wahl auf „Orchideenfächer" wie Philosophie, alte Sprachen oder künstlerische Studienrichtungen wird dies weniger Anerkennung als vielmehr ein Belächelt-Werden durch andere hervorrufen. Dies macht einmal mehr deutlich, wie stark die Ökonomie unsere Gegenwart prägt und den Einzelnen in seiner Entscheidung beeinflusst. Liessmann formuliert pointiert und sarkastisch, welche die gegenwärtige, gesellschaftliche Einstellung zu sein scheint: „Was nicht immer schon der Praxis verschwistert und durch diese abgeschliffen ist, braucht erst gar nicht gelernt zu werden." Liessmann, Konrad Paul, Theorie der Unbildung. Die Irrtümer der Wissensgesellschaft, Wien 2006.

Wie oben deutlich wurde, ist auch bei Steinfath und Bieri die Anerkennung anderer ein Thema. Aber es geht in ihren Überlegungen darum, dass das Individuum schließlich so selbstbestimmt wird, dass es nicht um jeden Preis nach Anerkennung strebt. Bieri fragt, warum die Anerkennung der anderen so wichtig ist und den Einzelnen folglich in seiner Selbstbestimmung hindern kann.

> „Ist es so, dass alles, was wir tun, aus Angst vor Einsamkeit getan wird? ... Was geschähe, wenn wir all das aufkündigten, der schleichenden Erpressung ein Ende setzten und zu uns selbst stünden? … Und warum sind wir eigentlich so sicher, dass uns die anderen nicht beneideten, wenn sie sähen, wie groß unsere Freiheit geworden ist? Und dass sie nicht daraufhin unsere Gesellschaft suchten?“[331]

Diese Fragen Bieris lassen erahnen, dass in seiner Sicht die Ideale Freiheit und Autonomie des Individuums eine erhebliche Rolle spielen. Die Anerkennung anderer scheint lediglich ein „Nebenprodukt“ von Identität zu sein. Dagegen gilt gemäß den soziologischen Betrachtungen: Personale Identität ist dann gelungen, wenn die Anerkennung anderer erlangt wird.

5.5 Die Möglichkeit selbstbestimmter personaler Identitätsbildung

Folgt man den vorangegangenen Überlegungen zur Identitätsbildung der erwachsenen Person, lässt sich feststellen: Einerseits hat das Subjekt individuelle Ansprüche an sein Leben, andererseits wird es im sozialen Raum sowohl mit Erwartungen als auch mit Rahmenbedingungen konfrontiert. Den Rahmen bilden eine Vielzahl der Handlungsoptionen in pluralen Lebenswelten und manipulative Einflüsse, wie Werbung. Es ist ein weites Feld, auf dem agiert werden kann: Viele Chancen und Möglichkeiten stehen offen und lassen Raum für individuelle Identitätsbildung. Andererseits werden hohe Erwartungen in der Ökonomie an den Einzelnen gestellt, nämlich Flexibilität und Mobilität. Aber auch andere, deren Anerkennung der Einzelne erlangen will, tragen Erwartungen an ihn heran. Innerhalb dieser Umstände gilt es nun individuell Identität zu bilden. Dabei orientiert sich der Einzelne mehr oder

---

[331] Vgl. Mercier, Pascal, Nachtzug nach Lissabon, Wien 2004, 379f. Hinter Pascal Mercier verbirgt sich der Philosoph Peter Bieri, der dieses Pseudonym als Autor seiner Romane – in welchen er sich immer auch mit der Identitätsfrage beschäftigt – gewählt hat.

weniger reflektiert an seinen eigenen und an fremden Vorstellungen und Erwartungen. Identitätsbildung kann deshalb auf sehr unterschiedliche Art und Weise konstituiert werden.

Es soll hier zwischen einer postmodernen, einer abhängigen und einer selbstbestimmten Form der Identitätsbildung unterschieden werden. Schließlich möchte ich eine Möglichkeit der selbstbestimmten Identitätsbildung vorschlagen, in welcher die Anerkennung anderer zwar als wichtig erachtet wird, aber in einer anderen Art und Weise, als dies die Interaktionisten verstanden wissen wollen. Diese Form der Identität soll hier als „selbstbestimmte anerkannte Identität" bezeichnet werden.

5.5.1 Die postmoderne Identität

Der Soziologe Heinz Abels z.B. sieht die schnelllebigen Umstände der Gegenwart nicht als Problem für die Identitätsbildung, sondern plädiert für eine flexible Identität, weil es angesichts der ständig neuen Herausforderungen und Chancen des Lebens unerlässlich ist, sich permanent neu zu entwerfen. Eine sichere, konstante Identität ist nicht mehr zeitgemäß, sie passt nicht in die moderne Gesellschaft. Pläne müssen Abels zufolge elastisch und an die ständig wechselnden Umstände des Lebens anpassbar sein.[332] Es gilt Welsch zufolge „Formen zu finden und auszubilden, in denen diese Pluralität vollziehbar und in Übergängen mit neuen Identitätsfindungen lebbar wird"[333], denn Identität ist „nur noch plural möglich"[334].

Dieser Auffassung sind jedoch einige kritische Fragen entgegen zu halten: Kann bei einer solch hochflexiblen Identitätskonstitution das Individuum noch eine innere Harmonie herstellen? Stellt es nicht eine Überforderung dar, wenn es notwendig ist, Lebenspläne ständig neu zu strukturieren? Kann dann überhaupt noch von Identität im oben bestimmten Sinne die Rede sein, nämlich von Identität als Erfahrung des Sich-gleich-Bleibens? Handelt es sich nicht vielmehr um mehrere Identitäten, wenn in verschiedenen Lebensberei-

---

[332] Vgl. Abels, Heinz, Einführung in die Soziologie II. Die Individuen in ihrer Gesellschaft, Wiesbaden 2001, 231. Zwar wurde auch bei Bieri deutlich, dass Identität nichts Statisches ist, der Unterschied zu Abels Auffassung besteht jedoch darin, dass in der Sicht Bieris der eigene Wille die personale Identitätsentwicklung oder -änderung leitet: Der Einzelne richtet sein Tun innerhalb der wechselnden Umstände nach seinem Urteil, was zu tun das Richtige ist. (vgl. Bieri, Das Handwerk der Freiheit, 79-83). Abels zufolge scheinen es die äußeren Umstände zu sein, denen sich der Einzelne anpasst. Personale Identitätsbildung ist demgemäß weniger reflektiert.

[333] Welsch, Ästhetisches Denken, 171.

[334] Ebd.

chen mit unterschiedlichen Anforderungen zu rechnen ist und der individuelle Lebensplan je nach Umständen angepasst werden soll?

Die Antwort auf die Frage, wie die Kurzfristigkeit und Schnelllebigkeit der Moderne adäquat bewältigt werden können, scheint tatsächlich in den pluralen Identitäten zu liegen. Es ist erforderlich, je nach Situation aus einer Vielzahl von Identitäten die passende einzusetzen, nur so scheint der moderne Mensch erfolgreich agieren zu können. Statt Konstanz ist ständige Wandlungsbereitschaft gefragt; an die Stelle von Stabilität tritt Mobilität.[335] Das Individuum soll diesen postmodernen Auffassungen zufolge alle Optionen wahrnehmen und Widersprüchlichkeiten in sich vereinen. Wechsel und Wandel sind Teil der Identität. Prisching meint, dass diese Identitätsform „deshalb in Wahrheit natürlich keine ‚Identität' sein kann, die diesen Namen verdient."[336]

Einer gelungenen Identität, wie sie eingangs beschrieben wurde, in welcher die Erfahrung mit sich selbst trotz Veränderungen in der Zeit, als konstitutiv aufgefasst wird, scheint die postmoderne Identität in der Tat nicht gerecht zu werden. Zudem widerspricht eine permanent neue Anpassung an äußere Umstände der Idee der Selbstbestimmung, welche sich dadurch auszeichnet, dass den eigenen Wünschen, Vorstellungen und Überlegungen im Prozess der Identitätsbildung Vorrang gegeben wird. Eine innere Harmonie zwischen Angeborenem, Widerfahrenem und dem selbst Angeeignetem wird im Zuge einer postmodernen Identitätsbildung nicht möglich sein. Denn wenn keine individuellen Ziele und Vorstellungen als Grundlage für das selbst Angeeignete vorhanden sind, sondern stets die äußeren Bedingungen bestimmen, wie Identitätsbildung verläuft, bleibt der Einzelne Produkt seiner Umgebung. Eine innere Harmonie wäre bloß zufällig und nicht selbstbestimmt erarbeitet.

5.5.2 *Die abhängige Identität*

Die Bezeichnung „abhängige Identität" soll vermitteln, dass sich der Einzelne in seiner Identitätsbildung gänzlich an anderen orientiert, er macht seine Identität von ihrem Urteil abhängig. Er nimmt seine eigenen Vorstellungen nicht so wichtig, vielmehr strebt er vorrangig um die Anerkennung anderer.

---

[335] Vgl. dazu: Bauer, Emmanuel J., Narzissmus als Signatur der postmodernen Gesellschaft, in: Paus, Ansgar/Köhler, Theodor W./Schmidinger, Heinrich (Hg.), Salzburger Jahrbuch für Philosophie, Salzburg 2001/02, 163-192, 190-192.

[336] Vgl. Prisching, Manfred, Bildungsideologien. Ein zeitdiagnostischer Essay an der Schwelle der Wissensgesellschaft, Wiesbaden 2008, 67.

Dieser Weg setzt am wenigsten Selbstreflexion und Selbstbestimmung voraus, impliziert aber die Mühe, sich ständig vor den anderen zu behaupten und zu präsentieren, z.B. mit dem Konsumieren prestigeträchtiger Güter. Es wird versucht, personale Identität mit Konsumgütern zu erlangen und zu demonstrieren, die als gesellschaftlich wertvoll propagiert werden. Fehlt jedoch die ökonomische Möglichkeit Identität zu präsentieren, kann die Anerkennung anderer nicht erlangt werden und deshalb kann auch Identität ins Wanken geraten.

In der interaktionistischen Theorie werden mit gelungener Identitätsbildung Anpassung an andere und permanente Wandlungsbereitschaft verbunden. Von selbstbestimmter personaler Identität, die oben als das Erleben einer Einheit mit sich selbst bestimmt wurde, kann hier nicht mehr die Rede sein. Vielmehr scheint auch diese Form der Identitätsbildung in plurale Identitäten[337] zu münden. Allerdings gilt es hier zu differenzieren: Reflektierte Individuen können durchaus wandlungsbereit sein, ohne sich selbst zu verlieren. Das Sich-selbst-Verändern geschieht dann auf einer selbstbestimmten Basis, so wie es auch von Bieri beschrieben wird. Bieri zufolge ist personale Identität nichts Starres und Abgeschlossenes, weil auch das Leben im Wandel ist. Es kommt jedoch auf das Ausmaß der Reflexion an, welches die Grenze zwischen fremd- und selbstbestimmter Identität markiert. Denn wenn die eigene, mögliche Veränderung überdacht wird und erst dann vorgenommen wird, bleibt auch das Gefühl der Einheit von sich selbst als Person erhalten. Der Einzelne verändert sich in diesem Zuge selbstbestimmt als die Person, die er ist und sein will.

Dass in der soziologischen Theorie die eigene Reflexion aber nicht in diesem starken Umfang Beachtung findet, verdeutlicht die Rede von einem „Handel um Identität“[338]:

> „Das Bild, das ein anderer von mir hat und das sich in expliziten oder vermuteten Erwartungen an mich niederschlägt, muss in Übereinstimmung mit dem Bild gebracht werden, das ich von mir und in Bezug auf den anderen in dieser konkreten Situation habe.“[339]

Lässt man sich aber auf einen Handel ein, kann die Anerkennung auf Kosten der Selbstbestimmung gehen, denn bei einem Handel kann man immer auch

[337] Bröckling spricht von einem pluralen und fluiden Ego, „das sich in immer neuen Zusammensetzungen rekombiniert.“ Bröckling, Das unternehmerische Selbst, 279. Daraus ist zu schließen, dass ein „mit sich selbst identisches Selbst“ obsolet ist. Ebd., 35.

[338] Vgl. Abels, Identität, 366.

[339] Ebd.

in einer benachteiligten Position sein. Möglicherweise lässt sich das, was man selbst aufgrund praktischer Überlegungen will, mit den Erwartungen der anderen vereinbaren. Aber es wird immer eine Unsicherheit bleiben, wenn Identität so stark von anderen abhängig gemacht wird. Berger et al. nennen diese identitäre Unsicherheit und geforderte Flexibilität „Unabgeschlossenheit" und sehen in ihr eine Gefahr:

> „Diese Eigenschaft der Unabgeschlossenheit der modernen Identität erzeugt psychische Belastungen und macht den einzelnen besonders verwundbar dafür, dass andere ihn immer wieder anders definieren."[340]

Personale Identität ausverhandeln zu müssen, scheint – zumindest auf Dauer – nicht zufriedenstellend. Denn wenn die Person nie ihr eigenes Wollen in den Vordergrund stellt, nie ihre eigenen Ziele verfolgt, sondern immer darauf achtet, was andere dazu meinen, werden Sinn- und Glückserfahrungen sowie Zufriedenheit mit sich selbst ausbleiben. Um nämlich Sinn und Glück erleben zu können, ist es erforderlich, so zu leben, wie es nach eigenem Ermessen als gut erscheint.

5.5.3 Die selbstbestimmte Identität

Ist der Einzelne sehr reflektiert gegenüber sich selbst und äußeren Umständen, kann er seine individuelle Identität bilden, indem Einflüsse von außen abgewogen und bewertet werden, bevor er sie übernimmt. Seine eigenen Vorstellungen und Erwartungen an sich selbst sind ihm klar und er versucht seiner eigenen „Ideal-Identität" gerecht zu werden. Das eigene Wollen für die Konstitution der Identität spielt eine erheblich größere Rolle als die Erwartungen der anderen. Diese stark nach innen gerichtete Auffassung von personaler Identitätsbildung entspricht jener der Philosophen Frankfurt, Steinfath und Bieri. Diese Theorie setzt ein sehr starkes, unabhängiges Subjekt voraus und scheint angesichts der oben aufgezeigten Grenzen und Hindernisse für die Selbstbestimmung nur schwer umsetzbar.[341] Das Ideal der selbstbestimmten personalen Identitätsbildung gemäß Frankfurt, Steinfath

---

[340] Berger/Berger/Kellner, Das Unbehagen der Modernität, 70.

[341] Abels radikalisiert diese Überlegung und konstatiert, „dass Identität im Sinne von Einzigartigkeit, Wahrhaftigkeit und Konsequenz in der Moderne strukturell erschwert, wenn nicht gar unmöglich gemacht wird. Insofern kann man Identität tatsächlich als Krisenbegriff in der Moderne verstehen". Abels, Einführung in die Soziologie II, 230f.

und Bieri ist dennoch in einer abgeschwächten Form möglich, nämlich als selbstbestimmte Mitte zwischen innen und außen.

5.5.4 Die selbstbestimmte anerkannte Identität

Im Folgenden soll eine Möglichkeit der Identitätsbildung vorgeschlagen werden, die sich am Ideal der selbstbestimmten Identitätsbildung nach Frankfurt, Steinfath und Bieri orientiert. Größere Beachtung als bei jenen Philosophen wird dabei der Bedeutung der Anerkennung anderer zukommen. Steinfath vertritt die Ansicht, dass sich die Abhängigkeit von konkreten anderen mit wachsendem Selbstwertgefühl zur „Abhängigkeit von bloß imaginierten anderen verschieben“ [342] kann. Tatsächlich spielt jedoch die gesicherte Anerkennung konkreter anderer immer eine wichtige Rolle im selbstbestimmten Identitätsbildungsprozess.

Bei der hier vorgeschlagenen Deutung der Identitätsbildung orientiert sich der Einzelne reflektierend an seinen eigenen Wünschen und Vorstellungen. Er versucht, so zu leben, wie er es für gut hält. Die Anerkennung anderer will er nicht um jeden Preis erlangen. Er würde seine eigenen Ideale nicht verwerfen, um von anderen anerkannt zu werden. Es gibt Personen, deren Anerkennung die reflektierte, selbstbestimmte Person nicht für erforderlich erachtet, weil sie weiß, dass diese z.B. eine ganz andere Lebensform befürwortet als sie selbst. Da jedoch das Verlangen nach Anerkennung ein Grundbedürfnis ist, wie oben mit Taylor deutlich wurde, setzt diese Form der Selbstbestimmung eine Basis-Anerkennung voraus, um die der Einzelne nicht streben muss, z.B. in der Familie. Wenn diese grundsätzliche Anerkennung konkreter anderer gesichert ist, ermöglicht das, eine individuelle Identität zu bilden, ohne ständig darauf bedacht sein zu müssen, Anerkennung anderer zu erlangen.

Gelingt es, eine solche Identität zu kreieren, ermöglicht das ein individuelles „Maß an Kohärenz, Authentizität, Anerkennung und Handlungsfähigkeit“[343]. Michael Theunissen hält es für unabdingbar, in Frieden mit sich selbst zu sein, damit personale Identitätskonstitution glücken kann. Dazu ist es aber auch notwendig, im Einklang mit den anderen zu sein.[344] Für ein gutes Leben ist es diesen Überlegungen zufolge erforderlich, eine Balance zwischen Selbstbestimmung einerseits und andererseits dem Wissen um die An-

---

[342] Steinfath, Orientierung am Guten, 321.
[343] Keupp et al., Identitätskonstruktionen, 274.
[344] Vgl. Theunissen, Michael, Selbstverwirklichung und Allgemeinheit. Zur Kritik des gegenwärtigen Bewusstseins, Berlin 1981, 48.

erkennung anderer zu erreichen. Das Individuum wird zu seiner Basis-Anerkennung auch die Anerkennung weiterer anderer erlangen, weil es durch Kohärenz und Authentizität schließlich überzeugender ist, als mit ständiger Wandlungsbereitschaft und Anpassungsfähigkeit.

Freilich ist die soziale Dimension und der lebenslange, permanente Einfluss von außen im Identitätsbildungsprozess nicht zu unterschätzen. Auch selbstbestimmte Personen sind gezwungen, sich immer wieder mit den Grenzen und Hindernissen im Prozess ihrer Identitätsentwicklung auseinanderzusetzen. Dennoch darf individuelle Identität nicht aufgrund des gesellschaftlichen Einflusses als determiniert verstanden werden, denn Personen sind als vernunftbegabte, willensfreie, reflexionsfähige Wesen, selbst für sich und ihr Leben verantwortlich, auch wenn durch Erziehung und lebensweltliche Umstände gewisse Grenzen gesetzt sind. Personale Identität, so wurde oben erläutert, ist eben stets auch ein Produkt der Gesellschaft. Der erwachsenen Person soll es aber möglich sein, zugleich Produzent ihrer Identität zu werden. Dafür ist es erforderlich, abwägen zu können, wie viel Raum den äußeren Einflüssen zugestanden werden soll. Es geht darum, die Anerkennung der anderen nur dann für wichtig zu nehmen, wenn sie der Identitätsfindung nicht schadet oder diese sogar fördert. Mut, auch einmal gegen den Strom zu schwimmen, Eigenwilligkeit und Selbstvertrauen sind dafür erforderlich. Diese Eigenschaften und Fähigkeiten betonen Frankfurt, Steinfath und Bieri besonders.

In der vorliegenden Untersuchung wird die These vertreten, dass das erwachsene Individuum bereits Klarheit darüber hat, wer und wie es sein will und sich dementsprechend auch verwirklichen möchte. Dafür ist eine „Basis-Anerkennung" in der Kindheit die Voraussetzung. Die erwachsene Person – mit all ihren angeborenen und bereits im Laufe des Lebens unbewusst übernommenen „Identitätsfaktoren" – kann auf dieser Basis eine sehr eigenständige, reflektierte Identität weiterentwickeln. Die Anerkennung der ihr wichtigen anderen erlangt sie dann, wenn sie bereits eine Identität gebildet hat und nicht erst über die Anerkennung anderer. Vielmehr geht es darum, von anderen anerkannt zu werden, ihnen gegenüber glaubwürdig zu sein. Denn eine allzu flexible und sprunghafte Identität, die sich in erster Linie an den anderen orientiert, würde von jenen nicht als authentisch verstanden und auch nicht mit Anerkennung erwidert werden. Eine gelungene Identitätsbalance erfordert folglich Treue zu sich selbst[345], welche impliziert, vor anderen

---

[345] Vgl. dazu Charles Taylor: „Es gibt eine bestimmte Art, Person zu sein, die *meine* Art ist. … Diese Vorstellung verstärkt den Grundsatz sich selbst treu zu sein. Bin ich mir selbst nicht treu, so verfehle ich die Aufgabe meines Lebens…" Taylor, Multikulturalismus und die Politik der Anerkennung, 19.

das glaubwürdig zu vertreten, was nach selbstbestimmten praktischen Überlegungen für gut gehalten wird. Dadurch wird im Sinne Eriksons das individuelle Gefühl der Gleichheit und Kontinuität mit sich selbst erlangt. Ebenso wird aufgrund des glaubwürdigen Verhaltens und Handelns im alltäglichen Leben, personale Gleichheit und Kontinuität in den Augen der anderen gewährleistet.[346]

Den vorangegangenen Überlegungen folgend, lässt sich konstatieren, dass eine basale Anerkennung konkreter anderer erforderlich ist, um selbstbestimmt Identität bilden zu können. Kritische Reflexion hilft abzuwägen, wessen Anerkennung für wichtig erachtet werden soll. Da der Einzelne die Wahl hat, welcher Gesellschaftsgruppe er sich anschließen möchte, ist es unabdingbar, die Anerkennung weiterer Personen zu erlangen, nicht nur jene konkreter anderer; nämlich jener, zu denen er selbst gehören möchte. Dies kann er erreichen, indem er seine Identität präsentiert. Um anderen authentisch präsentieren zu können, wer man ist, ist es erforderlich, personale Identität bereits konstituiert zu haben. Ansonsten handelt es sich um Anpassung an andere und das Streben um die Anerkennung anderer steht im Vordergrund, ohne Rücksicht auf Selbstbestimmung. Es wird jemand präsentiert, von dem man glaubt, dass er Anerkennung erlangen wird, ohne dass man diese Person tatsächlich ist.

Die oben genannten Grenzen können diese Identitäts-Balance zwischen Selbstbestimmung und der Achtung anderer erheblich erschweren, weil viele Handlungsmöglichkeiten, Kurzfristigkeit und ökonomischer sowie gesellschaftlicher Druck das Nachdenken behindern, verkürzen oder gar verhindern können. Deshalb scheinen für eine selbstbestimmte Identität neben der basalen Anerkennung und hoher Reflexionsfähigkeit mindestens vier Kompetenzen und Ressourcen erforderlich zu sein.

---

[346] Vgl. Erikson, Ich-Entwicklung und geschichtlicher Wandel, 18.

6 Kompetenzen und Ressourcen für gelingende Identität

Der Psychologe Klaus Schneewind definiert Kompetenzen als „Selbstorganisationsdispositionen, die mehr oder minder flexibel und effektiv die Bewältigung von Aufgaben und Problemsituationen ermöglichen“[347]. Demgemäß befähigen Kompetenzen, sich selbständig in verschiedenen Lebenssituationen zurechtzufinden. Grundsätzlich können für den Kontext dieser Untersuchung vier relevante Arten von Kompetenzen unterschieden werden[348]:

(1) Selbstbezogene Kompetenzen implizieren das Wissen um die eigenen Bedürfnisse, Wertvorstellungen, Entwicklungsziele und Selbstkontrolle. Diese Kompetenzen entsprechen der Selbstkenntnis im Sinne Frankfurts, Steinfaths und Bieris.

(2) Partnerbezogene Kompetenzen zeichnen sich unter anderem durch Respekt, Empathie, Interesse für die Bedürfnisse anderer und Unterstützungsbereitschaft aus. Die Fähigkeit des Hineinversetzens in die Rolle des anderen ist die Voraussetzung für partnerbezogene Kompetenzen, die das Zusammenleben erleichtern.

(3) Kontextbezogene Kompetenzen zu besitzen, bedeutet, der Situation angemessen handeln zu können. Diese Kompetenz setzt hohe Reflexionsfähigkeit voraus. Wenn sich der Einzelne zu sich selbst verhält, kann er sich der Bewältigung von Problemen und Herausforderungen stellen. Er kann kontextbezogen handeln. Das setzt jedoch voraus, dass er sich über seine Ziele im Klaren ist. Um z.B. sein Leben zwischen Erwerbsarbeit und Familie in Balance halten zu können, muss er wissen, was ihm wichtig ist.

(4) Handlungsbezogene Kompetenzen sind dann erforderlich, wenn es darum geht, Absichten auch in die Tat umzusetzen. Dafür ist Vertrauen in die eigene Handlungsfähigkeit erforderlich. Wenn ein Familienvater beispielsweise mehr Zeit mit seiner Familie bringen will und deshalb die Absicht hat, seinen Vorgesetzten um eine Arbeitszeitreduktion zu ersuchen, ist es erforderlich, dass er sich ein zielführendes Gespräch mit seinem Vorgesetzten zutraut und dementsprechend handelt.

---

[347] Schneewind, Wie geht´s der Familie?, Bestandsaufnahme und Ansätze zur Stärkung von Familienkompetenzen, in: Mayer, Susanne/Schulte, Dietmar -(Hg.), Die Zukunft der Familie, Paderborn 2007, 77-95, 80.

[348] Vgl. zum Folgenden ebd., 81. Schneewind zeigt auf, dass diese Kompetenzen für eine gelungene Erziehung maßgeblich sind.

Diesen Kompetenzen können weitere, spezifischere Fähigkeiten zugeordnet werden, die die Überwindung von Grenzen und Hindernissen zur selbstbestimmten, personalen Identitätsbildung ermöglichen: Soziale Integration, Verknüpfung von Teil-Realitäten und Ambiguitätstoleranz. Selbstbezogene und partnerbezogene Kompetenzen befähigen dazu, sich sozial zu integrieren und von anderen anerkannt zu werden. Ambiguitätstoleranz ist nicht möglich, ohne kontextbezogene Kompetenzen und die erfolgreiche Verknüpfung von Teil-Realitäten setzt Handlungskompetenz voraus. Aber auch materielle Ressourcen sind nicht unwesentlich für selbstbestimmte Identitätsbildung, denn dadurch werden Möglichkeiten und Zugänge eröffnet, die die Erlangung von Kompetenzen unterstützen.

Materielle Ressourcen, soziale Integrationsfähigkeit, Verknüpfung von Teil-Realitäten und Ambiguitätstoleranz sind eng miteinander verbunden und bedingen einander teilweise. Sie sind erforderlich, um adäquat mit der Vielzahl an Handlungsmöglichkeiten in pluralen Lebenswelten, Schnelllebigkeit und den Einflüssen von außen umgehen zu können.[349]

6.1 Materielle Ressourcen

Gesellschaftliche Stellungen sind mit materiellen Ressourcen verbunden und diese bestimmen zu einem großen Teil, wie personale Identität konstituiert und präsentiert werden kann[350], denn materielle Ressourcen bieten Möglichkeiten zur Lebensgestaltung.

Bildung beispielsweise – und vor allem höhere Bildung – setzt monetäre Mittel voraus. Peter Bieri unterscheidet zwischen Ausbildung und Bildung, weil mit einer Ausbildung das Ziel verfolgt wird, etwas zu können, und mittels Bildung daran gearbeitet wird, etwas zu werden[351] – nämlich die Person, die man sein will. Personale Identität kann demnach mittels Bildung selbstbestimmt kreiert werden. An dieser Überlegung Bieris wird ersichtlich, dass er vom Bildungsbegriff des klassischen Humanismus ausgeht. Sollte detailliert geklärt werden, was genau hinter diesem zur Mode gewordenen Schlagwort und in Bildungsdiskursen immer wieder bemühtem Begriff steht,

---

[349] Das Grundkonzept der Ressourcen und Kompetenzen für gelingende Identität im folgenden Abschnitt ist entnommen aus Keupp, Identitätskonstruktionen, 276-281.

[350] Vgl. Kaufmann, Die Erfindung des Ich, 211. Kaufmann erläutert weiter: „Man ist nicht auf die gleiche Art man selbst, je nachdem, ob man Obdachloser oder Generaldirektor ist.“ Ebd.

[351] Vgl. Bieri, Wie wäre es, gebildet zu sein?

wäre eine eigene Untersuchung erforderlich.[352] Für die vorliegenden Überlegungen sollte jedoch eine knappe, aber m.E. treffende Beschreibung von Konrad Paul Liessmann genügen. Er bezeichnet humanistische Bildung als

> „ein Programm der Selbstbildung des Menschen, eine Formung und Entfaltung von Körper, Geist und Seele, von Talenten und Begabungen, die den einzelnen zu einer entwickelten Individualität und zu einem selbstbewussten Teilnehmer am Gemeinwesen und seiner Kultur führen sollte"[353].

Wenn in der zeitgenössischen Literatur von Bildung gesprochen wird, geschieht dies stets im Rückgriff auf das humanistische Bildungsideal, auch wenn nicht explizit darauf hingewiesen wird.[354]

Folgt man den Gedanken Liessmanns, so ist Bildung für personale Identitätsentwicklung wesentlich wichtiger als Ausbildung. Aber es darf nicht übersehen werden, dass auch die gewünschte Ausbildung dazu beiträgt, die angestrebte Persönlichkeit zu werden. Ist es finanziell möglich, die Ausbildung zu absolvieren, die man wirklich will, ist damit ein selbstbestimmter Beitrag zur Identitätsbildung geleistet. Es trägt zudem zu gelingender Identität bei, wenn einer Erwerbsarbeit nachgegangen werden kann, die als sinnvoll empfunden wird, denn

---

[352] Michael Zichy zeigt, dass „sich der Terminus Humanismus spätestens seit dem Ende des 19. Jahrhunderts dank seiner großen Popularität zu einem der unschärfsten Begriffe überhaupt entwickelt" hat. Er unterscheidet vier verschiedene Humanismus-Begriffe und klärt auf diesem Wege humanistischen Bildung: a) Humanismus als Geisteshaltung, der besonders am Menschen gelegen ist; b) Humanismus als eine in der philosophischen Anthropologie verankerte Geisteshaltung, wie sie z.B. Albert Camus vertritt; c) Humanismus, welcher a) und b) impliziert und darüber hinaus das höchste Maß an *humanum* in der römischen und griechischen Antike verankert sieht. Es handelt sich dabei um den klassischen Humanismus, der alle Bildungsbewegungen umfasst, die sich auf die römische und griechische Antike berufen, wie sie z.B. Johann Gottfried Herder und Wilhelm von Humboldt vertraten; d) Schließlich wird mit Humanismus auch die Bildungsepoche der Neuzeit bezeichnet (Renaissancehumanismus). Vgl. Zichy, Michael, Das humanistische Bildungsideal, in: Schmidhuber, Martina (Hg.), Formen der Bildung – Einblicke und Perspektiven. Mit einem Beitrag von Konrad Paul Liessmann, Frankfurt/Main 2010, 29-42, 31-33.

[353] Liessmann, Konrad Paul, Theorie der Unbildung. Die Irrtümer der Wissensgesellschaft, Wien 2006, 54. Vgl. zum humanistischen Bildungsideal auch: Lichtenstein, E., Art. Bildung, in: Ritter, Joachim (Hg.), Historisches Wörterbuch der Philosophie, Band 1, Basel 1971, 921-937; Richter, Wilhelm, Der Wandel des Bildungsgedankens. Die Brüder von Humboldt, das Zeitalter der Bildung und die Gegenwart, Berlin 1971.

[354] So ist dies z.B. bei Manfred Prisching der Fall. Er definiert Bildung als die „Anregung zur ausgewogenen Entfaltung aller Kräfte des Menschen, die in der Entwicklung einer reifen ausgewogenen Persönlichkeit münden, damit diese in ihrer Einzigartigkeit die Menschheit bereichere". Prisching, Bildungsideologien, 227.

> „ohne Teilhabe am gesellschaftlichen Lebensprozess in Form von sinnvoller Tätigkeit und angemessener Bezahlung wird alltägliche Identitätsarbeit nur allzu oft zu einem prekären Schwebezustand, der nur aus einer recht zynischen Beschreibung als postmodernes Reich der Freiheit deklariert werden kann“[355].

Gelingt die gewünschte Ausbildung, hat dies weitere fruchtbare Folgen für personale Identität. Besteht nämlich das Gefühl, etwas Sinnvolles zu tun, das Wert hat, hat das auch Auswirkungen auf das soziale Umfeld. Die Anerkennung anderer ist größer, wenn Zufriedenheit mit der Erwerbstätigkeit und sich selbst empfunden wird. Grundsätzlich ist Erwerbsarbeit deshalb sinnstiftend, weil man sich dabei als sinnvoller Teil eines gesellschaftlichen Zusammenhangs erfährt: das impliziert soziale Zugehörigkeit und Einbindung. Dadurch wird wiederum Anerkennung und Selbstverwirklichung erlebt – und das ist identitätsfördernd.[356]

Ein Effekt, der sich in erster Linie mit leistbarer Bildung einstellt, ist, dass durch Bildung eine gewisse Kritikfähigkeit erlangt wird. Kritikfähigkeit, die Wissen über die Welt impliziert, verhindert, allzu leicht Opfer von Manipulationsversuchen zu werden. Gemäß Bieri fragt der Gebildete nach, er nimmt nicht alles hin:

> „Immer wieder zu fragen, macht resistent gegenüber rhetorischem Drill, Gehirnwäsche und Sektenzugehörigkeit, und es schärft die Wahrnehmung gegenüber blinden Gewohnheiten des Denkens und Redens, gegenüber modischen Trends und jeder Form von Mitläufertum. Man kann nicht mehr geblufft und überrumpelt werden, Schwätzer, Gurus und anmaßende Journalisten haben keine Chance. Das ist ein hohes Gut und sein Name ist: gedankliche Unbestechlichkeit.“[357]

Wenn also Bildung leistbar ist, trägt diese zu einem großen Teil zur Selbstbestimmung bei. Je weniger jemand über sich und seine Welt weiß, umso größer ist die Gefahr, dass personale Identität manipuliert und fremdbestimmt wird.[358]

Wie im vorangegangenen Abschnitt deutlich wurde, ist in der Moderne auch Konsum ein identitätsstiftendes Moment. Mit Konsumgütern werden

---

[355] Keupp et al., Identitätskonstruktionen, 277.
[356] Vgl. ebd., 129.
[357] Vgl. Bieri, Wie wäre es gebildet zu sein?
[358] In diesem Sinne konstatiert Konrad Paul Liessmann, dass Weltkenntnis gemäß dem humboldtschen Bildungsideal immer als Mittel zur Erreichung von Selbsterkenntnis und Freiheit des Einzelnen dient. Vgl. Liessmann, Theorie der Unbildung, 56.

nach außen die individuelle Identität und die Zugehörigkeit zu einer gesellschaftlichen Gruppe präsentiert. In anderen Worten: „Gekonnt konsumieren, demonstriert zugleich Gleichheit und Individualität.“[359]

Für diese Art von Konsum sind zwei Bedingungen Voraussetzung: (1) Hohe Reflexionsfähigkeit: Soll mit Konsum tatsächlich selbstbestimmte Identität konstituiert und präsentiert werden, ist es notwendig, genau zu überlegen, mit welchem Gut das geschehen soll. Denn einerseits soll damit eine bestimmte Gruppenzugehörigkeit demonstriert werden, andererseits aber auch Autonomie und Authentizität des Selbst, das nicht von außen manipuliert wurde. Diese Fähigkeit zur Präsentation der Identität kann aber nur genutzt werden, wenn dafür (2) die materiellen Ressourcen zur Verfügung stehen. Mit ökonomischen Ressourcen kann das präsentiert werden, was wünschenswert zu präsentieren scheint und damit ist wiederum die Anerkennung der anderen gesichert.[360]

Über die Bedeutung von materiellen Ressourcen für die Konstitution von personaler Identität lässt sich zusammenfassend sagen, dass diese notwendig sind, um einerseits personale Identität selbstbestimmt zu entwickeln, durch Bildung, Ausbildung, und andererseits um diese präsentieren zu können, z.B. durch Konsumgüter.

6.2 Soziale Integration und Anerkennung

Sind die materiellen Möglichkeiten gegeben, bedarf es zur selbstbestimmten Identitätsbildung aber auch sozialer Kompetenzen und Ressourcen. Nach der historischen Wende der Moderne, in der sich soziale Strukturen insofern verändert haben, als jeder für sich selbst verantwortlich wurde und als autonomes Subjekt seine Rolle in der Gesellschaft selbst zu bestimmen hatte, ist es auch zur individuellen Aufgabe geworden, soziale Beziehungen zu schaffen, zu erhalten und zu nutzen. Vor dieser Zeit waren die Rollen klarer zugewiesen und das soziale Netzwerk[361] war aufgrund der gesellschaftlichen Stellung des Einzelnen vorgegeben und nicht hinterfragbar. Anerkennung war ein fester Bestandteil der gesellschaftlich abgeleiteten Identität, weil die

[359] Schneider, Konsum und Gesellschaft, 21.

[360] Zumindest die Anerkennung derer, von denen diese gewünscht wird.

[361] Unter „Netzwerken“ soll hier mit Heiner Keupp die Tatsache verstanden werden, „dass Menschen mit anderen sozial verknüpft sind“, also miteinander in mehr oder weniger enger Beziehung zueinander stehen. Vgl. Keupp, Heiner, Soziale Netzwerke. Eine Metapher des gesellschaftlichen Umbruchs?, in: ders./Röhrle, Bernd (Hg.), Soziale Netzwerke, Frankfurt/Main 1987, 11-53, 11.

sozialen Kategorien, auf welchen die Identität beruhte, nicht angezweifelt wurden. Nun ist Anerkennung im Austausch zu erlangen.[362]

Dieser neue Aspekt der Freiheit, der es ermöglicht, selbst zu bestimmen, welchen gesellschaftlichen Platz man in welcher Gruppe einnimmt[363], ist eine Freiheit, die zugleich eine große Herausforderung bedeutet. Denn um soziale Kontakte schaffen zu können, bedarf es des Selbstvertrauens, des Mutes auf andere zuzugehen, und bereits der positiven Erfahrung, von anderen anerkannt zu werden. Diese Erfahrung der Anerkennung ist jene, die oben „Basis-Anerkennung" genannt wurde. Durch die persönlichen Beziehungen mit konkreten anderen, die positiv oder negativ erfahren werden können, wird ein wichtiger Bereich personaler Identität geformt und bestimmt.[364] Wird permanent Abweisung erlebt, erschwert dies die Knüpfung von neuen Beziehungen. Je weniger Selbstachtung aufgrund mangelnder Basis-Anerkennung signifikanter anderer vorhanden ist, umso schwieriger ist es, die Anerkennung weiterer anderer zu erlangen. Weil die Selbstachtung jedoch sehr gering ist, ist das Bedürfnis nach Anerkennung erhöht.[365]

Soziologischen Studien zufolge sind davon vor allem Angehörige unterer sozialer Schichten und Milieus betroffen.[366] Sie sind aufgrund mangelnder Selbstachtung und Anerkennung gefährdeter, in gesellschaftliche Isolation zu geraten und damit in ihrem Identitätsbildungsprozess zu scheitern.[367] Dies bestätigt auch die soziologische Netzwerkforschung. So wurde festgestellt, dass es kaum mehr Netzwerke innerhalb unterprivilegierter Schichten gibt. Noch in den 1950er Jahren gab es solidarische Beziehungen zwischen Arbeiterfamilien.[368] Dieser Wandel kann der Schnelllebigkeit der Ökonomie zugeschreiben werden, die es erschwert, Beziehungen zu knüpfen und aufrecht zu erhalten. Menschen scheinen jedoch, so diagnostiziert Sennett, eine

---

[362] Vgl. Taylor, Multikulturalismus und die Politik der Anerkennung, 24.

[363] Keupp et al. sprechen von „Wahlverwandtschaften", die an die Stelle von „Zwangsgemeinschaften" treten. Vgl. Keupp et al., Identitätskonstruktionen, 153.

[364] Vgl. Taylor, Multikulturalismus und die Politik der Anerkennung, 25. „Auf der Ebene persönlicher Beziehungen lässt sich beobachten, wie nachdrücklich Identität auf die Anerkennung signifikanter Anderer angewiesen ist und wie verletzlich sie ist, sofern ihre Anerkennung vorenthalten bleibt." Ebd., 25f.

[365] Vgl. Kaufmann, Die Erfindung des Ich, 198f.

[366] Vgl. Keupp et al., Identitätskonstruktionen, 278.

[367] Aus diesen Gründen des Mangels an ökonomischen Ressourcen, Selbstachtung und Anerkennung, verortet Kaufmann bei einigen Gesellschaftsschichten einen Rückzug aus dem Identitätsbildungsprozess. Sie leben ihr Leben ohne Pläne und Ziele: „Warum also versucht man nicht, einfach zu sein, was man ist? Zu sein, was das Leben aus einem macht? Im konkreten Augenblick zu leben? Warum lebt man nicht jeden Tag wie ein ganz gewöhnliches Produkt des Schicksals?" Kaufmann, Die Erfindung des Ich, 241f. Vgl. dazu v.a. das Kapitel *Exit. Der Rückzug*, 241-270.

[368] Vgl. Keupp et al., Identitätskonstruktionen, 278.

„Sehnsucht nach Verwurzelung in einer Gemeinde“[369] bzw. nach solidarischen Beziehungen zu verspüren, denn

> „all die emotionalen Bedingungen modernen Arbeitens beleben und verstärken diese Sehnsucht: die Ungewissheiten der Flexibilität; das Fehlen von Vertrauen und Verpflichtung; die Oberflächlichkeit des Teamworks; und vor allem die allgegenwärtige Drohung, ins Nichts zu fallen, nichts ‚aus sich machen zu können‘, das Scheitern daran, durch Arbeit Identität zu erlangen“[370].

Trotz dieser auf Kurzfristigkeit ausgerichteten Lebenswelten der Arbeit und in weiterer Folge des Privatlebens noch genug Eigeninitiative aufzubringen, Kontakte zu knüpfen und zu erhalten, ist schwierig. Denn einerseits können langfristige Beziehungen eine gute Basis für die Sicherheit im eigenen Leben bieten, andererseits ist es aber auch aufgrund der gegenwärtigen Umstände notwendig, loslassen zu können, bei beruflichem Wechsel schnell neue Kontakte zu knüpfen, um wieder ein solches – vielleicht nur kurzzeitiges – soziales Sicherheitsnetz in einem neuen Umfeld zu spannen. Das scheint jedoch nur möglich, wenn eine basale Anerkennung garantiert ist.

Wenn gelingende Identität auch von anderen abhängt, ist es folglich hilfreich, aufgrund des permanenten Wandels der Lebenswelten auch Identität als lockeres, wandelbares, anpassungsfähiges Gefüge zu deuten – ohne sich fremd bestimmen zu lassen. Eine zu starke Fokussierung auf langfristige Ziele und soziale Beziehungen scheint eher hinderlich zu sein. Denn auch wenn soziale Netzwerke durch den Individualisierungsprozess der Moderne nicht verloren gegangen sind, hat sich dennoch ihre Struktur so stark verändert, dass sich soziale Einbindung und dadurch gewonnene Verhaltenssicherheit deutlich reduziert haben. In diesem Zuge ist die individuelle Freiheit, die Gemeinschaftszugehörigkeit zu wählen, gestiegen. Sozial weniger Kompetente – denen es meist auch an ökonomischen Ressourcen mangelt – können diese Freiheit und Verantwortung für sich selbst und ihre sozialen Kontakte als Belastung und Überforderung erleben und deshalb leichter in ihrer Identitätskonstitution scheitern[371], weil persönliche Beziehungen und die darin erfahrene Anerkennung anderer zur Selbstbestätigung im Identitätsbildungsprozess dienen.[372] Die Fähigkeit, sich auch kurzfristig in soziale Netzwerke zu integrieren und die Anerkennung anderer rasch zu gewinnen,

---

[369] Vgl. Sennett, Der flexible Mensch, 189.
[370] Ebd., 190.
[371] Vgl. auch Keupp et al., Identitätskonstruktionen, 153.
[372] Vgl. Taylor, Multikulturalismus und die Politik der Anerkennung, 26.

erleichtert eine gelingende personale Identitätsbildung. Selbstbestimmt bleibt dieser Prozess dann, wenn trotz allem das eigene Wollen aufgrund der äußeren Umstände nicht übergangen, sondern reflektiert wird, und dann mit den aktuellen Gegebenheiten in Übereinstimmung gebracht wird.

6.3 Verknüpfung von Teil-Realitäten

Die seit der Moderne bestehende individuelle Freiheit, aus einer Vielzahl von Handlungsmöglichkeiten diejenigen zu wählen, die persönlich für gut und richtig gehalten werden, ist in mehreren Lebenswelten vorhanden: im Beruf, in der Familie und auch in der Freizeit. Diese Freiheit ist zugleich Chance und Herausforderung. Denn es ist erforderlich, Handlungen und Lebenswelten aufeinander abzustimmen und zu einem Sinnganzen zusammenzufügen. Das macht wesentlich selbstbestimmte personale Identitätsbildung aus: Die bewusste Arbeit des Einzelnen an sich selbst. In diesem Zuge stellt er in seiner Gegenwart und für seine Zukunft ein sinnvolles Gefüge seiner Lebenswelten her. Wenn sich der Einzelne dieser Aufgabe der Identitätsarbeit nicht stellt, sondern sich treiben lässt, wird seine Identität von anderen bestimmt werden.

Um die verschiedenen Teil-Realitäten sinnvoll verknüpfen zu können, sind hohe Reflexionsfähigkeit, Selbst- und Weltkenntnis erforderlich. Wenn ein Sinnganzes geschaffen wurde, kann ein – offener – Plan für die Zukunft entwickelt und dementsprechend gehandelt werden.

Da die Teil-Realitäten einander wiedersprechen können, wie z.B. Schnelllebigkeit im Beruf und Stabilität und Dauerhaftigkeit in der Familie, wird die Verknüpfung der Lebenswelten miteinander zu einer besonderen Herausforderung. Um diese Schwierigkeiten aber dennoch überwinden und das Leben als Sinnganzes auffassen zu können, ist es notwendig, das Gefühl zu haben, als autonomer, rationaler Mensch das „Projekt Ich“[373] erfolgreich meistern zu können. Folglich braucht der Einzelne für eine gelingende Verknüpfung seiner Lebenswelten einerseits die Fähigkeit zum rationalen Handeln[374] und andererseits ein individuelles „Gefühl der Kohärenz“.

Der Ausdruck „Gefühl der Kohärenz“ ist auf den Medizinsoziologen Aaron Antonovsky zurückzuführen, der bei Untersuchungen zu individueller

---

[373] Bröckling, Das unternehmerische Selbst, 278f.

[374] „Um den ständigen Wechsel der Aufgaben und sozialen Beziehungen auszuhalten, benötigen deshalb nicht nur Projektteams, sondern auch die Individuen ein Höchstmaß an Selbstrationalisierung, Gleichgewichtssinn und Irritationsbereitschaft.“ Ebd.

Stressbewältigung feststellte, dass Menschen, die in ihrer Vergangenheit in einem Konzentrationslager waren, dennoch sowohl psychisch als auch physisch gesund sein konnten. Antonovsky kam zu dem Ergebnis, dass diese Menschen trotz widriger Lebensumstände die eigene Biographie als zusammenhängend, nachvollziehbar und sinnvoll erlebten. Dieses „Gefühl der Kohärenz" impliziert nach Antonovsky, dass der Einzelne sein Leben versteht, nicht die Kontrolle darüber verliert und es für bedeutsam hält.[375]

Im Kontext der Identitätsbildung scheint diese Überlegung hilfreich, weil aufgrund von Pluralisierung, der Vielzahl an Handlungsoptionen, Schnelllebigkeit und Flexibilisierungspostulaten in der Gegenwart die Gefahr besteht, dass der Einzelne keinen nachvollziehbaren Zusammenhang mehr in seinem Leben sieht. Das „Gefühl der Kohärenz" im Sinne Antonovskys ist aber erforderlich, damit Identität gelingen kann. Denn die harmonische Vereinbarung zwischen Angeborenem, Widerfahrenem und selbst Gewähltem, ist nur möglich, wenn die eigene Biographie als nachvollziehbar und zusammenhängend verstanden wird.[376] Dazu zählen (1) Verstehbarkeit: Das vorhandene Wissen über sich selbst und die Welt kann geordnet und strukturiert werden. Dadurch ist es möglich, sich die Welt trotz Pluralität und Unübersichtlichkeit erklärbar zu machen, sich in ihr zurechtzufinden. (2) Handhabbarkeit: Probleme werden als lösbar verstanden. Die notwendigen Ressourcen zum Lösen von Problemen weiß man bei sich selbst oder anderen. Die Gewissheit, zu einer Lösung zu kommen, ist vorhanden. (3) Bedeutsamkeit: Es besteht das Gefühl, dass das Leben von Belang ist und dass die Aufgaben des Lebens es wert sind, gelöst zu werden. Das Gefühl, dass das Leben bedeutsam ist, impliziert, einen Sinn im Leben zu sehen.

Das Gefühl der Kohärenz wirkt sich also positiv auf die selbstbestimmte Identitätsbildung aus, weil sich der Einzelne die Ziele und Mittel des Handelns selbst zuschreibt. Mit dem Gefühl, selbst über sein Leben bestimmen zu können, ist die Herausforderung, die Teil-Realitäten sinnvoll miteinander zu verknüpfen, leichter zu bewältigen.

---

[375] Vgl. Antonovsky, Aaron, Salutogenese. Zur Entmystifizierung der Gesundheit, Tübingen 1997, 34-36.

[376] Auch Heinz Abels greift dieses Konzept im Kontext der Identitätsbildung auf, weil „Identität heißt, dem eigenen Leben einen Sinn zu geben und sich in seinem Zentrum zu wissen." Abels, Identität, 441.

6.4 AMBIGUITÄTSTOLERANZ

Eng mit dem Gefühl der Kohärenz zur Bewältigung der alltäglichen Lebenssituation ist die Kompetenz der Ambiguitätstoleranz verbunden:

Der Begriff Ambiguität stammt aus der Antike und bedeutet „Zweideutigkeit eines Wortes an sich oder im Satzzusammenhang“[377]. Ambiguitätstoleranz als Kompetenz für gelingende Identitätsbildung, meint die Fähigkeit, mit Situationen zurechtzukommen, in denen das Individuum mit widersprüchlichen Erwartungen konfrontiert ist. Entscheidungen sind in solchen Situationen besonders schwierig, weil nicht eindeutig ist, wie zu Handeln am besten ist. Wenn beispielsweise eine berufstätige Mutter zwischen den Erwartungen ihres Vorgesetzten, abends länger zu arbeiten und gleichzeitig mit den Erwartungen ihrer Kinder, dass sie den Abend mit ihnen verbringt, konfrontiert ist, erfordert diese Situation eine hohe Ambiguitätstoleranz. Ist diese Fähigkeit vorhanden, wird es ihr möglich sein, ein ausgewogenes, für alle Betroffenen zufriedenstellendes Verhältnis zwischen den widersprüchlichen Erwartungen zu finden.

Diese Fähigkeit ist für personale Identitätsbildung unerlässlich, weil sie es ermöglicht, auf Menschen und Situationen einzugehen, adäquat zu agieren, zu reagieren und dabei das Gefühl der Kohärenz zu bewahren. Für eine gelingende, selbstbestimmte Identitätskonstitution ist es notwendig, sich von den Bedingungen der westeuropäischen Gegenwart, wie Pluralismus und Schnelllebigkeit, nicht entmutigen zu lassen, sondern sie anzunehmen und produktiv für die eigenen Zwecke umzuwandeln.[378] Ambiguitätstolerante Personen versuchen also nicht, widersprüchliche Situationen zu vermeiden, sondern verstehen es, diese zu nutzen. Die berufstätige Mutter kann ihrem Vorgesetzten vermitteln, dass ihr die Kinder genauso wichtig sind wie ihr Beruf und sie deshalb nicht täglich länger arbeiten kann. Genauso kann sie ihren Kindern erklären, warum sie nicht immer abends bei ihnen sein kann. So kann sie sich zwischen zwei Lebenswelten bewegen, ohne auf etwas, was ihr wichtig ist und ihrem Leben Sinn gibt, verzichten zu müssen. Zugleich erfüllt sie die Erwartungen ihrer Bezugspersonen. Dennoch können auch Fehlentscheidungen getroffen werden. Aber ambiguitätstolerante Personen sind sich dessen bewusst, dass Ungewissheiten, falsche Entscheidungen und Misserfolge im Leben meist nicht aus persönlichem Unvermögen, sondern aus der Ambiguität der verschiedenen Lebenswelten mit ihren vielen Mög-

---

[377] Vgl. Kohlenberger, H. K./Fabian R., Art. Ambiguität (Amphibolie), in: Ritter, Joachim (Hg.), Historisches Wörterbuch der Philosophie, Band 1, Basel 1971, 201-204, hier: 201f.

[378] Vgl. Keupp et al., Identitätskonstruktionen, 280.

lichkeiten resultieren.[379] Aufgrund dieses Wissens wagen sie sich immer wieder an eine individuelle, flexible Lebensgestaltung. Sie wissen, dass ihr Leben trotz aller Rückschläge einen Sinn hat, den sie ihm selbst verleihen. Das ermöglicht es, sich trotz aller Veränderungen als Einheit zu erleben.

Ambiguitätstoleranz befähigt, verschiedene Situationen nicht als voneinander unabhängige Teilbereiche zu verstehen, sondern trotz aller Schwierigkeiten als Sinnganzes. Der Verlust eines Arbeitsplatzes kann als Chance für einen Neuanfang gesehen werden. Eine solche Situation, in der anfangs völlige Unklarheit herrscht, kann als sinnvoller Teil des ganzen Lebens verstanden werden. Wenn der Blick aufs Ganze fehlt, ist die Gefahr der Fremdbestimmung größer, weil sich der Einzelne dann selbst nicht dessen bewusst ist, welcher Weg der beste für ihn wäre.

Richard Sennett sieht ein großes Problem in der gegenwärtigen Notwendigkeit, ambiguitätstolerant zu sein. Denn für Menschen, die über diese anspruchsvolle Kompetenz nicht verfügen, wird das Leben in der auf Kurzfristigkeit ausgerichteten Moderne, erheblich erschwert. Er konstatiert, dass diese Befähigung Personen mit besonderer Charakterstärke, großem Selbstbewusstsein und hoher Flexibilität zukommt, welche ohne feste Ordnung, wie z.B. einen sicheren Arbeitsplatz, auskommen. Sie verfügen über die Kompetenz, sich in einem „Netz von Möglichkeiten" zu bewegen und sind deshalb „die wahren Sieger der Moderne"[380].

Ambiguitätstolerante Personen sind also fähig, die pluralen Möglichkeiten der materiellen und sozialen Welt zu ergreifen und diese für sich passend zu gestalten. Sie versuchen nicht, die Instabilitäten, Mehrdeutigkeiten und Unsicherheiten ihrer Lebenswelten zu eliminieren, sondern sie nehmen diese als Rahmenbedingungen für ihre Handlungen an und betrachten sie als Chance.[381] Sie wagen es, auch in schwierigen, widersprüchlichen Situationen Entscheidungen zu treffen.

---

[379] Vgl. ebd., 280f.

[380] Vgl. Sennett, Der flexible Mensch, 79f.

[381] Georg Krücken beschreibt mit dieser Kompetenz „gutes Management", sowohl auf Firmen-Ebene als auch auf individueller Ebene. Vgl. Krücken, Georg, Wissenschaftlerinnen und Wissenschaftler als Wissenschaftsmanager?, in: Guzy, Lidia/Mihr, Anja/Scheepers, Rajah (Hg.), Wohin mit uns? Wissenschaftlerinnen und Wissenschaftler der Zukunft, Frankfurt/Main 2009, 83-93, hier: 92f.

6.5 SCHLUSSFOLGERUNGEN

Um selbstbestimmte anerkannte Identität zu erreichen, die der Einzelne als Erfahrung der Kontinuität mit sich selbst und Erhaltung von Handlungsfähigkeit erlebt, sind die eben besprochenen Kompetenzen und Ressourcen – eine gesicherte Basis-Anerkennung konkreter anderer und hohe Reflexionsfähigkeit – Bedingung der Möglichkeit. Es gilt nun zu untersuchen, was notwendig ist, um diese Kompetenzen ausbilden zu können. Denn Fähigkeiten wie diese, die es ermöglichen, Grenzen und Hindernisse auf dem Weg zur Selbstbestimmung zu überwinden, werden dem Einzelnen nicht in die Wiege gelegt. Im Gegenteil: Aufgrund seiner natürlichen Beschaffenheit ist der Mensch beeinflussbar und formbar, Kompetenzen müssen erst erworben werden.

Im folgenden Abschnitt soll zunächst mit Rückgriff auf psychologische Überlegungen erläutert werden, wie das Bedürfnis nach selbstbestimmter Identitätsbildung überhaupt entsteht. Danach ist zu untersuchen, unter welchen Bedingungen der Einzelne jene Kompetenzen erlangen kann, die es ihm ermöglichen, seine personale Identität selbstbestimmt zu konstituieren.

7 DIE BEDEUTUNG VON INSTITUTIONEN FÜR PERSONALE IDENTITÄTSBILDUNG

7.1 DIE GELUNGENE IDENTITÄT

Es wurde betont, dass sich die Frage nach der Möglichkeit selbstbestimmter Identitätsbildung auf die erwachsene Person bezieht. Denn vor der Adoleszenz ist Identität noch wesentlich ein Produkt des Lebens und der Gesellschaft. Der angeborene Teil der Identität ist unveränderlich: Eine gebürtige Österreicherin wird ihr Leben lang gebürtige Österreicherin bleiben, gleichgültig wo sie später leben wird. Auch kann sich das Kind nicht aussuchen, in welche Familie es hineingeboren wird, ob es arm oder reich sein wird, ob seine Eltern gebildet oder ungebildet sind. Das alles ist aber ein Teil der Identität, ohne dass der Einzelne Einfluss darauf nehmen könnte. Maßgeblich ist, was das Individuum aus seiner angeborenen und vom Leben vorgegebenen Identität macht, wie es diese weiterentwickelt. Das kann eher fremd- oder selbstbestimmt geschehen.

Oben wurde erläutert, dass personale Identität als gelungen bezeichnet werden kann, wenn die Person mit dieser zufrieden ist. Das impliziert, dass Angeborenes, Widerfahrenes und selbst Bestimmtes harmonisch vereinbart werden können. Die harmonische Identität der Person muss aber auch in den Augen der anderen sichtbar sein. Um diese innere und nach außen sichtbare Harmonie herstellen zu können, ist es erforderlich, dass die Person an sich arbeitet. Sie muss selbst bestimmen, wie sie die drei Arten von Faktoren ihrer Identität in Einklang bringen will. Tut sie das nicht, wird sie von anderen bestimmt.

Demgemäß lässt sich konstatieren: Gelungene Identität bedeutet, dass sich die Person als diejenige, die sie bereits ist, mit Blick auf die Zukunft zu der macht, die sie sein will. Selbstbestimmung und gelungene Identität sind nicht voneinander trennbar. Dennoch ist es möglich, dass das Individuum seine Identität für gelungen und selbstbestimmt hält, aber dies nicht für die anderen sichtbar ist.[382] Folglich kann jemand aus der Außenperspektive fremdbestimmt wirken, sich jedoch selbstbestimmt fühlen. Identität ist dann nicht in vollem Ausmaß gelungen, denn zu dieser gehört es, dass auch die anderen

---

[382] Vgl. dazu die Studien in Geissler, Birgit/Oechsle, Mechtild, Lebensplanung junger Frauen. Zur widersprüchlichen Modernisierung weiblicher Lebensläufe, Weinheim 1996, 265, auch Abschnitt *8.3 Lebensplan* der vorliegenden Arbeit.

gen"[386]. Achtung vor sich selbst und von anderen zu erhalten, ist das nächsthöhere Bedürfnis. Erst wenn all diese Bedürfnisse erfüllt sind, strebt der Einzelne nach Selbstverwirklichung. Er will sich selbst optimieren und autonom handeln.[387] Er will sich zu dem machen, der er sein will.

Das höchste Bedürfnis nach Selbstverwirklichung ist die Voraussetzung für selbstbestimmte Identitätsbildung. Die hierarchische Entstehung der Bedürfnisse macht deutlich, dass – damit das Bedürfnis nach Selbstverwirklichung überhaupt auftritt – eine Reihe niedrigerer Bedürfnisse erfüllt sein müssen. Wenn die Grundbedürfnisse nicht befriedigt werden, ist folglich eine selbstbestimmte Identitätsentwicklung nicht möglich und wird auch nicht angestrebt.[388] Denn sich selbst zu verwirklichen, setzt voraus, dass die Frage gestellt wird, wie man leben will und kann. Es bedeutet, sich mit sich selbst und seinen Fähigkeiten auseinanderzusetzen, oder in den Worten Bieris: sich selbst zum Problem zu werden. Dies ist aber erst auf einer Basis der Sicherheit und des Sich-Aufgehoben-Fühlens möglich. Wenn die Befriedung der Grundbedürfnisse gegeben ist und Belastungen, wie die Sorge um das tägliche Brot entfallen, werden Energie und Bewusstsein des Einzelnen für seine höheren, individuellen Anliegen frei.

Damit ab der Adoleszenz das Bedürfnis, Identität nun selbstbestimmt weiterzuentwickeln, überhaupt auftritt, ist es also erforderlich, dass bereits in der Kindheit die Grundbedürfnisse befriedigt wurden und dies auch weiterhin der Fall ist. Die oben diagnostizierte „Basis-Anerkennung" in der Kindheit, über deren Notwendigkeit zwischen den aufgezeigten philosophischen und soziologischen Auffassungen Einigkeit herrscht, wird also von psychologischer Seite bestätigt. Die von Maslow genannten Bedürfnisse nach Zugehörigkeit und Liebe sowie jenes nach Achtung sollen hier analog zur „Basis-Anerkennung" verstanden werden.

7.3 Der Weg zu gelungener Identität in zwei Phasen

Wenn die Voraussetzung für das Streben nach selbstbestimmter Identitätsbildung zunächst die Erfüllung fundamentaler Bedürfnisse ist, gilt es nun zu untersuchen, in welchem Rahmen diese Bedürfnisbefriedigung erreicht wer-

---

[386] Vgl. Schneewind, Wie geht's der Familie?, 82.
[387] Vgl. ebd.
[388] Vgl. Fenner, Das gute Leben, 117: „Grundsätzlich gilt aber zahlreichen psychologischen Studien zufolge, dass die Nichtbefriedigung menschlicher Grundbedürfnisse Angst, Frustration und Stress evoziert und eine selbstbestimmte, harmonische Entwicklung der Persönlichkeit vereitelt."

den kann. Dabei scheint es, folgernd aus den vorangegangenen Ausführungen, erforderlich, zwischen zwei Phasen der Identitätsbildung unterschieden. Diese beiden Phasen sind vergleichbar mit dem Stufenmodell Eriksons.

Die erste Phase verläuft prä-reflexiv. In dieser ist der Einzelne noch Produkt seiner Umgebung, ohne darauf Einfluss ausüben zu können. Diese Phase entspricht den ersten vier Lebensphasen der Kindheit nach Erikson. Das Kind ist gänzlich von seinen Bezugspersonen abhängig und wird von diesen geprägt.

In einer zweiten, reflexiven Phase ist Selbstbestimmung möglich. In dieser Phase wird erstmals explizit die Frage „Wer bin ich und wer will ich sein?" gestellt. Die Zeit der Adoleszenz zeichnet sich dadurch aus, dass der Einzelne nun auch Produzent seiner Identität sein kann. Die reflexive Phase entspricht in Eriksons Modell der Adolszenzstufe und den drei Stufen des Erwachsenenalters.[389]

Ob der Einzelne ab dem Jugendalter seine weitere Identitätsentwicklung auch tatsächlich selbstbestimmt in die Hand nimmt, hängt wesentlich von der Art des Einflusses und der Anerkennung der anderen in der ersten präreflexiven Phase der Identitätsbildung ab. Erst auf einer stabilen Basis, die prä-reflexiv durch den Einfluss von primären Institutionen, v.a. der Familie, geschaffen wird, ist es möglich, personale Identität selbstbestimmt und reflektiert zu konstituieren.

Wenn in einer primären Institution sowohl physiologische Grundbedürfnisse als auch das Sicherheitsbedürfnis erfüllt sind, der Einzelne das Gefühl von Zugehörigkeit spürt und ihm Achtung und Anerkennung entgegengebracht werden, dann kann von einer sicheren Basis die Rede sein. Dann ist auch die Grundlage geschaffen, für die Bildung einer selbstbestimmten Identität in der zweiten Phase, weil der Einzelne nun das Bedürfnis verspüren wird, sich selbst zu verwirklichen, indem er seine individuellen Fähigkeiten entfaltet. Er möchte sich mit Fragen seiner Identität auseinanderzusetzen, sich selbst ernst nehmen und sich an gesellschaftlicher Interaktion beteiligen. Auf einer stabilen Basis ist es auch möglich, sich selbst zum Problem zu werden, Ziele zu setzen und die Frage nach dem individuell glücklichen Leben zu stellen. Die in der primären Institution unbewusst übernommenen Werte spielen bei den angestrebten Zielen und der Vorstellung eines guten Lebens eine maßgebliche Rolle.

---

[389] Im Abschnitt zu Eriksons Modell (4.3.1) wurde abschließend konstatiert, dass die Reihenfolge der Stufen des Erwachsenalters gegenwärtig nicht mehr der Realität entsprechen. Dies ist hier zu berücksichtigen.

Der Einzelne kann – so lautet hier die These – in seiner prä-reflexiven Prägung befähigt werden, sein Leben selbstverantwortlich zu führen. Diese Prägung geschieht vor allem in der primären Institution Familie, weil sie das Kind in die Gesellschaft einführt und ihm das vermittelt, was es nur unbewusst – weil prä-reflexiv – übernehmen kann. Folglich sind primäre Institutionen für eine selbstbestimmte Identitätsbildung von fundamentaler Bedeutung, weil in ihnen die Grundbedürfnisse im Sinne Maslows erfüllt werden können und damit Entwicklungsperspektiven eröffnen. Umgekehrt kann freilich bei einer weniger sicheren Grundlage die zweite Phase der Identitätsbildung aufgrund der äußeren Einflüsse eher fremdbestimmt ausfallen.

Primäre Institutionen können folglich wesentlich dazu beitragen, dass Individuen ein sinnerfülltes und zufriedenes Leben führen, weil sie stabilen Halt geben und entlasten.

Zur Beantwortung der Frage, was in diesem Kontext unter Institutionen zu verstehen ist, und welche entlastenden Funktionen sie erfüllen, ist die philosophische Institutionenlehre Arnold Gehlens[390] hilfreich. Basierend auf der Theorie Gehlens sollen im Folgenden weitere Überlegungen zur Identitätsbildung in Institutionen angestellt werden.

7.4 INSTITUTIONEN

Der Mensch ist im Sinne Gehlens ein handelndes Wesen, welches fähig ist, sich die Natur ins Lebensdienliche umzuarbeiten, indem es Kultur erzeugt. Kultur impliziert Gehlen zufolge Institutionen.[391] Gehlen deutet den Menschen als instinktreduziertes, unfertiges, weltoffenes Wesen, das unter natürlichen Bedingungen nicht überlebensfähig wäre. Deshalb bestimmt er den

---

[390] Leider zeigte sich bei auch Arnold Gehlen, wie bei vielen seiner intellektuellen Zeitgenossen, eine nationalsozialistische Gesinnung. Die Hintergründe und auch mögliche Erklärungsversuche wurden in verschiedenen Arbeiten eingehend analysiert (vgl. dazu Korotin, Ilse (Hg.), Die besten Geister der Nation. Philosophie und Nationalsozialismus, Wien 1994; Thies, Christian, Gehlen zur Einführung, Hamburg 2000, 15-19; vgl. auch Heinrich Schmidingers Rezension zu: Gehlen, Arnold, Der Mensch. Seine Natur und seine Stellung in der Welt, in: Arnold Gehlen Gesamtausgabe, Band III (in zwei teilbänden), herausgegeben von Karl-Siegbert Rehberg, Frankfurt/Main 1993, in: Paus, Ansgar/Köhler, Theodor W./Neidl, Walter M. (Hg.), Salzburger Jahrbuch für Philosophie, Salzburg 1994, 138f), deshalb wird in der vorliegenden Untersuchung davon abgesehen. Vielmehr sollen hier seine für die hier aufgestellte These fruchtbaren Überlegungen in den Blick genommen werden.

[391] Vgl. Gehlen, Der Mensch, 80f.

Menschen aus morphologischer Sicht, im Vergleich zu allen höheren Säugetieren, als Mängelwesen.[392]

Die wesentliche und für die vorliegende These bedeutende Aussage Gehlens ist, dass der Mensch aufgrund seiner mangelhaften, morphologischen Ausstattung, nur auf indirekte Weise – auf dem Umweg über Institutionen – ein stabiles und dauerndes Verhältnis zu sich und seiner Welt aufbauen und erhalten kann.[393] Institutionen geben verlässliche Rahmenbedingungen vor, die dem Einzelnen Stabilität und Sicherheit bieten. Dies ermöglicht es ihm, sich mit seinen individuellen Fähigkeiten, Wünschen und Zielen auseinanderzusetzen. Denn eine stabile Basis ist die Voraussetzung – das zeigt die Bedürfnispyramide nach Maslow –, damit überhaupt das Bedürfnis nach Selbstverwirklichung entsteht. Demzufolge hängt es wesentlich von Institutionen ab, ob der Einzelne zur selbstbestimmten Identitätsentwicklung befähigt werden kann.

Den Ausdruck *Institution* verwendet Gehlen sehr vielfältig.[394] Zum einen bezeichnet er im engeren Sinne Organisationsschemata wie Staat, Kirche, Heer und das Rechtssystem als Institutionen.[395] Zum anderen versteht er unter Institutionen im weiteren Sinne jedes gesellschaftliche Handeln, das sich zur „selbstzweckhaften Eigengesetzlichkeit“[396] entwickelt hat, so dass es von den gesellschaftlichen Mitgliedern, unabhängig von persönlichen Nutzenerwägungen und Wünschen, als verpflichtend aufgefasst wird.[397] Demgemäß zählen Freundschaften, Arbeitsgemeinschaften, Familie, Stände und Klassen, auch die Sprache und der Briefwechsel[398], zu Institutionen.

---

[392] Vgl. ebd., 33.

[393] Vgl. Gehlen, Arnold, Über die Geburt der Freiheit aus der Entfremdung, in: ders., Studien zur Soziologie und Anthropologie, Hg.: Maus, Heinz/Fürstenberg, Friedrich, Neuwied 1971, 232-246, 245.

[394] Die selten klare Definition von Begriffen wird an Gehlen oft kritisiert, so z.B. Thies: „Exakte Begriffsbestimmungen waren nicht Gehlens Sache, auch der Begriff der Institution changiert je nach Kontext. Auf der einen Seite, im allgemein-anthropologischen Sinn, verwendet Gehlen einen sehr weiten Institutionsbegriff; hingegen einen sehr engen, wenn er bestimmte Institutionen zum Maßstab erhebt oder deren Zerfall bedauert.“ Thies, Gehlen zur Einführung, 122. Vgl. auch Schülein, Johann August, Theorie der Institutionen. Eine dogmengeschichtliche und konzeptionelle Analyse, Opladen 1987, 93; Weiß, Johannes, Weltverlust und Subjektivität. Zur Kritik der Institutionenlehre Arnold Gehlens, Freiburg 1971, 23.

[395] Vgl. Gehlen, Arnold, Urmensch und Spätkultur. Philosophische Ergebnisse und Aussagen, Frankfurt/Main 1964, 34, 53.

[396] Vgl. ebd., 35.

[397] Vgl. Gehlen, Arnold, Probleme einer soziologischen Handlungslehre, in: ders., Studien zur Soziologie und Anthropologie, Hg.: Maus, Heinz/Fürstenberg, Friedrich, Neuwied 1971, 196-232, 201.

[398] Vgl. Gehlen, Urmensch und Spätkultur, 60f.

Kennzeichnend für Institutionen ist, dass ihre ursprünglichen Motive nicht mehr erkennbar sind, sie werden zum Selbstzweck, haben „Selbstwert im Dasein“[399]. Unter „Selbstwert im Dasein“ versteht Gehlen, dass der Wert von etwas vorausgesetzt wird – das Verhalten wird an der Selbstzweckautorität ausgerichtet und nicht hinterfragt[400], die Sinnfrage wird suspendiert[401].

Die Sinnfrage nicht zu stellen, scheint in Anbetracht der Überlegungen von Frankfurt, Steinfath und Bieri aber gar nicht erstrebenswert. In ihren Konzepten geht es nämlich gerade darum, individuellen Sinn zu schaffen – was voraussetzt, zuerst die Frage danach zu stellen – und in diesem Zuge personale Identität zu bilden. Die Sinnfrage von welcher Frankfurt, Steinfath und Bieri sprechen, setzt jedoch auf einer anderen Ebene an, als jene, die Gehlen meint. Denn um überhaupt die Frage nach dem persönlichen Lebenssinn zu stellen, scheint es erforderlich, das Leben bereits für grundsätzlich sinnvoll zu halten. Der Einzelne braucht ein sinnvolles Gefüge, auf dem er aufbauen kann. Erst auf einer solchen Basis kann er die Frage nach seinem persönlich guten Leben stellen und sich selbst verwirklichen. Dieses sichere Gefüge sind Gehlen zufolge die Institutionen. Nur das sichere Haltungsgefüge einer Institution lässt den Einzelnen die Frage nach dem persönlichen Lebenssinn stellen. Das Individuum suspendiert also in der Institution die Sinnfrage, weil

> „ihr Daseinswert vorausgesetzt wird, aber sozusagen eingeklammert bleibt und nicht zum Thema des Verhaltens wird. Dieses Verhalten kann also nur darin bestehen, dass es an ihrem Sosein ausgerichtet wird, d.h. dass man von ihnen her handelt“[402].

Dieses Zitat zeigt deutlich, dass das Verhalten in Institutionen nicht reflektiert wird. Vielmehr werden bestimmte vorgegebene Verhaltensweisen und Handlungsmuster unbewusst übernommen. Das ist einerseits entlastend, weil nicht über jede Handlung nachgedacht werden muss, sondern einfach vollzogen wird und Energie für persönliche Pläne frei wird. Andererseits verdeutlicht dies auch die starke Wirkfähigkeit von Institutionen. Vor allem in der Kindheit sind sie prägend, weil der Mensch „unfertig“[403] geboren wird. Da das Kind „in seinen Strebungen, Haltungen und Interessensrichtungen noch

---

[399] Vgl. ebd., 15.

[400] Vgl. ebd. „Der Selbstwert transzendiert den Daseinswert, indem er ihn als möglichen einschließt.“ Ebd. 16.

[401] Vgl. ebd., 61.

[402] Ebd., 15.

[403] Vgl. Gehlen, Der Mensch, 10: „das Wesen Mensch ist irgendwie ‚unfertig‘, nicht ‚festgerückt‘.“

nicht festgelegt"[404] ist, ist es vor allem in den ersten Lebensjahren formbar. Der Einfluss, der von Seiten der Institutionen auf das Kind ausgeübt wird, prägt deshalb das ganze folgende Leben.[405] Das Individuum ist auf Institutionen angewiesen, weil diese die Basis für seine Lebensführung sind. Ob der Einzelne ab seiner Adoleszenz erfolgreicher Produzent seiner Identität werden kann, hängt davon ab, wie stabil das Gefüge der Institutionen ist, in denen er aufgewachsen ist. Folglich können primäre Institutionen für den Einzelnen eine Chance, aber auch eine Gefahr für die selbstbestimmte personale Identitätsentwicklung darstellen.

7.5 Die entlastenden Funktionen in Institutionen

Folgende entlastende Funktionen, die dem Einzelnen eine stabile Basis für seine reflexive Identitätsbildung bieten, zeichnen Institutionen aus[406]:

Institutionen setzen bestimmte Verhaltensweisen voraus, z.B. eine bestimmte Form der Sprache. In diesem Zuge wird das Verhalten des Einzelnen orientiert und entlastet ihn, weil er die Sprache als objektive Gegebenheit erfährt, die unabhängig von subjektiven Nützlichkeitserwägungen besteht. Nicht nur Verhaltensweisen, auch bestimmte Handlungsmuster werden in Institutionen vorgegeben, z.B. eine klare Aufgabenverteilung zwischen den Familienmitgliedern. Diese entlasten den Einzelnen davon, in alltäglichen Situationen immer wieder Grundentscheidungen treffen zu müssen. Durch habitualisiertes normgerechtes Verhalten wird eine „Basis des problemlosen Schon-verständigt-seins"[407] geschaffen. Aufgrund seiner tierischen Instinktarmut[408] bedarf der Mensch einer stabilen Außenwelt, in welcher gegenseitiges Handeln vorhersehbar ist. Die Vorhersehbarkeit von Handlungen ermöglicht ein geordnetes, entlastendes Zusammenleben, weil der Einzelne weiß,

---

[404] Brezinka, Wolfgang, Erziehung als Lebenshilfe, Wien 1961, 45.

[405] Vgl. ebd.: „Viele grundlegende Haltungen, die sich in diesem Zeitraum bilden, werden gewöhnlich lebenslang beibehalten. Sie stellen allgemeine Leitlinien der zukünftigen Lebensgeschichte dar."

[406] Vgl. dazu auch: Darge, Rolf/Schmidhuber, Martina, Das Mängelwesentheorem bei Arnold Gehlen, in: Schmidinger, Heinrich/Sedmak, Clemens (Hg.), Der Mensch – Ein Mängelwesen? Endlichkeit – Kompensation – Entwicklung, Darmstadt 2009, 33-54, 49f.

[407] Vgl. Gehlen, Urmensch und Spätkultur, 43.

[408] Gehlen zeigt in seinen elementar-anthropologischen Schriften auf, dass der Mensch im Gegensatz zum Tier von einem Mangel an lebensdienlichen Instinkten belastet ist, er „unterliegt einer durchaus untierischen Reizüberflutung, der ‚unzweckmäßigen' Fülle einströmender Eindrücke, die er irgendwie zu bewältigen hat." Gehlen, Der Mensch, 36. Dass die Reizüberflutung ein Hindernis für selbstbestimmte Identitätsbildung sein kann, wurde bereits im fünften Kapitel der vorliegenden Arbeit erläutert.

was die anderen von ihm erwarten und auch, was er von den anderen erwarten kann.

Der Mensch verfügt über einen ungeregelten Antriebsüberschuss[409], welchen er regeln kann, indem er seine Antriebskraft im Haltungsgefüge der Institutionen organisiert. Institutionen entlasten in diesem Zuge den Einzelnen von seiner Eindrucksfülle und lenken seine vielseitig verwendbare Energie in stabile Bahnen. Folglich können für weiterreichende Interessen, die über den momentanen Zeitpunkt hinausgehen, mit Hilfe von Institutionen, die menschlichen Antriebe gehemmt und verschoben werden.[410] Schließlich entlasten Rituale und Routine in Institutionen das Bewusstsein und geben dem Einzelnen Sicherheit in seinem Verhalten. Dadurch setzt er Energie für die Planung und Verwirklichung seines individuellen Lebens frei.

Auf dieser sicheren, entlastenden Basis ist es möglich, reflektiert und selbstbestimmt personale Identität zu konstituieren. In diesem Zusammenhang wird deutlich, wie maßgeblich Institutionen für gelingende Identität sind. Denn wenn Institutionen nicht diese entlastende Stabilität bieten können, sind die Belastungen größer und damit wird der Einzelne „zurückgeworfen auf die konstitutionelle Unsicherheit und Ausartungsbereitschaft seines Antriebslebens“[411]. Wenn der Mensch ohne Institutionen verunsichert und desorientiert ist, fehlt die Gewissheit des Selbstverständlichen[412] und personale Identitätsbildung kann scheitern.

Diese Überlegungen zeigen auch, dass eine gelungene Identität nicht nur für das Individuum erstrebenswert ist, sondern für die Gesellschaft als Ganze. Denn ein geordnetes Zusammenleben, in welchem jeder Einzelne sich in seinem Rahmen individuell entfalten kann, ermöglicht eine kooperative Gesellschaft. Wenn von der Entlastung des Einzelnen durch Institutionen die Rede ist, handelt es sich stets um eine soziale Gemeinschaft, die diese Entlastung leistet. Institutionen bestehen aus einer Gemeinschaft von Menschen, die durch ein Gefüge von Normen zusammengehalten werden. Eine gewisse Ordnung und Gemeinsamkeiten, wie bestimmte Verhaltensmuster, Rituale und Routinen verbinden die Menschen in Institutionen miteinander.[413]

---

[409] Die Antriebe des Menschen gehen – im Gegensatz zum Tier – über die augenblickliche Erfüllungssituation des „Jetzt“ hinaus. Vgl. Gehlen, Der Mensch, 52.

[410] Vgl. ebd., 52f.

[411] Vgl. Gehlen, Urmensch und Spätkultur, 105.

[412] Vgl. Gehlen, Mensch und Institutionen, 72.

[413] Vgl. Brezinka, Der erziehungsbedürftige Mensch und Institutionen, 26.

Bisher wurde mit Gehlen argumentiert, dass der Einzelne auf Institutionen und deren entlastende Funktionen angewiesen ist. Im folgenden Abschnitt soll nun konkretisiert werden, wie personale Identitätsbildung in der präreflexiven Phase in primären Institutionen verlaufen kann.

8 Prä-reflexive Identitätsbildung in primären Institutionen

Als primäre Institution, in die der Mensch hineingeboren wird, hat die Familie eine grundlegende Bedeutung für die Entwicklung der personalen Identität. Sie prägt die erste, prä-reflexive Phase der Identitätsbildung, in welcher das Individuum noch wesentlich Produkt der Gesellschaft ist. Dementsprechend wirksam ist der Einfluss der Bezugspersonen in der Familie. Die Bezugspersonen prägen unvermeidlich den Charakter des Kindes, indem sie bestimmte Verhaltensmuster vorleben, die das Kind unreflektiert übernimmt, spezielle Handlungsmuster fordern, sowie ein sicheres Gefüge und durch Rituale und Routinen einen entlastenden Alltag schaffen. Die Familie ist jene Institution, in welcher sowohl die physiologischen Grundbedürfnisse, als auch die Bedürfnisse nach Sicherheit, Zugehörigkeit, Liebe und Achtung erfüllt werden können. Die Voraussetzungen für das Bedürfnis nach Selbstverwirklichung und in weiterer Folge für selbstbestimmte Identitätsbildung können demnach in der Familie geschaffen werden.

Die Überlegung, dass die konkreten Anderen des Kindes einen maßgeblichen Einfluss auf seine weitere Entwicklung haben, wurde bereits im vierten Kapitel sowohl in Meads Konzept zur Identitätsbildung als auch in jenem Modell von Erikson erläutert. Wie der Einzelne seine Identität konstituiert – selbstbestimmt oder fremdbestimmt – hängt letztlich davon ab, in welcher Gemeinschaft er sich befindet, denn

> „das Verhalten eines Individuums kann nur in Verbindung mit dem Verhalten der ganzen gesellschaftlichen Gruppe verstanden werden, dessen Mitglied es ist“[414].

Ob die erste, prä-reflexive Phase der Identitätsbildung eine stabile Grundlage für die reflexive Phase ist, ist also völlig von anderen abhängig. Denn gesell-

---

[414] Mead, Geist, Identität und Gesellschaft aus der Sicht des Sozialbehaviorismus, 45: Die Entwicklung der personalen Identität ist Mead zufolge ein besonderes Interessensgebiet der Sozialpsychologie, welche zwischen der Philosophie und den Naturwissenschaften anzusiedeln ist. „Geben wir die Auffassung auf, die Seele sei eine Substanz, die bereits bei der Geburt die Identität des Individuum ausmacht, so können wir die Entwicklung der Identität des Individuums und seines Bewusstseins innerhalb seines Erfahrungsbereiches als besonderes Interessensgebiet des Sozialpsychologen ansehen.“ Ebd., 39. Gemäß Mead lässt sich deshalb auch keine scharfe Trennlinie zwischen Sozial- und Individualpsychologie ziehen. Vgl. ebd.

schaftliche Verhaltensmuster prägen die individuelle Identität oder, in anderen Worten: In der individuellen Identität spiegeln sich die gesellschaftlichen Verhaltensmuster.[415]

Ohne Institutionen, welche gesellschaftliche Haltungen und Tätigkeiten steuern und organisieren, könnte Mead zufolge das Individuum seine Identität erst gar nicht bilden[416], weil der Einzelne nur dann personale Identität entwickeln kann, wenn er

> „in seiner individuellen Erfahrung die organisierten gesellschaftlichen Haltungen oder Tätigkeiten spiegelt oder erfasst, die die gesellschaftlichen Institutionen verkörpern oder repräsentieren"[417].

Meads Theorie, wie sie in 4.1 bereits erläutert wurde, klärt die schrittweise Identitätsentwicklung in der prä-reflexiven Phase, die wesentlich von den Bezugspersonen abhängig ist. Ergänzend dazu soll nun auf Basis der Institutionenphilosophie Gehlens aufgezeigt werden, welche Rahmenbedingungen eine selbstbestimmte Identitätsbildung fördern oder behindern können. Anhand von Beispielen werden diese Überlegungen konkretisiert und mit empirischen Studien aus Soziologie und Psychologie belegt und philosophisch ausgewertet.

8.1 Die Familie als Schlüsselinstitution für personale Identitätsbildung

Die Familie, der eine Sonderfunktion unter den Institutionen zukommt, weist jene entlastenden Leistungen für das Individuum auf, die auch in anderen Institutionen wie Kirche oder Partei zuzuschreiben sind. Sie gibt Handlungsmuster und Verhaltensweisen vor, garantiert Sicherheit und Orientierung durch Gewohnheit, Routine und vorhersehbare Handlungsfolgen. Ihre Sonderfunktion besteht darin, dass das Kind in die Familie hineingeboren wird und die dort vorgelebten Handlungsmuster und Rollen unreflektiert übernimmt. Die Familie kann sich niemand aussuchen. Auch wenn sich Haltungen und Tätigkeiten aller Institutionen, in denen sich der Einzelne befindet, in der individuellen Identität spiegeln, sind jene der Familie besonders

---

415 Vgl. ebd., 246.

416 Vgl. Mead, Geist, Identität und Gesellschaft, 309.

417 Ebd. Mead definiert „Institutionen" als „eine gemeinsame Reaktion seitens aller Mitglieder der Gemeinschaft auf eine bestimmte Situation". Ebd., 308.

richtungsweisend, weil sie in den ersten Lebensjahren, in denen das Kind noch formbar ist, am prägendsten sind. Erikson zufolge sind bereits Säuglinge äußerst sensibel in der Wahrnehmung ihrer Umwelt:

> „Das Kind spürt die Spannungen, Unsicherheiten und Hasserregungen seiner Eltern, auch wenn es die Gründe nicht kennt und die offenen Ausbrüche nicht sieht. Man kann Kinder nicht täuschen."[418]

Die Kindheit ist jene Phase, in der Selbst-Bewusstsein entsteht und in welcher soziale Kompetenzen erlernt werden. Es ist die Zeit, in der das Kind auf die Anerkennung anderer besonders angewiesen ist, weil es nur dadurch Vertrauen in sich selbst und in weiterer Folge Selbstbestimmung erlangen kann.[419] Insofern ist die Institution Familie jene, die die Grundlage für selbstbestimmte personale Identitätsbildung schaffen kann. Ist die Familie jedoch selbst keine gefestigte Institution im oben verstandenen Sinne, wird es für den Einzelnen schwieriger, jene Fähigkeiten zu erlangen, die für eine selbstbestimmte Identitätsentwicklung erforderlich sind. Denn die Fähigkeiten zur sozialen Integration, zur Verknüpfung von Teil-Realitäten und Ambiguitätstoleranz können nur in einem entlastenden und sicheren Umfeld erworben werden.

Die signifikanten Anderen in der Familie sind die ersten Personen, mit denen sich das Kind unreflektiert identifiziert. In diesem Zuge werden Verhaltensweisen und Handlungsmuster unbewusst übernommen. Dadurch prägen signifikante Andere die prä-reflexive Identität des Kindes. Diese kann sich als stabile Grundlage für die reflexive Phase erweisen, wenn selbstbestimmtes und sicheres Handeln von den signifikanten Anderen vorgelebt wird. Dann kann der Einzelne in der zweiten, reflexiven Phase – welche aus entwicklungspsychologischer Sicht im Jugendalter beginnt[420] – seine Energie für seine selbstbestimmte Identitätsbildung aufwenden.

Aber auch Unsicherheit und unreflektiertes Anpassen an gesellschaftliche Zwänge kann das Verhalten der signifikanten Anderen bestimmen.[421] Fehlt

---

[418] Erikson, Wachstum und Krisen der gesunden Persönlichkeit, 120.

[419] Vgl. Steinfath, Orientierung am Guten, 321, 435.

[420] „Seit den Überlegungen von Erikson dürfte dies einen der unstreitigen Konsenspunkte der Entwicklungspsychologie des Jugendalters markieren." Greve, Werner, Selbst und Identität im Lebenslauf, in: Brandstädter, Jochen/Lindenberger, Ulman (Hg.), Entwicklungspsychologie der Lebensspanne, Stuttgart 2007, 305-336, 308.

[421] Dass die Ausbildung individueller Identität wesentlich von frühkindlichen Sozialisationserfahrungen abhängt, ist sowohl in der Soziologie als auch in der Psychologie unumstritten. Vgl. dazu z.B. Döbert, Rainer/Nunner-Winkler, Gertrud, Adoleszenzkrise und Identitätsbil-

die stabile Basis der ersten Phase, werden identitätsrelevante Fragen weniger reflektiert gestellt und personale Identität kann eher fremdbestimmt ausfallen – der Einzelne bleibt dann weiterhin Produkt seiner Umgebung. Bietet jedoch die Herkunftsfamilie ein sicheres Gefüge, wird sich diese Sicherheit auch in der Person widerspiegeln und erlaubt das Eingehen neuer Bindungen, ohne sich fremd bestimmen zu lassen.[422]

Wenn die äußeren Einflüsse der ersten Phase der Identitätsbildung stabilisierend auf den Einzelnen wirken, kann in der zweiten Phase personale Identität reflektiert weiterentwickelt werden. Das anspruchsvolle Identitätsbildungskonzept von Frankfurt, Steinfath und Bieri wird umsetzbar. Als stabile Basis kann die primäre Phase dann bezeichnet werden, wenn

> „eine solche Persönlichkeitsentwicklung gelingt, welche vom Individuum aus eigenen Wertüberzeugungen, weitgehend *auch* unabhängig von externen Verstärkern realisiert, akzeptiert und aufrechterhalten wird. In diesem Sinne postuliert das Sprechen vom Selbst, dass die Persönlichkeit des Menschen nicht als Summe der Sozialisationseinflüsse erklärbar ist, sondern immer auch durch eine sich ständig auswirkende freie Entscheidungsfähigkeit dieses Individuums geprägt ist“[423].

Die vorangegangenen Überlegungen machen deutlich, welch wichtige Funktion den Eltern in der Familie zukommt. Um Kindern eine stabile Identitätsbildungsbasis zu gewährleisten, benötigen sie selbst die im sechsten Kapitel genannten Kompetenzen. Wie gezeigt wurde, befähigen diese Kompetenzen den Einzelnen, Hindernisse und Grenzen auf dem Weg zur selbstbestimmten Identität zu überwinden. Für die gelingende Identitätsbildung von Kindern, ist es daher unerlässlich, dass die Eltern selbst bereits eine stabile Identität konstituiert haben.[424] Die Aufgabe und Verantwortung, die Eltern zukommt, ist demnach enorm, weil sie Produzenten der Identität ihrer Kinder sind: sie

---

dung. Psychische und soziale Aspekte des Jugendalters in modernen Gesellschaften, Frankfurt/Main 1975, 19. Auch in Eriksons Identitätsentwicklungsmodell wird die Kindheitsphase als grundlegend für die Bildung von personaler Identität aufgefasst: „Die sich herauskristallisierende Ich-Identität verknüpft also die früheren Kindheitsphasen, in denen der Körper und die Elternfiguren führend waren, mit den späteren Stadien, in denen eine Vielfalt sozialer Rollen sich darbietet und im wachsenden Maße aufdrängt.“ Vgl. Erikson, Wachstum und Krisen der gesunden Persönlichkeit, 109.

[422] Vgl. dazu auch Döbert/Nunner-Winkler, Adoleszenzkrise und Identitätsbildung, 83.

[423] Gehlert, Siegmund, Personalisationshilfen in der Familienerziehung, in: Macha, Hildegard/Mauermann, Lutz (Hg.), Brennpunkte der Familienerziehung, Weinheim 1997, 177-198, 185f.

[424] In diesem Sinne konstatiert Erikson: „Wenn das Kind sich zu einer gesunden Persönlichkeit entwickeln soll, müssen auch die Eltern genuine Persönlichkeiten in einem genuinen Milieu sein.“ Erikson, Wachstum und Krisen der gesunden Persönlichkeit, 120.

stellen die Weichen für deren weitere Entwicklung.[425] Die Muster der Institution Familie und damit auch das Verhalten ihrer Mitglieder wird sich in der Identität des Einzelnen widerspiegeln. Auch in der zweiten Phase der Identitätsbildung, in welcher dann die Rollen und Handlungsmuster reflektiert werden können, kann nichts, was in der ersten Phase erlebt wurde, ungeschehen gemacht werden. Da personale Identität aus Angeborenem, Widerfahrenem und selbst Bestimmten besteht, sind alle individuellen Erfahrungen Teil davon. Die Erlebnisse der Kindheit sind besonders wirksam – so wurde oben deutlich – weil das Kind noch „unfertig" und formbar ist. Wenn selbstbezogene Kompetenzen der Eltern fehlen, sie sich selbst über ihre Identität im Unklaren sind und sich deshalb aufgrund ihrer Unsicherheit eher fremdbestimmen lassen, z.B. durch Werbung, können sie keine Rollen vorleben, die eine gelungene Identitätsbildung ihres Kindes fördern. Ohne Selbstvertrauen und Zufriedenheit der Eltern mit sich und ihrem Leben, sind diese auch nicht in der Lage, ihr Kind in der selbstbestimmten Identitätsentwicklung zu unterstützen[426], weil sie dann keine Vorbildrolle als signifikante Andere einnehmen können.[427] Für eine gelungene Identitätsbildung der Kinder, hängt es folglich wesentlich davon ab, wie sich Eltern selbst sehen, fühlen und wie sie mit ihren Lebenswelten und den äußeren Einflüssen zurechtkommen.

Auf Basis dieser Überlegungen soll nun untersucht werden, welche Situationen, Verhaltensweisen und Handlungsmuster in der Familie die selbstbestimmte personale Identitätsentwicklung fördern oder auch zum Scheitern bringen können.

---

[425] Vgl. Brezinka, Erziehung als Lebenshilfe, 314.

[426] Vgl. dazu: Kohut, Heinz/Wolf, Ernest S., Die Störungen des Selbst und ihre Behandlung, in: Peters, Uwe Henrik (Hg.), Die Psychologie des 20. Jahrhunderts, Band 10, Zürich 1980, 667-682, hier: 672.

[427] Vgl. dazu auch Resilienzstudien von Emmy Werner, die zeigen, dass die Rollenvorbilder wesentlich zur „Entwicklung von Vertrauen, Autonomie und Eigeninitiative" wichtig sind. Werner, Emmy, Resilienz: ein Überblick über internationale Längsschnittstudien, in: Opp, Günther/Fingerle, Michael (Hg.), Was Kinder stärkt. Erziehung zwischen Risiko und Resilienz, München 2007, 311-326, 317.

Vgl. Macha, Hildegard, Familienerziehung – Wandel und Perspektiven, in: dies (Hg.), Brennpunkte der Familienerziehung, Weinheim 1997, 14-33, 29. Macha hält es für unabdingbar, dass Eltern fähig sind „ihre eigenen Erziehungsziele und Werte zu klären und Maßnahmen und Mittel kennenzulernen, um diese Werte in erfolgreiches Erziehungsverhalten umzusetzen." Ebd.

8.2 Beispiele

8.2.1 Vorbemerkung: Identitätsbildung und Geschlecht

Die oben ausgeführten Überlegungen sollen nun anhand einiger ausgewählter Beispiele konkretisiert werden. Auch wenn die Rahmenbedingungen und unbewusst übernommenen Handlungsmuster und Verhaltensweisen in primären Institutionen die Identitätsbildung beider Geschlechter beeinflussen, soll zunächst darauf aufmerksam gemacht werden, dass die Bedingungen für Frauen anders sind als für Männer. Denn Frauen sind von der Vielzahl an Handlungsmöglichkeiten, der Pluralität der Lebenswelten und Schnelllebigkeit in besonderer Weise betroffen. Das ist einerseits darauf zurückzuführen, dass Frauen gegenwärtig mehr Handlungsspielraum als noch in den 1960er und 1970er Jahren zur Verfügung steht und sie ihre Identität nach eigenen Vorstellungen konstituieren können. Die traditionell weibliche Identität, die von Haushaltsführung und Kindererziehung geprägt war, ist seither nicht mehr zwingend. Das ist eine große Chance für Frauen, selbstbestimmt ihr individuelles Leben zu führen. Andererseits unterscheidet sich die weibliche Identitätsbildung von jenen der Männer stark aufgrund der Möglichkeit zur Mutterschaft. Denn auch wenn Frauen in der Gegenwart jeden, auch traditionell männlichen Beruf erlernen und ausüben können, antizipieren die meisten Frauen in ihre Lebensplanung bereits die Möglichkeit, eines Tage Kinder zu haben. Studien zufolge trifft dies nicht auf Männer zu – sie planen unabhängiger von einer eventuellen späteren Elternschaft ihre Berufsbiographie.[428] Die doppelte Lebensplanung mit Rücksicht auf Verwirklichung im Beruf und Familiengründung[429] erfordert – wenn Identität selbstbestimmt gebildet werden soll – von Frauen eine besonders hohe Reflexionsfähigkeit, weil sie selbst entscheiden müssen, in welcher Relation Beruf und Familie stehen sollen. Um mit den hohen Anforderungen, Flexibilitäts- und Mobilitätspostulate im Berufsleben zurechtzukommen und die Verknüpfung der Teil-Realitäten Familie und Beruf erfolgreich zu meistern, ist die Fähigkeit zur Ambiguitätstoleranz unabdingbar. Aufgrund der hohen Belastungen ist bei fehlenden Kompetenzen die Gefahr der Fremdbestimmung und das unreflek-

---

[428] Vgl. Geissler/Oechsle, Lebensplanung junger Frauen, 24. Aus dieser Tatsache lässt sich schließen, dass die Gleichstellung der Frau nur einseitig stattgefunden hat. Die Teilhabe an Bildung und Beruf ist für Frauen gegeben, aber die Arbeitsteilung der Geschlechter im familiären Bereich hat sich kaum geändert. Kinderbetreuung und Haushaltsführung scheinen größtenteils nach wie vor in den Verantwortungsbereich der Frau zu fallen. Vgl. ebd., 26.

[429] Vgl. zur doppelten Lebensplanung: ebd., vor allem Kapitel 5, 81-130.

tierte Annehmen traditioneller Frauenrollen größer, weil diese als entlastend erlebt werden können.

Diese besonderen Herausforderungen in der weiblichen Identitätsbildung verdeutlichen, wie wesentlich die prä-reflexive Basis für Selbstbestimmung ist. Erst auf einer stabilen, entlastenden Basis können die Kompetenzen entwickelt werden, die dafür erforderlich sind. Seit den 1970er-Jahren wird in feministischen Theorien die weibliche Identitätsbildung immer wieder als problemtisch thematisiert.[430] Die Übereinstimmung zwischen dem, was das Leben und ihre Umwelt aus ihnen gemacht hat, und dem, was sie selber wollen, scheint bei männlichen Personen größer zu sein. Die kritische Überprüfung der übernommenen Rollen und Werte, mit welcher die reflexive Phase im Jugendalter beginnt, offenbart bei Männern seltener einen geschlechtsspezifischen Konflikt, weil sie eher zu Selbstbestimmung und Autonomie erzogen werden.[431] Da viele Verhaltensweisen, die in der Kindheit vorgelebt und anerzogen wurden, zwar reflektiert, aber nur mit sehr großer Mühe geändert werden können, weil sie so stark verinnerlicht wurden, spielt die geschlechtsspezifische Sozialisation eine erhebliche Rolle für den Prozess personaler Identitätsbildung.[432]

In der feministischen Theorie wird konstatiert, dass für Frauen Selbstbestimmung aufgrund traditioneller, gesellschaftlicher Strukturen keine Selbstverständlichkeit ist, weil Mädchen von klein auf die unreflektierte, abhängige Rolle der Frau vermittelt bekommen. Diese Frauenrolle wird mit Anerkennung, Lob und Zugehörigkeit zur Gesellschaft belohnt. Wollen Frauen aufgrund ihrer reflektierten Überlegungen aus dieser Rolle ausbrechen, kann der Preis dafür der Verzicht auf die Anerkennung einiger Personen und der Ausschluss aus Gesellschaftsgruppen sein.[433] Eine angepasste Identität von Frauen an die sozialen Erwartungen lässt sich aber als Produkt der Gesellschaft deuten und Identität ist dadurch fremdbestimmt.

---

[430] Vgl. dazu z.B.: Butler, Judith, Das Unbehagen der Geschlechter, Frankfurt/Main 1991. Die US-amerikanische Philosophin versucht bestehende Geschlechterordnungen zu durchbrechen und Geschlechtsidentitäten unglaubwürdig zu machen.

[431] Vgl. Hammer, Töchter und Mütter, 36. Die Konflikte sind meist anderer Art, dies wird in den folgenden Beispielen noch deutlich werden.

[432] Aufgrund dieser Erkenntnis wird in der Pädagogik immer wieder geschlechtsbewusste Erziehung postuliert. Geschlechtsbewusste Pädagogik hat die Förderung individueller Interessen und Fähigkeiten von Kindern – jenseits von Geschlechterklischees – zum Ziel. Vgl. dazu z.B. Focks, Petra, Starke Mädchen, starke Jungs. Leitfaden für eine geschlechtsbewusste Pädagogik, Freiburg im Breisgau 2002.

[433] Vgl. Wild-Missong, Agnes, Zehn Thesen zur Selbstbesinnung der Feministinnen, in: Camenzind, Elisabeth/von den Steinen, Ulfa (Hg.), Frauen definieren sich selbst. Auf der Suche nach weiblicher Identität, Zürich 1991, 211-216, hier: 212.

Selbstbestimmung setzt eine sehr stabile Basis voraus, welche Frauen Sicherheit gibt, auch wenn sie ihr Leben nicht den gesellschaftlichen Erwartungen entsprechend führen. Die innere Sicherheit kann über jene Rollen erworben werden, die das Mädchen in seiner Kindheit automatisch übernimmt. In der Regel sind es Handlungsmuster und Verhaltensweisen, die die Mutter vorlebt, mit der sich das Mädchen aufgrund des gleichen biologischen Geschlechts identifiziert.[434] Die äußere Sicherheit wird von der Institution als Ganze mit all ihren Mitgliedern geschaffen. Wenn die Grundbedürfnisse nach Zugehörigkeit, Liebe und Anerkennung in der Familie befriedigt werden und Selbstbestimmung und kritische Reflexion auf äußere Einflüsse vermittelt und gelebt werden, ist die Wahrscheinlichkeit, dass der personale Identitätsbildungsprozess ab dem Jugendalter selbstbestimmt geführt wird, groß.

Lebt die Mutter die Rolle der abhängigen Frau, die das Mädchen als Kind nur unreflektiert übernehmen kann, ist es auch für reflektierte Frauen schwierig, sich von dieser unbewusst übernommenen, von klein auf verinnerlichten Identität zugunsten ihrer selbstbestimmten Identität abzugrenzen. Das bedeutet, dass Frauen zwar einerseits zu ihrer Prägung in der prä-reflexiven Identitätsbildungsphase eine reflektierende Distanz einnehmen, sich dadurch ihrer unbewusst übernommenen Geschlechterrollenidentität bewusst werden, aber andererseits Schwierigkeiten haben, sich von dieser zu lösen. Sie fühlen sich trotz aktiver Identitätsbildung immer wieder als Produkt der Gesellschaft. Dies zeigt, wie prägend die prä-reflexive Phase der Identitätsbildung ist. Mit Bezug auf die Sozialisationsmuster und weiblichen Rollenzuschreibungen konstatierte Simone de Beauvoir deshalb: „Man kommt nicht als Frau zur Welt, man wird es.“[435]

Spätestens ab der beruflichen Orientierung, also ab dem Jugendalter, ab wechem auch ganz bewusst die Frage nach der eigenen Identität gestellt wird, merken junge Frauen, dass sie manche in der Kindheit erlernten und vorgelebten Rollen verinnerlicht haben, die sie in ihrer reflexiven Identitäts-

---

[434] Dies wird von Seiten der Psychoanalyse bestätigt: Zwar identifizieren sich beide Geschlechter mit primären Funktionen der Mutter, Mädchen jedoch in stärkerem Ausmaß. Vgl. Poluda, Eva S., Die psychosexuelle Entwicklung der Geschlechter im Vergleich, in: Forum der Psychoanalyse, Heidelberg 1999, 101-119, hier: 105.
Später ist die Lehrerin eine weitere signifikante Andere. Erikson verweist auf das Problem, dass die meisten Lehrenden in der Grundschule weiblich sind und dies zu Konflikten bei der Identifikation der Buben führen kann. Vgl. Erikson, Wachstum und Krisen der gesunden Persönlichkeit, 104. Gegenwärtig ist dieses Problem aktueller denn je, weil die Anzahl alleinerziehender Mütter steigt und damit auch in der Familie ein männlicher signifikanter Anderer für Jungen fehlt.

[435] Beauvoir, Simone de, Das andere Geschlecht. Sitte und Sexus der Frau, Hamburg 1951, 265.

findung beeinflussen. Denn Mütter vermitteln ihren Töchtern, was die Gesellschaft von ihnen erwartet und wenn dabei das traditionelle Frauenbild vorgelebt wird, prägt das auch die Berufsentscheidung der Tochter. Die Vorstellung von Leistung und beruflichem Erfolg wird in der westeuropäischen Kultur nach wie vor mit Männlichkeit verbunden. Wenn Frauen im Beruf sehr erfolgreich sind, weisen sie meist wenige Eigenschaften auf, die als weiblich gelten, wie z.B. häuslich, beziehungsorientiert, anpassungsfähig. Sie scheinen eine männliche Rolle übernommen zu haben, weil sie die Erfahrung gemacht haben, auf diese Weise ihre beruflichen Ziele besser verfolgen zu können.[436]

Die Frauenforscherin Susanne Dermutz moniert in diesem Zusammenhang Versäumnisse im schulischen Sozialisationsprozess. In ihrer Sicht wird bezüglich der Berufsorientierung in Schulen nach wie vor zu wenig die weibliche Erwerbsbiographie in den Blick genommen: „Der Arbeitsbegriff ist ökonomisch verkürzt, die Orientierung richtet sich auf die männliche Erwerbsbiographie, die doppelte Orientierung der Jugendlichen auf Familie und Beruf fehlt."[437]

Demzufolge werden in der Phase der Berufsfindung nicht die individuellen Begabungen und Fähigkeiten beachtet, sondern lediglich das biologische Geschlecht. Das hat zur Folge, dass Mädchen auch nicht ermutigt werden, traditionelle Rollenbilder zu hinterfragen. Vielmehr neigen sie dann aufgrund fehlender Unterstützung von außen dazu, sich in dieser kritischen Phase der Identitätsbildung für einen „typisch weiblichen" Beruf zu entscheiden.[438] Eine harmonische personale Identität aus Angeborenem, Anerzogenem und selbst Bestimmten zu entwicklen, scheint demnach für Frauen besonders schwierig zu sein. Deshalb wird den folgenden Beispielen vor allem die weibliche Identitätsbildung in den Blick genommen. Wenn die Bedingungen jedoch Männer und Frauen im selben Ausmaß betreffen und sich durch das Geschlecht kein Unterschied ergibt, werden die Beispiele allgemein formuliert.

---

[436] Vgl. Hammer, Töchter und Mütter, 51, 94.

[437] Dermutz, Susanne, Mädchensozialisation in Österreich, in: Haller, Verena (Hg.), Mädchen zwischen Tradition und Moderne, Innsbruck 1994, 105-112, hier: 110.

[438] Vgl. ebd., 110f. Mit typisch weiblichen Berufen sind traditionelle Frauenberufe gemeint. Dazu zählen z.B. Einzelhandelskauffrau, Bürokauffrau und Friseurin. Vgl. Novy, Katharina, „Mädchen lasst euch nichts erzählen." Weibliche Sozialisation als Grundstein für ökonomische Abhängigkeit und Frauenarmut, in: Heitzmann, Karin/Schmidt, Angelika (Hg.), Frankfurt/Main 2001, 35-61, 56.

8.2.2 Körperlichkeit[439]

In dieser Arbeit wurde eingangs die Person als Wesen, dem mentale und körperliche Zustände zugeschrieben werden können, definiert. Alle Wesen, die Personen sind, teilen die Gemeinsamkeit, einen Körper zu haben. Aber die Körper sind zugleich voneinander verschieden, in ihrer Größe, ihrem gesundheitlichen Zustand, etc. Auch das Verhältnis jeder Person zu ihrem Körper besteht auf je einzigartige Weise. Die Person kann ihren Körper gestalten und als Mittel zur Identitätspräsentation nutzen. Deshalb zeigt sich in der individuellen Körperlichkeit der Person ein Teil ihrer Identität. Das Verhältnis das der Einzelne zu seinem Körper hat, kann bereits in der Familie beeinflusst werden. Der Körper ist das Medium, das den unmittelbaren Bezug zu den Lebenswelten herstellt[440], er ist wahrnehmend und wahrnehmbar zugleich.[441] Wie bei Erikson deutlich wurde, ist der Körper von Geburt an ein Mittel zum Selbsterlebnis: In der Bewegung, beim Anfassen und Spüren von Dingen. Diese Entdeckung und Bestätigung des Selbst durch den Körper setzt sich das ganze Leben lang fort.[442]

Wie empirische Studien zeigen, werden mit bestimmten Körperbildern automatisch verschiedene Persönlichkeitsmerkmale verbunden. So werden etwa mit schlanken Körpern Erfolg sowie ökonomische und emotionale Unabhängigkeit in Verbindung gebracht.[443] Das Schlankheitsideal wurde in diesem Zuge zum gesellschaftlichen Postulat. Dieses kann dankbar angenommen werden, weil der schlanke Körper angesichts der vielen Herausforderungen aufgrund der pluralen, unvorhersehbaren und unsicheren Gegebenheiten der Lebenswelten, als ein verfügbares Mittel dienen kann, um Identität zu sichern und zu präsentieren. Denn

---

439 Häufig wird zwischen Körper und Leib terminologisch unterschieden: Ein Körper wird nur dann als Leib bezeichnet, wenn er lebendig ist. Ein Körper kann auch leblos sein, wie z.B. ein Flugkörper. Vgl. Waldenfels, Bernhard, Das leibliche Selbst, Vorlesungen zur Phänomenologie des Leibes, Frankfurt/Main 2000, 15. Im personalen Lebensvollzug sind Leib und Körper aber immer ineinander verschränkt. Deshalb wird im Folgenden der Begriff Körper verwendet.

440 Vgl. ebd., 210.

441 Vgl. Waldenfels, Bernhard, Das Problem der Leiblichkeit bei Merleau-Ponty, in: Petzold, Hilarion (Hg.), Leiblichkeit. Philosophische, gesellschaftliche und therapeutische Perspektiven, Paderborn 1986, 149-169, 152.

442 Vgl. Rohrlich, Jay B., Arbeit und Liebe. Auf der Suche nach dem Gleichgewicht, München 1982, 101. Rohrlich nennt an dieser Stelle das Beispiel der sportlichen Betätigung als Erfahrung des Selbst über den Körper.

443 Vgl. Stahr, Ingeborg, Frauen-Körper-Identität im Kontext gesellschaftlicher Modernisierung, in: Janshen, Doris (Hg.), Blickwechsel. Der neue Dialog zwischen Frauen- und Männerforschung, Frankfurt/Main 2000, 81-105, 83f.

> „die Möglichkeit einer Gestaltbarkeit des eigenen Körpers vermittelt die Illusion von Kontrolle über das eigene Leben. Der Körper wird damit zum Dreh- und Angelpunkt im Ringen um eine eigene Identität“[444].

Der Körper kann also zum persönlichen Projekt gemacht werden, welches zur Identitätsstiftung und zur sozialen Positionierung dient.[445] Dass diese Art der Identitätsgewinnung äußerst fragwürdig ist, zeigt sich, wenn der Einzelne die Verfügungsmacht über seinen Körper verliert. Durch Krankheit, Alter und Behinderung kann, wenn der Körper zum einzigen oder wichtigsten Identitätsmerkmal gemacht wird, auch die personale Identität in eine Krise geraten. Besteht Identität jedoch aus mehreren Faktoren und wird nicht nur am Körper festgemacht, kann auch bei körperlichen, ungewollten Veränderungen ein Sich-gleich-Bleiben der Person erhalten werden. Freilich sind plötzlich auftretende körperliche Grenzen nie leicht zu akzeptieren. Wenn z.B. aufgrund gesundheitlicher Probleme eine bestimmte Sportart nicht mehr ausgeübt werden kann, kann das durchaus zur Selbstreflexion Anlass geben, denn immerhin erfährt sich der Einzelne über seinen Körper.

Wenn Eltern diesem gesellschaftlich postulierten Körperideal nacheifern, werden sie dies auch ihren Kindern vermitteln. Schwerwiegende Folgen kann das unreflektierte Übernehmen eines Schlankheitsideals bei – vor allem weiblichen – Jugendlichen haben. Sie machen ihre personale Identität an ihrem Körper fest, „machen ihn zum Instrument der Herstellung von Beziehungen, die jedoch äußerlich bleiben“[446]. Das erschwert eine selbstbestimmte Identitätsbildung, weil sie lediglich von den Erwartungen anderer abhängig gemacht wird. Aufgrund des Bedürfnisses nach Zugehörigkeit und Liebe wird Identität dann nur an diesem einzelnen Faktor festgemacht und auf diesem Weg versucht, die Liebe und Anerkennung anderer zu erlangen.

Auch die gesellschaftliche Forderung nach ewiger – meist körperlicher – Jugend, kann Eltern in einer kompetenten Erziehung behindern. Dieter Thomä diagnostiziert in diesem Zusammenhang in der Gegenwart ein Krisensymptom des Jugendkults bei Erwachsenen.[447]

> „Wenn die Erwachsenen sich selbst verleugnen und sich am Jugendlichkeits-Ideal orientieren, dann geraten die Heranwachsenden freilich in Ver-

---

[444] Ebd., 84.
[445] Vgl. Posch, Waltraud, Projekt Körper. Wie der Kult um die Schönheit unser Leben prägt, Frankfurt/Main 2009, 11f.
[446] Stahr, Frauen-Körper-Identität, 85.
[447] Vgl. Thomä, Dieter, Der bewegliche Mensch. Moderne Identität aus philosophischer Sicht, in: Forum der Psychoanalyse 18/2002, Nr. 3, 201-223, 219.

legenheit über das Ziel der Reise, die sie angetreten haben. Sie blicken in ihre Zukunft, doch diejenigen, die schon im Erwachsensein angekommen sind, legen es darauf an, die Rückreise anzutreten."[448]

Wenn die von Medien vermittelten jugendlichen, perfekten Körperbilder den Erwachsenen als Orientierung dienen, weil sie selbst noch auf der Suche nach ihrer Identität sind, kann das große Unsicherheit und Desorientierung bei Kindern hervorrufen. Denn diese sind auf der Suche nach Halt, Sicherheit und Entlastung. Die Unsicherheit der Eltern wird sich in der Identität des Kindes spiegeln, weil es im Zuge des Übernehmens des Verhaltens anderer zu sich selbst die Grundlage seiner Identität schafft.[449] Die vorgelebte Rolle, die aus dem Nacheifern eines Körperideals besteht, wird die weitere Identitätsbildung prägen.

Freilich kann der Körper auch als ein positiver Faktor der Identität erfahren werden, der zwar nicht die personale Identität als Ganzes bestimmt, aber ein wichtiger Teil davon ist. Bereits ab der Erziehung zur Sauberkeit, mit etwa 18 Monaten, werden sich Kinder ihres Körpers bewusst.[450] Wie stark sich ein Mädchen mit ihrem Körper identifizieren kann, hängt wesentlich davon ab, ob die Mutter mit ihrem eigenen Körper zufrieden ist.[451] Denn auch das körperliche Identitätsgefühl der Mutter spiegelt sich in der Tochter wider. Hammer konstatiert, dass Mädchen ihren Körper nur dann annehmen können, wenn sie sich selbst als Person schätzen.[452] Daraus folgt wiederum, dass die Mutter mit ihrer personalen Identität zufrieden sein muss, damit sie auch ihren Körper als Teil ihrer Identität annehmen kann. Dieses positive körperliche Identitätsgefühl wird sich in der Tochter widerspiegeln. Die Wertschätzung des Körpers und Selbstachtung stehen folglich in einer intensiven Wechselwirkung zueinander.[453]

Wie sehr eine Person ihre Identität an ihrem Körperbild festmacht, zeigt sich an den Versuchen, es zu verändern.[454] Wenn Essverhalten, exzessiver Sport, Kosmetik und Schönheitsoperationen das individuelle Leben der Mutter maßgeblich bestimmen, wird deutlich, dass der Körper im Mittelpunkt

---

[448] Ebd.

[449] Vgl. Mead, Die Genesis des sozialen Selbst und die soziale Kontrolle, 97: „Das menschliche Individuum ist ein Selbst nur, insofern es zu sich selbst die Einstellung eines anderen einnimmt."

[450] Vgl. Hammer, Töchter und Mütter, 66.

[451] Vgl. ebd., 65.

[452] Vgl. ebd.,75.

[453] Vgl. Gugutzer, Leib, Körper, Identität, 201. Am Beispiel von berufsbedingt sehr körperbezogenen Personen (Ballett-TänzerInnen) wird an dieser Stelle darauf hingewiesen, dass auch umgekehrt, der Körper einen positiven Selbstwert bedingen kann.

[454] Vgl. ebd., 202.

der Identitätsgewinnung und -präsentation steht. Dies wird sich unweigerlich in den Kindern spiegeln und eine harmonische Entwicklung der personalen Identität mit all ihren Facetten erschweren.[455]

8.2.3 Einfluss der Medien

Nicht nur Körperbilder werden von Medien vorgegeben, vielmehr vermitteln sie auch Werte, Normen und Rollenbilder. Eines der Medien, mit denen Kinder von klein auf konfrontiert sind, ist das Fernsehen.[456] Im Anschluss an den Gedanken Meads, dass die Erfahrungen des Einzelnen seine Identität prägen, lässt sich konstatieren, dass gegenwärtig auch das Fernsehen Identität vor allem in der prä-reflexiven Phase prägt.[457] Denn Fernsehen ist in der gegenwärtigen westeuropäischen Gesellschaft zu einer Sozialisationsinstanz geworden, welche neben den primären Institutionen Familie, Kindergarten und Volksschule eine besondere Rolle in der prä-reflexiven Identitätsbildungsphase spielt.[458]

Der Einfluss von Medien auf Kinder lässt sich in der westeuropäischen Gesellschaft also nicht vermeiden. Umso maßgeblicher ist deshalb die Rolle der Eltern. Sie haben es selbst in der Hand, Fernsehsendungen nicht zu der Sozialisationsinstanz schlechthin werden zu lassen. So zeigen erziehungswissenschaftliche Studien, dass eine Lenkung des medialen Einflusses durch die Eltern möglich ist, indem sie bestimmte Fernsehsendungen gemeinsam

---

[455] Bereits bei jugendlichen Mädchen konnte man feststellen, dass die Relevanz des Aussehenes bei Vorbildern abnahm, je höher die besuchte Schulform war. Vgl. Wegener, Claudia, Medien, Aneignung und Identität. „Stars" im Alltag jugendlicher Fans, Wiesbaden 2008, 105. Bildung scheint folglich ein wesentlicher Faktor für die Vermeidung einseitiger Identitätsorientierung zu sein.

[456] Studien zufolge wird ab dem Jugendalter weniger das Fernsehen, aber verstärkt Computer und Internet genutzt. Vgl. Lukesch, Helmut, Die unheimlichen Miterzieher. Medien im Alltag von Kindern und Jugendlichen, in: Bucher, Anton/Kalcher, Anna Maria/Lauermann, Karin (Hg.), Gemeinsam erziehen. Das umkämpfte Kind zwischen Familie, Bildungsinstitutionen und Gesellschaft, Wien 2008, 139-173, hier: 139.

[457] Vgl. Seidl, Bernd, Fernsehgeschichten. Ethische Reflexionen zum narrativen Charakter von Fernsehen, in: Droesser, Gerhard/Lutz, Ralf/Sautermeister, Jochen (Hg.), Konkrete Identität. Vergewisserungen des individuellen Selbst, Frankfurt/Main 2009, 179-191, hier: 183. „Fernsehprogramme präsentieren nicht nur auf der inhaltlichen Ebene Identitätsentwürfe, sondern besitzen zugleich eine narrative Struktur, die die Vermittlung von Identitätsmodellen unterstützt."

[458] Vgl. Mikos, Lothar/Hoffmann, Dagmar/Winter, Rainer, Einleitung: Medien – Identität – Identifikationen, in: dies. (Hg.), Mediennutzung, Identität und Identifikation. Die Sozialisationsrelevanz der Medien im Selbstfindungsprozess von Jugendlichen, München 2007, 7-20, hier: 14.

mit den Kindern auswählen und ihnen als Ansprechpartner zur Verfügung stehen.[459] Denn wenn Fernsehen selektiv geschieht und Kinder eine Bezugsperson haben, mit der sie über das Gesehene sprechen können, ist eine kognitive und emotionale Verarbeitung möglich. Kinder deuten die „Fernsehwelt" im Hinblick auf ihr Wissen aus der eigenen Lebenswelt. Dabei können Eltern eine lenkende Unterstützung sein.[460] Wie sehr Fernsehen das Kind in seiner Entwicklung beeinflusst, hängt also wesentlich vom Umgang damit ab. Folglich liegt es an den Eltern, wie viel Raum, Zeit und Bedeutung sie diesem Medium innerhalb der Familie geben. Die Entwicklung des Kindes wird durch die Form und das Ausmaß der Mediennutzung wesentlich geprägt, weil auch diese als Orientierungshilfe dienen können.

So können Mütter im Gespräch mit ihren Töchtern Rollenstereotype und Geschlechterklischees, die im Fernsehen vermittelt werden, in Frage stellen. Auf diese Weise können Mädchen trotz medialer Beeinflussung zur Selbstbestimmung ermutigt werden. In diesem Zusammenhang ist freilich nicht nur ausschlaggebend, was die Mutter dem Kind mitteilt, sondern auch, welche Rolle sie selbst lebt. Wenn eine Mutter eine berufliche Führungsposition ausübt und sich mit dieser Rolle auch identifiziert resp. in ihre personale Identität integriert hat, wird dies das weibliche Rollenbild ihres Kindes prägen.

Wird von klein auf gelernt, Werte, Normen und Rollenbilder, die das Fernsehen vermittelt, kritisch zu betrachten, wird dies auch im reflexiven Prozess der Identitätsbildung geschehen. Wenn in der Familie die Grundbedürfnisse erfüllt werden und Fernsehen lediglich einen Bereich der privaten Lebenswelt ausmacht, wird es im Prozess der Identitätsbildung nicht die Orientierung schlechthin sein. Vielmehr können vom Fernsehen vermittelte Rollenbilder kritisch reflektiert werden und selbstbestimmt in den Prozess der Identitätsbildung integriert oder abgelehnt werden.[461]

---

[459] Vgl. Aufenanger, Stefan, Die neuen Erzieher? Medien und Familie, in: Mayer, Susanne/Schulte, Dietmar (Hg.), Die Zukunft der Familie, Paderborn 2007, 107-116, 113. Selbst wenn Kinder Fernsehsendungen sehen, in denen Wissen vermittelt wird, ist die Kommunikation über das Gesehene mit den Eltern unabdingbar, damit sich dieses Wissen auch manifestieren kann. Vgl. ebd.

[460] Vgl. Nave-Herz, Rosemarie, Familie heute. Wandel der Familienstrukturen und Folgen für die Erziehung, Darmstadt 1994, 88f.

[461] Vgl. Seidl, Fernsehgeschichten, 186. „Verhaltensweisen, die der Zuschauer für gut und geboten hält, wird er möglicherweise adaptieren oder zumindest für erstrebenswert halten, andere, die er für falsch hält, wird er ablehnen. Damit festigen und verändern Fernseherzählungen, zumindest auf längere Sicht, die Identität des Fernsehzuschauers. Er schöpft aus der Ressource der Fernseherzählungen und integriert sie in die Erzählungen über das eigene Leben." Ebd.

Wie in einer aktuellen soziologischen Studie belegt wurde, werden Medienpersonen nur ergänzend in den Identitätsbildungsprozess von Jugendlichen einbezogen, wenn die Familie ein Ort der Sicherheit, Zugehörigkeit, Liebe und Anerkennung ist. Die wesentlichen Vorbilder sind dann die signifikanten Anderen in der persönlichen Umgebung, wie Eltern und Lehrpersonen, von denen sie Liebe, Verständnis und Anerkennung erhalten.[462] Empirischen Ergebnissen zufolge haben Medienpersonen vor allem bei Mädchen hinsichtlich des Aussehens eine ergänzende Vorbildfunktion.[463] Das zeigt wiederum, dass für Mädchen Äußerlichkeiten eine wichtigere Rolle spielen als für Jungen. Deswegen kommt der Körperlichkeit in der weiblichen Identität auch eine höhere Bedeutung zu. Die Gründe dafür lassen sich bereits in der frühen Sozialisation ausmachen, wenn Mütter beginnen, ihre Töchter besonders hübsch anzuziehen.[464] Für Jungen sind es häufig die „Helden" in Computerspielen, mit denen sie sich besonders identifizieren.[465]

Wenn Bezugspersonen im eigenen sozialen Umfeld den Jugendlichen keine Vorbildfunktion bieten, besteht die Gefahr, dass sie sich von medialen Personen als Rollenvorbilder im Identitätsbildungsprozess wesentlich leiten lassen und diese nicht reflektieren. Denn in dieser Orientierungslosigkeit und Verunsicherung ist der Einzelne meist dankbar für jede Hilfestellung von außen – das kann in Fremdbestimmung und Manipulation münden. Personale Identität wird dann nicht mehr auf einer stabilen prä-reflexiv geschaffenen Basis konstituiert, sondern „passiert", sie ergibt sich unreflektiert durch den Einfluss von Medien. Je entlastender und stabiler die jungen Menschen primäre Institutionen als sicheres Orientierungsgefüge erleben, umso reflektierter wird der Umgang mit Medien und den von ihnen vermittelten Rollen sein.

Folglich lässt sich zusammenfassend konstatieren: Die Weichen für das Ausmaß des Einflusses der Medien in der Identitätsbildung werden bereits in der primären Sozialisation gestellt. Wird von Anfang an erlernt und vorgelebt, kritisch und reflektiert mit medialen Inhalten umzugehen, ist dies auch ab dem Jugendalter möglich. Die Gefahr der Fremdbestimmung durch Medien wird dadurch reduziert. Neben dem selektierten und reflektierten Umgang mit medialen Inhalten ist es jedoch ebenso wichtig, dass die basalen

---

[462] Vgl. Wegener, Medien, Aneignung und Identität, 106.

[463] Vgl. ebd., 105: 40,2 Prozent der männlichen Befragten halten das Aussehen ihres Idols für wichtig, hingegen 63,3 Prozent der weiblichen Befragten.

[464] Vgl. Hammer, Töchter und Mütter, 38.

[465] Vgl. Köhler, Esther, Computerspiele und Gewalt. Eine psychologische Entwarnung, Berlin/Heidelberg 2008, 61. 52 Prozent der Jungen interessieren sich für Computerspiele, nur 15 Prozent der Mädchen. Das liegt nach Köhler vor allem daran, dass in Computerspielen meist weibliche Identifikationsfiguren fehlen. Vgl. ebd., 61-63.

Bedürfnisse in der Familie erfüllt werden. Damit wird eine sichere Basis geschaffen, die Reflexion im Prozess der Identitätsbildung ermöglicht.

8.2.4 Konsum

Wie in 5.3 bereits näher erläutert, kann Konsum eine sehr fragwürdige Form der Identitätsstiftung und -präsentation sein. Dass Konsum einen solchen Wert im Leben vieler Menschen erlangt hat, ist freilich auch durch den Einfluss der Medien bedingt. Die Werbung suggeriert, dass Konsum ein glückliches Leben ermöglicht.[466] Wesentlich ist nun, wie in der Familie mit diesem Einfluss und Konsumpostulat umgegangen wird. Konsum lässt sich nicht vermeiden, ausschlaggebend ist jedoch, welchen Stellenwert man ihm zuschreibt. Das setzt wiederum Selbstbestimmung und hohes Reflexionsvermögen voraus. Konsum kann dann auch als Mittel zur Sinnstiftung und Identitätspräsentation instrumentalisiert werden, indem man beispielsweise auf Nachhaltigkeit beim Einkauf achtet. So kann mit dem bewussten Konsumieren von Kleidung oder Lebensmittel, die nicht durch Kinderarbeit oder unökologische Bedingungen hergestellt worden sind, ausgedrückt werden, wer man ist und sein will.

Frauen neigen empirischen Studien zufolge stärker als Männer dazu, mit dem Erwerb von Konsumgütern ihre Selbstwertschwächen zu kompensieren.[467] Geld und Konsum werden Mittel zur Identitätsstiftung. Umso wichtiger scheint es zu sein, dass reflektiertes Konsumverhalten bereits in der Familie vorgelebt wird, weil dieses dann auch von den Kindern übernommen wird, wie sich empirisch belegen lässt.[468] Wird hingegen Konsum in der Familie große Bedeutung zugeschrieben, ist die Gefahr groß, dass Frauen ihre Identität an Konsumgütern festmachen.

Ob reflektierter, selektierter Konsum nur zu einem Bestandteil der Identitätskonstitution und -präsentation wird, oder ob die manipulativen Einflüsse der Werbung den Konsum des Einzelnen steuern, hängt folglich wesentlich vom Verlauf des Sozialisationsprozesses und den vorgelebten Verhaltens-

---

[466] Studien belegen jedoch, dass es die einfachen, nicht durch Konsum erwerbbaren Dinge des Lebens sind, die glücklich machen, nämlich Sex, soziale Kontakte, Essen in Gesellschaft und Zeit für Entspannung. Vgl.: Binswanger, Mathias, Die Tretmühlen des Glücks. Wir haben immer mehr und werden nicht glücklicher. Was können wir tun?, Breisgau 2006, 36-40.
[467] Haubl, Rolf, Geld, Geschlecht und Konsum. Zur Psychopathologie ökonomischen Alltagshandelns, Gießen 1998, 23.
[468] Vgl. ebd., 13.

weisen ab.[469] Bei der Entscheidung wie konsumiert wird, spielt auch eine Rolle, wie wichtig die Anerkennung anderer genommen wird. Wird in der Familie konsumiert, um die Nachbarn zu beeindrucken, z.B. mit einem teuren Auto, oder weil man es selbst für wichtig hält, ein bestimmtes Gut zu besitzen?

Um Konsum tatsächlich als selbstbestimmtes Element im Identitätsbildungsprozess verstehen zu können, muss die Person viel Energie dafür aufwenden: Zum einen ist eine hohe Reflexion auf die Konsumpostulate der Medien unabdingbar. Im Reflexionsprozess findet eine Selektion statt, der Einzelne stellt sich die Frage, welche Güter er für wichtig, sinn- und wertvoll hält. Zum anderen ist es erforderlich, dass an Konsum nie die personale Identität als Ganzes festgemacht, sondern nur als ein Teilbereich verstanden wird. Wie bereits am Beispiel des Körpers aufgezeigt wurde, kann auch Konsum als Identitätsstiftung nicht immer möglich sein. Wenn die Person beispielsweise von Arbeitslosigkeit betroffen ist, wird sie aus ökonomischen Gründen nicht mehr all das konsumiert können, was für wichtig gehalten wird. Identifiziert sich der Einzelne lediglich mit den von ihm konsumierten Gütern, kann Identität sehr schnell abhanden kommen oder in eine Krise geraten.

Um auf diese anspruchsvolle, reflektierte Weise konsumieren zu können, ist eine entlastende Basis unabdingbar. Denn wenn Gewohnheit und Sicherheit in primären Institutionen fehlen, kann keine Energie für reflektierten Konsum aufgewendet werden. Wie bereits an den Beispielen der Körperlichkeit und der Medien gezeigt wurde, ist für Kinder das Vorleben der Rollen maßgeblich in ihrer Entwicklung. Ausmaß und Stellenwert des Konsums in der Familie prägen die Identitätsbildung des Kindes wesentlich. Ebenso notwendig scheint die Basis-Anerkennung in der Familie zu sein, denn nur dann läuft der Einzelne nicht Gefahr, die Anerkennung anderer mittels Konsumgüter erlangen zu wollen.

Wenn jene Verhaltensweisen in der Familie vorgelebt werden, die eine reflektierte, selektierte Form von Konsum implizieren und die Familie ein entlastendes Zusammenleben ermöglicht, kann Konsum zu einem Bestandteil selbstbestimmter Identitätsbildung werden.

---

[469] Die unterschiedliche Wertigkeit von Konsum in der individuellen Sozialisation erklärt auch, warum in der Konsumsoziologie sehr unterschiedliche Meinungen über die Konsumenten der Gegenwart vorherrschen: „Manche rühmen den neuen Konsumenten als reife und machtvolle Persönlichkeit, innovativ, souverän und selbstbewusst. Andere sehen in ihm eine leicht steuerbare Figur, abhängig, gewissenlos und unersättlich. In der einen Sicht erscheint der Konsument als König oder als Held, in der anderen Sicht als Opfer oder Narr oder auch als gewissenloser Schurke." Schneider, Konsum und Gesellschaft, 14.

8.2.5 Pluralismus und Schnelllebigkeit in der Familie

Aus den bisherigen Überlegungen ist hervorgegangen, dass die Familie als stabiler Eckpfeiler den Einzelnen befähigen kann, mit äußeren Einflüssen wie Medien, Konsumpostulaten und Körpervorgaben adäquat umzugehen und selbstbestimmt seine Identität zu bilden. Allerdings kann die Familie dies nicht immer garantieren, denn auch die Familie ist im Wandel und enthält immer seltener jene entlastenden Funktionen, die oben in 7.5 den Institutionen zugeschrieben wurden. In der gegenwärtigen westeuropäischen Gesellschaft sind nahezu alle Lebensbereiche von Pluralismus und Schnelllebigkeit betroffen, auch die Familie.

So kann etwa entlastende Gewohnheit aufgrund eines Wechsels der Personen innerhalb der Familie verloren gehen, wie dies bei Patchwork-Familien[470] der Fall ist. Ein neuer Elternteil und möglicherweise auch neue Geschwister treten bei dieser Formation der Familie in das Leben des Kindes. Dabei sind die reziproken Erwartungen noch völlig unklar. Folglich besteht keine Gewohnheit und das Verhalten aller Familienmitglieder muss erst neu orientiert werden, gegenseitige Erwartungen und Handlungsmuster sind neu auszuverhandeln. Es ist notwendig, viele kleine alltägliche Entscheidungen neu zu treffen, was die Familienmitglieder belasten und ein fehlendes Sicherheitsgefühl verursachen kann.[471]

Wenn entlastende, institutionelle Funktionen fehlen, kann im Sinne Gehlens von einer Erschütterung der Institution Familie gesprochen werden.[472]

> „Das Ganze ergibt eine Belastung gerade *der* Schichten im Menschen mit Kontroll- und Entscheidungsaufwand, wo man in einem selbstverständlichen Schonverständigtsein in problemlosen Kontakten leben muss, wenn man anspruchsvolleren Situationen gewachsen sein will."[473]

Das Grundbedürfnis nach Sicherheit, welches Routine und Rituale impliziert[474], muss neu erlangt werden. Auch Zugehörigkeit und Liebe sind keine

---

[470] Neben allen belastenden und konfliktreichen Situationen in Patchwork-Familien soll aber nicht unerwähnt bleiben, dass diese durchaus auch Chancen für Kinder bieten können: Durch die Erweiterung der Familie ergeben sich für Kinder mehr Kontaktmöglichkeiten. Dadurch können sie zusätzliche für sie wichtige Bezugspersonen finden und dies als unterstützend erfahren. Vgl. dazu Peuckert, Familienformen im sozialen Wandel, 239.

[471] Vgl. ebd., 240.

[472] Vgl. Gehlen, Mensch und Institutionen, 72.

[473] Ebd.

[474] Aus einer Befragung von Kindern geht hervor, dass Kinder fixen, gemeinsamen Familienzeiten einen hohen Stellenwert zuschreiben. Sie wünschen sich, verlässliche Rituale und Routinen in der Familie, z.B. gemeinsames Abendessen, zu Bett bringen, gemeinsames

Selbstverständlichkeiten, weil das Kind die neuen Bezugspersonen zuerst kennenlernen muss.

Wenn die Rollen in einer Familie erst wieder neu verteilt werden müssen, fehlt die Vorhersehbarkeit der Handlungsfolgen. Erwartungen aneinander sind unklar und deshalb wird das Bewusstsein mit alltäglichen Aufgaben belastet. Habitualisiertes Verhalten innerhalb einer Institution dagegen gibt allen Mitgliedern ein entlastendes Gefühl der Sicherheit und ermöglicht ein geordnetes Zusammenleben. Nur auf dieser Basis können subjektive Motive und Zwecke verfolgt werden, die das Bewusstsein beanspruchen.[475] Die Gewohnheit des sozialen Handelns in der Familie schafft feste Bahnen und Stabilität.

Auch wenn nach der Trennung der Eltern keine neue Familie entsteht, kann die Trennung selbst eine Krise im Kind auslösen. Denn wenn ein signifikanter Anderer, mit dem sich das Kind bereits identifiziert hat, plötzlich aus seinem Leben verschwindet, geht eine fundamentale Orientierung verloren.[476] Wenn der Schutz und die Gewissheit der Familie abhanden kommen, weil signifikante Andere, die Verhaltensmuster für das eigene Selbstverständnis

---

Fernsehen, etc. Es spielt für Kinder keine größere Rolle, ob beide Eltern berufstätig sind, solange zeitliche „Eckpfeiler" in den Familienalltag integriert werden, auf die sie sich verlassen können. Diese Eckpfeiler bieten den Kindern Kontinuität, Planbarkeit und Orientierung. Vgl. dazu Pfahl, Svenja, Moderne Zeiten – Ansprüche an Arbeits- und Familienzeiten aus Sicht von Eltern und Kindern, in: Szydlik, Marc (Hg.), Flexibilisierung. Folgen für Arbeit und Familie, Wiesbaden 2008, 265. Auch der Pädagoge Anton Bucher betont die entlastende Bedeutung von Ritualen für Kinder: „Weil ihr Ablauf gleich bleibt, ermöglichen sie Sicherheit im Verhalten: Kein Kind muss lange überlegen, wie es sich benehmen soll." Bucher, Anton, Was Kinder glücklich macht. Ein Ratgeber für Eltern, München 2008, 227.

[475] Vgl. Gehlen, Urmensch und Spätkultur, 50-54. Gehlen spricht in diesem Zusammenhang von Hintergrunderfüllung: Bedürfnisse, deren Befriedigung sichergestellt ist, treten aus dem Vordergrund der Affektivität zurück in den Hintergrund und geben dem Einzelnen Verhaltenssicherheit. „Es ist selbstverständlich, dass es die grundlegenden stationären Institutionen sind, wie die Ehe und die Familie…, welche die Sicherheit der Hintergrunderfüllung des Einzelnen garantieren." Ebd., 53.

[476] Empirische Untersuchungen zeigen, dass die Scheidung der Eltern negative Folgen für die kindliche Entwicklung haben kann: Bei Kindern, die nur mit einem Elternteil aufwachsen, ist die Wahrscheinlichkeit von spezifischen Entwicklungs- und Persönlichkeitsstörungen größer. Eine differenzierte Betrachtung ist jedoch notwendig, denn viel hängt davon ab, wie die Eltern mit der Situation umgehen und wie das Kind auf die Trennung vorbereitet wird. Vgl. Nave-Herz, Familie heute, 93, 103. Eine „Spätfolge" der miterlebten Scheidung der Eltern ist Untersuchungen zufolge, eine erhöhte Instabilität der eigenen Ehe. Vgl. Wittmann, Karl J. (Hg.), Der Mensch in Umwelt, Familie und Gesellschaft, Wien 2007, 224. Das Scheidungsrisiko wird von der Eltern- auf die Kindergeneration übertragen. Das Risiko, selbst geschieden zu werden, wenn eine Ehescheidung der Eltern miterlebt wurde, ist doppelt so hoch als bei Personen aus Normalfamilien. Das Scheidungsrisiko ist bei denjenigen am größten, welche die Scheidung ihrer Eltern als sehr kleines Kind miterleben mussten. Vgl. Peuckert, Familienformen im sozialen Wandel, 183f.

vorgaben, die Familie verlassen, ist das Kind desorientiert. Die Suche nach neuen Orientierungshilfen für die eigene Identität kann bei äußeren, manipulativen Einflüssen enden. Sie geben Richtungen vor, die dankbar angenommen werden, weil diese in der Familie fehlen.

Für solche Veränderungsprozesse innerhalb der Familie scheint es erforderlich, dass die Eltern eine sehr stabile Identität entwickelt haben, um nicht selbst belastet und überfordert zu sein. Denn ein Wechsel der Familienmitglieder ist freilich nicht nur für Kinder eine Herausforderung und ein Verlust von Gewohnheit. Ambiguitätstoleranz ist in solchen unsicheren und anfangs unübersichtlichen Situationen innerhalb der Familie eine wichtige Kompetenz. Denn wenn das Gefühl der Kohärenz erhalten bleibt, wird sich dies auch in den Kindern spiegeln. Ungewissheiten der Lebenswelt Familie, die sich aufgrund noch unklarer Erwartungen gegenüber den neuen Bezugspersonen ergeben, und die Offenheit der Zukunft werden dann nicht als Belastung, sondern als Ressource und Chance für das eigene Leben aufgefasst.

Von Pluralität und Unsicherheiten sind Mütter in besonderem Ausmaß dann betroffen, wenn sie sich scheiden lassen, folglich zu Alleinerzieherinnen werden und für die finanzielle Absicherung der Familie und die Erziehung der Kinder alleine Sorge tragen müssen.[477] In einer solchen Situation kann plötzlich die Erfüllung des ersten Grundbedürfnisses der Maslow'schen Pyramide, das physiologische Grundbedürfnis nach Nahrung, zur Belastung werden.[478] Das hat unvermeidbar Auswirkungen auf die Kinder. Sie werden die Diskontinuität im Leben ihrer Mutter, die diese in ihrem Verhalten äußern wird, spüren. Die unsichere Rolle der Mutter, die von Belastungen geprägt ist, wird sich automatisch in der Identität der Kinder manifestieren. In solchen Fällen können externe Betreuungseinrichtungen und soziale Netzwerke eine elementare Unterstützung für alleinerziehende Eltern sein und dem Kind jene Entlastungen bieten, die es in der Familie nicht erhält.

---

[477] Aktuelle Statistiken zeigen, dass vor allem Frauen alleinerziehend sind: Von 295.700 Alleinerziehenden in Österreich, sind 251.100 davon Frauen. Vgl. Statistik Austria, Familien- und Haushaltsstatistik, Ergebnisse des Mikrozensus 2008, Wien 2009, Tabelle 25, 65.

[478] Alleinerziehende geben in Umfragen an, dass sie ihre Lebenssituation als erhebliche Belastung erfahren. Dies ist der Fall aufgrund der alleinigen Verantwortung für die Erziehung, finanziellen Nachteilen und der Schwierigkeit, Familie und Beruf zu vereinbaren. Vgl. Peuckert, Familienformen im sozialen Wandel, 210f.

8.2.6 Mütterliche Berufstätigkeit

Zu ihrer Vorstellung von Selbstverwirklichung vieler Frauen gehört es, sowohl berufstätig als auch Mutter zu sein. Wenn sich aber die beiden Lebenswelten Beruf und Familie nicht oder nur sehr schwer vereinbaren lassen, kann das zu einer Belastung der ganzen Familie werden. Rituale und Routinen einzuhalten wird schwierig, wenn gemeinsame Zeit in der Familie aufgrund der Doppelbelastung selten vorhanden ist. Auch Rollenkonflikte der Mutter bleiben meist nicht aus.[479] Hat die Mutter eine Vielzahl an Rollen und dementsprechend viele Bezugsgruppen, die mit unterschiedlichen Erwartungen an sie herantreten, ist eine sehr stabile Identität ihrerseits die Voraussetzung, damit die Kinder die Konflikte und dadurch entstehenden Unsicherheiten ihrer Mutter nicht in ihrer prä-reflexiven Identitätsbildungsphase übernehmen. Sobald sie jedoch unsicher ist, wird diese Unsicherheit auch die Kinder prägen und sich in ihnen spiegeln. Aufgrund desselben Geschlechts, ist die Mutter für ein Mädchen *die* signifikante Andere. Über die Rolle der Mutter kommt es zu ihrer eigenen Identität.[480]

Hier zeigt sich ganz klar, dass es einen geschlechtsspezifischen Unterschied in der primären Sozialisation gibt. Aufgrund der gegenwärtigen gesellschaftlichen Strukturen können Männer meist[481] ihre selbstbestimmte berufliche Identität verwirklichen und trotzdem Vater sein, ohne in einen Konflikt zwischen den beiden Lebenswelten Beruf und Familie zu geraten. Diese Rolle wird von Jungen übernommen und bestärkt sie in ihrer eigenen Selbstbestimmung.

---

[479] Die Entscheidung für Beruf und Kind erweist sich für Frauen als besonders schwierig, nicht nur wegen mangelnder struktureller Unterstützung der Gesellschaft, wie fehlender oder unzureichender externer Kinderbetreuung, sondern auch aufgrund von Rollenproblemen: Einerseits besteht der eigene Anspruch, eine Mutter zu sein, die genügend Zeit für ihr Kind hat, andererseits stellt auch der Beruf einen wichtigen Lebensinhalt dar. Vgl. Düntgen/Diewald, Auswirkungen der Flexibilisierung von Beschäftigung auf eine erste Elternschaft, 216; Kreyenfeld, Michaela, Ökonomische Unsicherheit und der Aufschub der Familiengründung , in: Szydlik, Marc (Hg.), Flexibilisierung. Folgen für Arbeit und Familie, Wiesbaden 2008, 232-254, 250. Frauen, die einerseits sehr karriereorientiert sind, aber andererseits ein traditionelles Bild der Mutterrolle verinnerlicht haben, schieben die Mutterschaft oft hinaus, in der Hoffnung, dass der Zeitpunkt für Kinder später besser sein wird. Vgl. Nave-Herz, Rosemarie, Kinderlose Ehen, in: Lüscher, Kurt/Schultheis, Franz/Wehrspaun, Michael (Hg.), Die „postmoderne" Familie. Familiale Strategien und Familienpolitik in einer Übergangszeit, Konstanz 1988, 193-200, 199f.

[480] Hammer spricht von der Mutter als „Hauptfigur" für Mädchen, „denn in den Müttern sehen die Töchter die eigene Zukunft vorgeprägt". Hammer, Töchter und Mütter, 92.

[481] Immer ist dies freilich nicht der Fall, weil – wie oben aufgezeigt wurde – die Anforderungen im Beruf auch für Männer immer „familienunfreundlicher" werden, z.B. die Forderung nach hoher Mobilität.

Für Frauen hingegen, die sowohl Mutterschaft als auch Berufstätigkeit in ihre Identität integrieren wollen, ist es erforderlich, dass sie diese auf einer sicheren Grundlage mit garantierter Basis-Anerkennung konstituieren können. Ansonsten besteht bei berufstätigen Müttern die Gefahr, dass sie sich selbst einen großen Leistungsdruck in der Erziehung auferlegen. Sie wollen sich selbst und den anderen beweisen, dass sie trotz ihrer Berufstätigkeit eine gute Mutter sind und übertragen in diesem Zuge ihre hohen Leistungsanforderungen auf die Kinder.[482] Sie wollen dem Kind das Bestmögliche bieten und erwarten auch dementsprechend positive Reaktionen von ihrem Kind. Sie machen ihren Selbstwert vom Wohl des Kindes abhängig. Wenn sie das Gefühl haben, ihrem Kind geht es nicht gut, schreiben sie das ihrem eigenen erzieherischen Versagen zu.[483]

Bei fehlender Basis-Anerkennung werden die Meinung und das Urteil anderer in Entscheidungen, die die Identität betreffen, besonders stark berücksichtigt, weil das Verlangen nach Anerkennung zu den menschlichen Grundbedürfnissen zählt.[484] Personale Identität kann dann aber nicht frei und selbstbestimmt gebildet werden, weil sie sich zu sehr an den anderen orientiert. Die Frage, was die anderen von einer persönlichen Überlegung zum guten Leben halten, wird wichtiger genommen, als jene, was man selbst für individuell gut hält. Weil das Bedürfnis nach Anerkennung so groß ist, besteht die Gefahr, Entscheidungen, die man selbst nicht für gut hält zu treffen, um damit die Anerkennung anderer zu erlangen wird. Die Anerkennung anderer wird folglich auf Kosten der Selbstbestimmung erworben. Eine reflektierte Selektion der Einflüsse anderer scheint ohne ein stabiles Gefüge und einer basale Anerkennung signifikanter Anderer kaum möglich.

Mütterliche Erwerbstätigkeit kann sich dann positiv auf das Kind auswirken, wenn die Mutter Zufriedenheit und Ausgeglichenheit ausstrahlt. Eine sichere Frau weiß, dass nicht alle Personen ihre Lebensform als berufstätige Mutter für gut halten werden, kann aber aufgrund ihrer Gewissheit und Stabilität auf die Anerkennung jener Personen verzichten, und deshalb trotzdem selbstbestimmt ihren Weg gehen. Dieses sichere Verhalten wird dann auch die Phase

---

[482] Kaufmann diagnostiziert den gesellschaftlichen Normkomplex der verantworteten Elternschaft: „Er beinhaltet einerseits die Erziehungsverantwortung der leiblichen Eltern, jedoch andererseits auch die Norm, Kinder nur dann zur Welt zu bringen, wenn man glaubt, dieser Verantwortung tatsächlich gerecht werden zu können." Kaufmann, Franz-Xaver, Familie und Modernität, in: Lüscher, Kurt/Schultheis, Franz/Wehrspaun, Michael (Hg.), Die „postmoderne" Familie. Familiale Strategien und Familienpolitik in der Übergangszeit, Konstanz 1988, 391-415, hier: 395.

[483] Vgl. Nave-Herz, Familie heute, 58f; Peuckert, Familie im sozialen Wandel, 133, 169.

[484] Vgl. 7.2.

der prä-reflexiven Identitätsbildung ihres Kindes prägen. Denn wenn es sich in die Rolle der Mutter versetzt und sich mit dieser identifiziert, wird das Kind diese Sicherheit automatisch übernehmen.

Ein weiterer Vorteil, den mütterliche Berufstätigkeit mit sich bringen kann, ist, dass sich das Feld der signifikanten Anderen erweitert, wenn das Kind in einer Betreuungseinrichtung untergebracht ist, während die Mutter ihrem Beruf nachgeht. Auch hier ist es ausschlaggebend, wie die Ersatzbetreuung erlebt wird, welche Rollen und Einstellungen dem Kind vermittelt werden. Wenn trotz mütterlicher Erwerbstätigkeit Planbarkeit, Verlässlichkeit und Kontinuität das Leben des Kindes bestimmen, ist eine sichere Basis für spätere reflektierte, gelingende Identität geschaffen.[485]

Es gilt festzuhalten: Selbstbestimmte Eltern können ihren Kindern sichere Rollen vorleben. Die Kinder übernehmen das elterliche Verhalten und können dann auf dieser stabilen, prä-reflexiven Basis selbst eine sichere Identität bilden. Wenn sie als selbstbestimmte erwachsene Personen selbst Kinder haben, können sie auch diesen, sichere Rollen vorlebe. Demgemäß lässt sich konstatieren, dass „der Mensch wird, was seine signifikanten Anderen in ihn hineingelegt haben."[486]

In diesem Zusammenhang ist auch die Rolle des Vaters von maßgeblicher Bedeutung. Denn wenn Mädchen in ihrer primären Sozialisation nicht erfahren und miterleben, dass auch Männer Hausarbeit verrichten können, wird sich dieses traditionelle geschlechtsstereotype Muster in ihrem eigenen Verhalten spiegeln.[487] Von Buben wird die Vaterrolle automatisch übernommen. Sie werden demnach ihre Lebensplanung eher beruflich ausrichten und es als selbstverständlich ansehen, dass ihre Partnerin die Hauptverantwortung und -last für Haushalt und Kindererziehung trägt. Die klassischen Geschlechterverhältnisse in der Familie können in der primären Sozialisation folglich zementiert oder durchbrochen werden.[488]

---

[485] Insofern konstatiert Nave-Herz, „dass eine eindimensionale Betrachtungsweise den höchst komplexen Sozialisationsprozess nicht erfassen kann und dass Erwerbstätigkeit der Mutter per se nichts über Risiken – ebenso nichts über Chancen – für den Entwicklungsprozess ihres Kindes aussagt." Dies., Familie heute, 38.

[486] Berger/Luckmann, Die gesellschaftliche Konstruktion der Wirklichkeit, 142.

[487] Vgl. zur Übernahme der Mutterrolle das empirische Fallbeispiel in: Seitz, „Ich wünsche mir, dass mir jemand sagt, was ich machen soll…", 47-49. Die traditionelle und geschlechtsstereotype Lebensführung der Mutter wird von der Tochter als normal angesehen und von dieser fortgesetzt.

[488] Vgl. Dermutz, Mädchensozialisation in Österreich, 107f. Die geschlechtshierarchische Arbeitsteilung in der Familie bewirkt Dermutz zufolge, dass die kulturell produzierten Geschlechterstereotypien und -merkmale unverändert bleiben und „wie eine Naturkonstante

8.2.7 *Gewalt*

Ein weiterer Aspekt in Familien, welcher selbstbestimmte Identitätsbildung verhindern kann, ist Gewalt. Unter Gewalt wird jede aktive Handlung, Duldung oder Unterlassung verstanden, die an der Durchsetzung eines eigenen Zieles bei einer anderen Person orientiert ist. Rücksicht auf damit verbundene physische oder psychische Schäden bei dieser Person wird dabei nicht genommen.[489] Gemäß dieser Definition kann sich Gewalt innerhalb der Familie in vielen Verhaltensweisen zeigen: In körperlichen Übergriffen wie Schlägen oder sexuellen Handlungen. Aber auch Alkoholismus und Drogenkonsum im Umfeld von Kindern sind gewalttätige Verhaltensweisen. Zu Gewalt im Sinne einer Unterlassung ohne Rücksicht auf physische und psychische Schäden des Kindes zählen Mangel an Körperkontakt und Zuneigung sowie fehlende Ansprache und keine Zeit und/oder Lust für gemeinsames Spiel.[490] Auch in der Sprache kann sich Gewalt äußern. Wird innerhalb der Familie beispielsweise ständig in abfälliger Weise von und mit Frauen gesprochen, prägt das ebenso das heranwachsende Kind, denn Sprache ist bewusstseinsbildend und identitätsprägend.[491] Wenn kein respektvoller Umgang in der Familie vorherrscht, wird sich dieses Verhalten in der Identität der Kinder spiegeln. Denn

> „was aus dem heranwachsenden Menschen wird, hängt von den Erlebnissen ab, die ihm widerfahren ... Von allem, was er aufnimmt, bleiben Spuren in ihm zurück“[492].

---

der Aufrechterhaltung der Arbeits-, damit auch Chancen- und Machtverteilung auf die beiden Geschlechter“ dienen. Ebd., 108.
Studien zeigen, dass eine Rollenumkehr – die Frau als Hauptverdienerin und der Mann als Vater und Hausmann – für Männer, aber auch für Frauen, konfliktbehaftet und nicht auf Dauer vorstellbar ist. Vgl. Peuckert, Familienformen im sozialen Wandel, 315; Buchebner-Ferstl, Sabine/Rille-Pfeiffer, Christiane, Hausarbeit in Partnerschaften. Studie „The glass partitioning wall“ zur innerfamilialen Arbeitsteilung – Ergebnisse für Österreich, Working Paper Nr. 69, Wien 2008.

[489] Vgl. Nave-Herz, Familie heute, 78: Die Grenzen der Gewaltanwendung sind fließend (physisch, psychisch, sexuell). Bei 75 % der gerichtlich verurteilten Kindesmisshandlungen sind die Täter(innen) Familienangehörige.

[490] Vgl. Struck, Peter, Erziehung gegen Gewalt. Ein Buch gegen die Spirale von Aggression und Hass, Berlin 1994, 31.

[491] Vgl. zur bewusstseinsbildenden Funktion der Sprache: Kargl, Maria, Von Menschen und Frauen. Einige Anmerkungen zu Sprache, Geschlecht und Armut, in: Heitzmann, Karin/Schmidt, Angelika (Hg.), Frauenarmut, Frankfurt/Main 2001, 63-80.

[492] Brezinka, Der erziehungsbedürftige Mensch und die Institutionen, 20f.

Wenn Gewalt als Bewältigungsstrategie und Konfliktlösungstechnik eingesetzt wird, wird dies vom Kind unreflektiert übernommen.[493] Die im sechsten Kapitel erwähnten kontextbezogenen Kompetenzen, die zur vernünftigen Bewältigung von Problemen dienen, fehlen den Eltern. Unsicherheit, Überforderung und Schicksalsschläge, wie z.B. Arbeitslosigkeit, können zu Gewalt führen.[494]

Häusliche Gewalterfahrungen können Kinder traumatisieren. Als traumatisch werden Situationen von Kindern dann erlebt, wenn sie sich selbst oder andere, ihnen nahe stehende Menschen, als bedroht erleben. Es herrscht beim Kind das Gefühl der Hilflosigkeit und der Ohnmacht.[495] Wenn signifikante Andere Gewalt ausüben, kann das bei Kindern zu einem Misstrauen in zwischenmenschliche Beziehungen führen[496], weil das Vertrauen in die Welt, resp. das Ur-Vertrauen[497], erschüttert wird oder ganz verloren geht. Das Fehlen von Ur-Vertrauen kann Auswirkungen auf das ganze weitere Leben haben, weil es die Grundlage für den Aufbau sowohl des Vertrauens in sich

---

[493] Vgl. Nave-Herz, Familie heute, 80f: Selbsterfahrene Gewalt erhöht empirischen Studien zufolge das Risiko zur Gewaltbereitschaft.

[494] In der Sozial- bzw. Familienpsychologie wurden Präventionsmaßnahmen gegen Gewalt ausgearbeitet: (1) Primäre Prävention hat die Stärkung von person- und beziehungsspezifischen Kompetenzen zur Aufgabe, so wird beispielsweise die individuelle Fähigkeit zur konstruktiven Konfliktregelung unterstützt. (2) Sekundäre Prävention impliziert die Befassung mit problembewältigenden Kompetenzen in Risikofamilien. Das bedeutet, in Familien in denen eine Scheidung ansteht oder ein Elternteil schon lange arbeitslos ist, sollen diese Kompetenzen vermittelt werden, weil Probleme als Folge von belastenden Situationen vorhersehbar sind. (3) Die tertiäre Prävention hat nach einer erfolgreichen psychologischen Behandlung eines Familienmitgliedes sicherzustellen, dass z.B. kein gewalttätiger Rückfall eintritt. Präventionsmaßnahmen können auf unterschiedlichen Ebenen eingesetzt werden: (1) Universell: dabei wird versucht, die gesamte Bevölkerung anzusprechen, indem z.B. Kampagnen zur gewaltfreien Erziehung initiiert werden. (2) Selektive Prävention beschäftigt sich mit Gruppen, bei welchen ein erhöhtes Risiko für Probleme oder Gewaltanwendung besteht, z.B. Scheidungsfamilien. (3) Indizierte Prävention setzt bei Familien an, die bereits mit Problemen wie Gewalt belastet sind. Vgl. Schneewind, Wie geht's der Familie?, 83f.

[495] Vgl. Krüger, Andreas, Erste Hilfe für traumatisierte Kinder. Mit einem Vorwort von Luise Reddemann, Düsseldorf 2007, 19. Bereits scheinbar weniger kritische Ereignisse, wie ein kurzes aus den Augen verlieren der Mutter im Kaufhaus, können von Kindern als traumatisch erlebt werden. Dementsprechend wirksam sind dann Erlebnisse wie Gewalterfahrung in der Familie.

[496] Vgl. ebd., 64. An anderer Stelle wird konstatiert, dass traumatische Ereignisse, die nicht bewältigt werden können, zu andauernden, posttraumatischen Persönlichkeitsveränderungen führen können, die sich unter anderem in misstrauischem Verhalten gegenüber anderen Menschen äußern. Vgl. dazu: Wittmann, Der Mensch in Umwelt, Familie und Gesellschaft, 221f.

[497] Vgl. Erikson, Wachstum und Krisen der gesunden Persönlichkeit, 62-69. Ebd., 63.

selbst als auch von zwischenmenschlichen Beziehungen ist, wie bereit mit Erikson festgestellt wurde.[498]

Durch gewaltvolle Erlebnisse wird also auch das Selbstvertrauen, das sich bei Kindern gerade erst in der Entwicklung befindet, zerstört.[499] Wenn die Familie, die Grundbedürfnisse nach Sicherheit, Zugehörigkeit, Liebe und Achtung nicht erfüllt, kann sie dem Kind keine Basis für Selbstvertrauen bieten. Ohne Selbstvertrauen ist jedoch auch keine Selbstbestimmung im Identitätsbildungsprozess möglich.

Aufgrund seiner Formbarkeit ist der Mensch in seiner Kindheit gänzlich abhängig von seinen signifikanten Anderen. Deshalb ist die gesamte psychische, soziale und körperliche Entwicklung von den Eltern beeinflussbar.[500] Allerdings ist allen Menschen eine Widerstandskraft angeboren, die bei Kindern oft unmittelbarer verfügbar ist als bei Erwachsenen, so die Psychoanalytikerin Luise Reddemann.[501] Folglich ist es möglich, dass Kinder traumatische Gewalterfahrungen in der Familie aufarbeiten und überwinden können, und eine Chance auf eine gelungene Identitätsbildung haben. Diese Chance können primäre Bildungs- und Erziehungsinstitutionen, wie z.B. Kindergarten und Volksschule, bieten.[502]

Wenn in diesen Institutionen die Grundbedürfnisse erfüllt werden sollen, die in der Familie nicht befriedigt werden können, setzt dies freilich sehr einfühlsame Betreuende voraus. Erfährt das Kind in der Schule Sicherheit, Zugehörigkeit und Anerkennung, so kann trotz familiärer Missverhältnisse Selbstvertrauen als Basis für Selbstbestimmung gewonnen werden.

8.2.8 Identität der Eltern

Um ihren Kindern Stabilität und Sicherheit für ein selbstbestimmtes Leben garantieren zu können, ist es erforderlich – so wurde an den Beispielen bereits deutlich –, dass sich die Eltern selbst über ihre Identität im Klaren sind und ihr Leben meistern können. Studien belegen, dass bei fehlender emotionaler Stabilität und mangelndem Selbstvertrauen der Eltern, eine weniger einfühlsame und kompetente Erziehung möglich ist. Das ist häufig auf die Erfahrungen der Eltern in ihrer Herkunftsfamilie zurückzuführen: Wenn de-

---

[498] Vgl. ebd., 62.
[499] Vgl. Krüger, Erste Hilfe für traumatisierte Kinder, 19.
[500] Vgl. ebd., 46. „Die Voraussetzung und gleichzeitig das Dilemma der mächtigen menschlichen Position im Tierreich ist seine Abhängigkeit von Bezugspersonen." Ebd.
[501] Vgl. ebd., 11.
[502] Vgl. ebd., 144-147.

ren eigene Kindheit von negativen, unsensiblen Erlebnissen mit den Eltern geprägt war, kann ihre personale Identität weniger stabil und sicher sein, was wiederum ihre Kindererziehung beeinträchtigen kann.[503] In der unsicheren Identität der Eltern spiegelt sich die gesellschaftliche Struktur wider, in der sie aufwuchsen. Es ist demzufolge keine Selbstverständlichkeit, wenn Eltern, die selbst unter schwierigen Bedingungen aufgewachsen sind, angemessen auf die Bedürfnisse ihrer Kinder reagieren können. Aber bereits im Säuglingsalter ist die adäquate Reaktion der Eltern eine wichtige Voraussetzung für eine gesunde, psychische Entwicklung des Kindes.[504] Empirische Studien belegen, dass Mütter, die liebevoll mit ihrem Säugling kommunizieren, dadurch einen positiven Einfluss sowohl auf die kindliche Entwicklung, als auch auf das spätere Erwachsenenalter ausüben. Im Gegensatz zu Kindern, die als Säugling weniger liebevolle Fürsorge erhielten, konnten bei jenen Kindern mit positivem mütterlichen Einfluss, eine höhere Autonomieentwicklung und bessere schulische Leistungen festgestellt werden.[505]

Wenn Eltern nicht die Fähigkeit entwickelt haben, einen inneren Abstand zu sich selbst einzunehmen und folglich ihre Identität nicht auf selbstbestimmte Weise bilden konnten, können sie dies auch nicht ihren Kindern vorleben. Insofern lässt sich konstatieren, dass die Kompetenzen für selbstbestimmte personale Identitätsbildung transgenerational weitergegeben werden. Unsichere Eltern neigen dazu, sich selbst in den Vordergrund zu rücken und versuchen, ihre eigenen Bedürfnisse zu erfüllen.[506] Eine einfühlsame Erziehung, in welcher Fähigkeiten des Kindes erkannt und gefördert werden, setzt also eine sehr sichere und selbstbestimmte Identität der Eltern voraus.

Eine unsichere Identität der Eltern kann auch zur Folge haben, dass die Erwartungen an das Kind sehr hoch sind. So kann es vorkommen, dass sie das an ihrem Kind verwirklicht sehen wollen, was sie selbst nicht erreicht haben, z.B. einen bestimmten Beruf. Eltern mit instabiler Identität sind aufgrund ihrer unrealistischen Vorstellungen und Erwartungen häufig von ihrem

---

[503] Vgl. Wittmann, Der Mensch in Umwelt, Familie und Gesellschaft, 224.

[504] Entwicklungspsychologen konstatieren, dass Säuglinge von Anfang an eine Sensibilität für Mimik, Stimme und Verhaltensäußerungen ihrer Betreuungspersonen zu besitzen scheinen. Vgl. Fonagy, Peter et al., Affektregulierung, Mentalisierung und die Entwicklung des Selbst, Stuttgart 2004, 217.

[505] Vgl. Werner, Resilienz: Ein Überblick über internationale Längsschnittstudien, 321.

[506] Beim Kind können sich fehlendes Eingehen auf Bedürfnisse und geringe Sensibilität in der Familie in Psychopatholgien bzw. Störungen des Selbst (z.B. Narzissmus) manifestieren. Vgl. Kohut/Wolf, Die Störungen des Selbst und ihre Behandlung, 673.

Kind enttäuscht, wenn es anders agiert. Dieses Missverhältnis erschwert eine sensible und kompetente Erziehung.[507]

In ihrer personalen Identität gefestigte Eltern, können ihre Kinder in deren prä-reflexiver Phase so erziehen, dass sich diese in ihrer reflexiven Phase zu derjenigen Person machen können, die sie sein wollen. Sie können dem Kind Entlastung und Sicherheit bieten, weil sie selbst sichere Personen sind. Dadurch sind sie auch fähig, individuelle Begabungen ihrer Kinder zu erkennen und zu fördern.

Die Biographie der französischen Philosophin Simone Weil (1909-1943) ist ein Beispiel für Erziehung zur Selbstbestimmung: In der Zeit der Kindheit Simone Weils wurden Frauen traditionellerweise noch im Hinblick auf die Ehe erzogen. Mädchen erhielten deshalb eine weniger gute Ausbildung als Jungen. Die Ehe galt für Frauen als Möglichkeit, ihren Unterhalt zu sichern und Frauen mussten im Gegenzug dafür ihrem Mann Gehorsam leisten. Unverheiratete Frauen dagegen erhielten keine soziale Anerkennung.[508]

Simone Weil wurde anders erzogen: Sie erhielt eine ebenso gute Ausbildung wie ihr Bruder und ihre Eltern förderten sie im freien Denken und in ihren individuellen Begabungen und Interessen, z.B. ihr frühes Interesse an Politik.[509] Das war deshalb möglich, weil die Eltern Simone Weils bereits eine sichere Identität gebildet hatten. Auch galt ihre Ehe als „außerordentlich glücklich“[510]. Das war für die Familie als Ganze und insbesondere für die Kinder entlastend. Aufgrund ihrer eigenen gefestigten, personalen Identität und der Stabilität ihrer Ehe, konnten sie sich auf die Erziehung ihrer Kinder konzentrieren.

Entgegen der Tradition und den sozialen Erwartungen in den 1920er-Jahren entschied sich Simone Weil gegen Ehe und Familie und verweigerte in diesem Zuge die herkömmliche Frauenrolle, um sich ihre Unabhängigkeit und Freiheit für politisches und soziales Engagement zu erhalten. Folglich bildete sie ihre Identität sehr reflektiert und selbstbestimmt, indem sie ihrem Denken treu blieb und dieses in ihrem Handeln glaubwürdig vertrat. Sie wusste, wer sie sein will und wer nicht, welche Ziele sie in ihrem Leben an-

---

[507] Vgl. Wittmann, Der Mensch in Umwelt, Familie und Gesellschaft, 224. Problematische Familienverhältnisse gelten bei vielen psychischen Krankheitsbildern als Auslöser für diese, z.B. bei Magersucht. Vgl. die Beispiele von Hunziker-Fromm, Gertrud, Entfremdung und Selbstsuche in der Anorexie, in: Benedetti, Gaetano/Wiesmann, Louis (Hg.), Ein Inuk sein. Interdisziplinäre Vorlesungen zum Problem der Identität, Göttingen 1986, 209-223, für die konkreten Beispiele: 211-222.

[508] Vgl. Beyer, Dorothee, Simone Weil. Philosophin – Gewerkschafterin – Mystikerin, Mainz 1994, 158f.

[509] Vgl. ebd., 14.

[510] Ebd., 10.

streben möchte – unabhängig davon, wie andere darüber urteilten. Wesentlich für ihre selbstbestimmte Identitätsentwicklung war die Basis-Anerkennung, Unterstützung und Sicherheit in der primären Institution Familie. Auf dem Hintergrund des stabilisierenden, familiären Gefüges, in welchem ihr Anerkennung sicher war, konnte sie ihr Leben so gestalten, wie sie es, als selbstbestimmtes Individuum, für gut hielt. Nachdem Simone Weil das tat, was ihr wichtig war und was sie ausmachte, erhielt sie auch die Anerkennung anderer außerhalb ihrer Familie. Ihre Treue zu sich selbst in der gelebten Einheit von Denken und Handeln, gab ihr ein inneres Gefühl der Zufriedenheit und ließ sie auch die Anerkennung anderer erlangen.

Dieses exemplarische Ideal der Familie soll jedoch nicht den Umkehrschluss provozieren, dass Eltern, die ihre Kinder nicht gemäß der traditionellen Frauenrolle erziehen, eine unsichere Identität haben. Ebenso wenig soll behauptet werden, dass alle Kinder, die in einem nicht gefestigten Familiengefüge aufwachsen, in ihrer selbstbestimmten Identitätsbildung scheitern müssen. Es gibt nämlich primäre Institutionen, die ergänzend und kompensatorisch wirken können.

8.3 Bildungs- und Erziehungsinstitutionen

Mit Blick auf die oben angeführten familiären Bedingungen, die eine stabile, prä-reflexive Basis für selbstbestimmte Identitätsbildung darstellen, zeigt sich dass diese institutionellen Entlastungen in der Familie nur selten in vollem Ausmaß vorhanden sind. Aufgrund der gegenwärtigen Anforderungen in verschiedenen Lebenswelten entstehen Belastungen, die auch in der Familie spürbar sein können. Wie diese Belastungen gehandhabt werden, hängt davon ab, wie gefestigt die Eltern in ihrer eigenen Identität sind und welche Rollen sie ihren Kindern vorleben können. Denn die Eltern können nur das ihren Kindern weitergeben, was sie selbst wissen, können und wozu sie Zugang haben.[511] Umso wichtiger scheint es, dass eine Kompensation der fehlenden Entlastungen und eine Ergänzung von Rollenbildern außerhalb der Familie in der prä-reflexiven Identitätsbildungsphase erfolgen.[512]

---

[511] Vgl. dazu auch: Merton, Soziologische Theorie und soziale Struktur, 152: Merton verweist an dieser Stelle darauf, dass die Familie nur jenen Ausschnitt der Kultur der nächsten Generation weitergeben kann, „welcher der sozialen Schicht und den sozialen Gruppen, denen die Eltern selbst angehören, auch zugänglich ist."

[512] Vgl. auch: Werner, Resilienz: ein Überblick über internationale Längsschnittstudien, 317, 324.

Dies ist der Fall, wenn externe Bezugspersonen in der Kinderkrippe, im Kindergarten und später in der Volksschule zu signifikanten Anderen des Kindes werden. Die Bezugspersonen in diesen Institutionen außerhalb der Familie prägen deshalb maßgeblich die prä-reflexive Phase des Kindes mit.[513] Kommt die Sicherheit gebende Routine in der Familie zu kurz, weil die Mutter aufgrund ihrer Berufstätigkeit nicht immer Zeit dafür hat, z.B. für gemeinsames Essen, ist es eine wesentliche Entlastung für das Kind, wenn das Mittagessen im Kindergarten zur Routine wird. Oder wenn beispielsweise, wie oben angeführt, die Eltern sehr unsicher in ihrem Erziehungsverhalten sind, kann in einer anderen Erziehungsinstitution eine signifikante Andere wie die Kindergärtnerin oder die Lehrerin, durch sicheres kompetentes Verhalten dem Kind eine Rolle vermitteln, die es übernimmt und durch die es geformt wird. Selbst traumatische Erlebnisse innerhalb der Familie können Kinder mit Hilfe signifikanter Anderer in Betreuungs- und Erziehungsinstitutionen bewältigen.[514]

Ein prominentes und beeindruckendes Beispiel für die ideale Kompensation der familiären Mängel durch die Bildungsinstitution Schule zeigt die Biographie des Philosophen und Literaten Albert Camus:

Albert Camus lernte seinen Vater nie kennen, weil dieser im ersten Weltkrieg ums Leben gekommen war, als Albert noch ein Baby war. Seine Mutter zog mit Albert und seinem älteren Bruder zu deren Großmutter, die nun das Oberhaupt der Familie war. Die Mutter arbeitete für den Lebensunterhalt der Familie als Putzfrau, die Großmutter übernahm die Erziehung der Kinder. Zu den Erziehungsprinzipen gehörten Sauberkeit, Fleiß, Sparsamkeit, Gehorsam und auch die Züchtigung mit der Peitsche. Das Verhältnis zur Mutter war schwierig, weil sie an einer Hörschwäche und einem schlecht ausgebildeten Sprechvermögen litt. Sie konnte sich schwer artikulieren und die Liebe zu

---

[513] Nach Erikson haben LehrerInnen neben den Eltern einen wesentlichen Einfluss auf die Entwicklung des Kindes: „Immer wieder konnte ich im Lebenslauf von Menschen mit einer speziellen Begabung beobachten, dass es einer ihrer Lehrer war, der irgendwann einmal einen Funken eines verborgenen Talents entdeckt hat und entfacht hatte." Erikson, Identität und Lebenszyklus, 104.

[514] Der Kinder- und Jugendpsychotherapeut Andreas Krüger spricht vom „Schutzraum Kindergarten und Schule". Krüger, Erste Hilfe für traumatisierte Kinder, 144. Die Pädagogin Renate Thiersch appelliert an Eltern und externe Betreuende, Kindererziehung, aufgrund der notwendigen gegenseitigen Ergänzung von Familie und außerfamiliären Erziehungsinstitutionen, als gemeinsames Projekt zu verstehen. Vgl. Thiersch, Renate, Das gemeinsame Projekt Kindererziehung. Über die Beziehungen zwischen ErzieherInnen und Eltern, in: Bucher, Anton/Kalcher, Anna Maria/Lauermann, Karin (Hg.), Gemeinsam erziehen. Das umkämpfte Kind zwischen Familie, Bildungsinstitutionen und Gesellschaft, Wien 2008, 115-138.

ihren Söhnen kaum ausdrücken, zudem konnte sie weder schreiben noch lesen. Camus erlebte also eine strenge, wenig liebevolle und einfühlsame Erziehung in Armut. Erst als er in die Schule kam, erfuhr er Geborgenheit – vor allem, weil er in seinem Primarschullehrer eine Vaterfigur fand. Dieser erkannte Camus' Begabung und förderte ihn. Er setzte sich bei der Großmutter dafür ein, dass Camus das Gymnasium besuchen durfte. Das war für die Familie nicht unproblematisch, weil Albert so nichts zu dem ärmlichen Haushaltseinkommen dazuverdienen konnte. Dennoch konnte der Lehrer die Großmutter überzeugen. Camus erhielt ein Stipendium und der Lehrer gab ihm kostenlosen Unterricht zur Vorbereitung für die Aufnahmeprüfung. Das Gymnasium war eine neue, Camus' Zuhause entgegengesetzte Lebenswelt. Er entfernte sich immer mehr von seiner Familie, weil er seinen ungebildeten Familienmitgliedern nichts von der Schule erzählen konnte. Umgekehrt schämte er sich in der Schule für seine Familie. Nach dem Gymnasium studierte Camus Philosophie, danach widmete er sich der Schriftstellerei und dem Theater. Er kämpfte für die Rechte der Algerier und setzte sich immer wieder für Frieden ein. 1957 erhielt er den Nobelpreis für Literatur.[515]

Dieses Beispiel zeigt, wie wichtig die Unterstützung von Bildungsinstitutionen für die personale Identitätsentwicklung ist. Wenn signifikante Andere außerhalb der Familie Werte vermitteln und Orientierung geben können, werden diese – vor allem wenn sie in der Familie fehlen – übernommen. Wird Bildung in der Familie nicht als Wert vermittelt, können kompetente Lehrende den Wert der Bildung dennoch in die prä-reflexive Identitätsbildungsphase des Kindes einfließen lassen und damit eine stabile Basis für die

---

515 Vgl. Sändig, Brigitte, Albert Camus, Reinbek 1995. Weitere empirische Beispiele belegen, dass Erziehungspersonen außerhalb der Familie den Bildungsweg von Kindern beeinflussen können. Vgl. z.B. Seitz, „Ich wünsche mir, dass mir jemand sagt, was ich machen soll…", 44: Obwohl Judy in einem wenig bildungsorientierten, aber konfliktreichen Milieu aufwuchs (Scheidung der Eltern, Alkoholkrankheit und Tod des Vaters, Verwahrlosung des älteren Bruders), erkannten Lehrpersonen die Begabung Judys und unterstützten sie auf dem Weg zum Abitur. Dies scheint jedoch eher selten zu geschehen, denn andere soziologische Studien zeigen, dass sich für Kinder aus sozio-ökonomisch schlechter gestellten Familien auch in der Schule Nachteile ergeben. Kinder aus besser gestellten Familien erleben eine größere Übereinstimmung zwischen Familie und Schule und erhalten mehr Unterstützung. Vgl. Nave-Herz, Familie heute, 73. Die Katholische Aktion Österreich verweist in ihrem aktuellen Bildungskonzept darauf, dass es von der beruflichen Position der Eltern und deren Einkommen abhängt, ob Kinder eine Mittelschule besuchen: „Die Bildung der Eltern bestimmt die Tendenz der Bildung der Kinder. Nur ein Viertel der Kinder, deren Eltern als HilfsarbeiterInnen arbeiten, besuchen die AHS-Oberstufe oder die BHS (24,8%), während dies drei Viertel (74,3%) der Kinder aus Familien tun, deren Eltern hochqualifizierte Tätigkeiten ausüben." Arbeitsgruppe Bildungsgerechtigkeit der KAÖ, Auf dem Weg zur gerechten Schule. Fakten & Perspektiven, Wien 2009, 7.

reflexive Phase schaffen, in der Bildung dann bewusst als erstrebenswert übernommen wird. Das Bedürfnis sich selbst zu optimieren, seine Potentiale zu entdecken und zu entwickeln, sein Leben im Sinne des individuell Guten zu gestalten, an der Gesellschaft als mündiges Subjekt teilzunehmen und die Anerkennung anderer zu erlangen – das alles setzt eine sichere Grundlage voraus, die von Institutionen und ihren Mitgliedern geschaffen wird. In diesem Sinne lässt sich mit Gehlen feststellen, dass personale Identität nur im engsten Zusammenhang mit Institutionen gedacht werden kann[516], weil diese erst die Entwicklungschance für die Entfaltung personaler Fähigkeiten ermöglichen.

8.4 Zusammenfassung und Schlussfolgerungen

Aus den vorangegangenen Überlegungen lässt sich schließen, dass eine gelingende Identitätsbalance dann möglich ist, wenn stabile, primäre Institutionen den Einzelnen entlasten, indem in ihnen unhinterfragbare Gewissheiten vermittelt werden, die in der prä-reflexiven Identitätsbildungsphase unbewusst übernommen werden und das Verhalten für die reflektierte Identitätsbildungsphase prägen. Bei reflektierten Entscheidungen spielen immer auch die unbewussten, in der ersten Phase erlebten Einstellungen und Verhaltensmuster eine Rolle. Es handelt sich dabei um jene Erlebnisse, die nach C.G. Jung den Schwellenwert des Bewusstseins nicht erreichen, aber die Person prägen.[517] Aufgrund der menschlichen Offenheit für Eindrücke und Reize kommt es in den ersten Lebensjahren darauf an, wie das Verhalten des Einzelnen orientiert wird. Können Kinder nicht in stabilen Institutionen heranwachsen, so fehlt die Orientierung und die Welt erscheint „als ein komplizierter, unberechenbarer Handlungsraum, in dem alles möglich ist"[518]. Mit dieser Orientierungslosigkeit wird der Einzelne leichter Opfer von manipulativen Einflüssen. Für eine gelungene Identitätsbalance fehlt die Ausrichtung der Identitätsentwicklung an den eigenen Wünschen, Zielen und Vorstellungen für ein gutes Leben. Die kritische Auseinandersetzung mit den Ansprüchen und Erwartungen anderer und den äußeren Einflüssen erfordert hohe Reflexionsfähigkeit, Welt- und Selbstkenntnis.

Camus erfuhr durch seinen Lehrer Orientierung im Verhalten und die Vermittlung von Werten. Auch wenn ihm in der Familie keine intellektuelle

---

[516] Vgl. Gehlen, Mensch und Institutionen, 72.
[517] Vgl. Jung, C.G., Das persönliche und das Kollektive Unbewusste, 86, 96.
[518] Vgl. Brezinka, Der erziehungsbedürftige Mensch und die Institutionen, 38.

Bildung und ebenso wenig der Wert von Bildung weitergegeben wurde, wurde es ihm durch die Schule ermöglicht, seine Talente zu entdecken. Durch die ergänzende Erfüllung der Grundbedürfnisse in der Schule, konnte er das höchste Grundbedürfnis in der Maslow'schen Pyramide, jenes nach Selbstverwirklichung, entwickeln. Die fehlende Vaterrolle zu Hause übernahm sein Lehrer in der Grundschule. Dieser lebte ihm als signifikanter Anderer außerhalb der Familie eine Rolle vor, die Camus übernahm. Er identifizierte sich also mit dem Lehrer und erfuhr so sich selbst.[519] Damit wurde trotz belastender Umstände in der Familie eine stabile Grundlage für die reflexive Identitätsbildung geschaffen.

Die oben aufgezeigten Situationen und Verhaltensweisen in primären Institutionen haben verdeutlicht, wie wirksam diese in der ersten Phase der personalen Identitätsbildung sind. Denn vor allem in seiner ersten Lebensphase wird der Mensch durch seine sozialen Gruppen geformt[520], weil er nur das übernehmen kann, was ihm vorgelebt wird. Die Art und Weise des Zusammenlebens, harmonisch oder von vielen Streitigkeiten geprägt, die Vermittlung von Werten und Idealen, spiegeln sich in seiner Identität wieder. Die Wirkkraft und folglich auch die Verantwortung primärer Erziehungs- und Bildungsinstitutionen auf personale Identitätsentwicklung sind enorm. Deshalb ist es erforderlich, dass in Bildungs- und Erziehungsinstitutionen Rollen vorgelebt werden, die von selbstbestimmter Identität geprägt sind. Denn erst wenn die Identität der Erziehenden gefestigt ist, können sie sich ganz auf das Kind und seine Bedürfnisse konzentrieren. Fehlt den Eltern eine stabile Identität, können sie zu einer weniger einfühlsamen Erziehung neigen, die das Kind an der vollen Entfaltungsmöglichkeit seiner Fähigkeiten und Begabungen in der individuellen Identität hindern, weil sie nicht entlastet sind.

Versteht man Erziehung als einen zielgerichteten Prozess, so lässt sich aus den bisherigen Überlegungen als Erziehungsziel die Verwirklichung individueller Fähigkeiten in der personalen Identität formulieren. Um dies erreichen zu können, ist es erforderlich, dass sich der Einzelne im Laufe seiner Kindheit darüber bewusst wird, welche individuellen Fähigkeiten er besitzt. Beim Prozess des Erkennens und Förderns von Fähigkeiten sind wiederum Eltern und andere Erziehungspersonen gefordert, dies zu unterstützen. Ist

---

[519] Gemäß Gehlen ist die Identifikation mit einem anderen die Voraussetzung des Selbsterlebnisses. Vgl. Gehlen, Urmensch und Spätkultur, 147; Ders., Der Mensch, 318.

[520] Vgl. Brezinka, Der erziehungsbedürftige Mensch und die Institutionen, 25.

dies bis zum Jugendalter geschehen, ist es möglich, personale Identität selbstbestimmt weiterzuentwickeln.[521]

Mit Selbstbestimmung sind gewisse Werte und Ideale verbunden, die ebenso in der Kindheit vorgelebt werden. Diese prägen in erheblichem Ausmaß das ganze weitere Leben. Insofern scheint es wesentlich zu sein, was als wertvoll und erstrebenswert in primären Erziehungsinstitutionen erachtet wird. Ist es ein schlanker Körper? Ist es Bildung? Geht es darum, ständig um die Anerkennung anderer zu streben, indem als gesellschaftlich wertvolle erachtete Güter konsumiert werden? Wenn die gesellschaftlichen Wertvorstellungen die Grundlage von Erziehung bilden, besteht die Gefahr, dass individuelle Bedürfnisse, Begabungen und Gefühle des Kindes ins Hintertreffen geraten.[522]

Folgen einer solchen nach außen gerichteten Erziehung können beispielsweise Essstörungen im Jugendalter sein. Diese starke Orientierung nach außen bezüglich der erzieherischen Wertvorstellungen ist psychologischen Studien zufolge transgenerational.[523] Daraus folgt, dass ein Ausbrechen aus diesen Verhaltensmustern nur schwer möglich ist. Umso notwendiger scheint es, dass externe Erziehungsinstitutionen als kompensatorische Instanz in die Entwicklung des Kindes einwirken. Dass das Kind auch über wichtige Bezugspersonen außerhalb der Familie eine stabile und entlastende Basis gewinnen kann, wurde oben aufgezeigt. Die Biographie Camus' mag ein gutes Bespiel sein, wie wirksam auch externe Erziehungsinstitutionen für die Identitätsbildung sein können.

Die Aufgabe der Erziehenden scheint folglich darin zu liegen, das Kind zu befähigen, seine Begabungen zu entfalten und sich zu der Person zu machen, die es sein will. Der Einzelne soll mit Pluralismus, Schnelllebigkeit und Ambiguitäten seiner Lebenswelten zurechtkommen und sich nicht in Fremdbestimmung flüchten. Selbstbestimmung im Sinne eines Erkennens und Umsetzens der individuellen Fähigkeiten, ist ein wesentliches Merkmal eines guten Lebens und zugleich das Ziel personaler Identitätsbildung, weil in diesem Zuge Sinn, Glück und Zufriedenheit erreicht werden können. Mit dem

---

[521] Hammer konstatiert in diesem Zusammenhang: „Nur in besonders günstigen Fällen haben Töchter schon jetzt von selbstbewussten Müttern gelernt, dass es wichtiger ist, den eigenen Gegebenheiten zu entsprechen, als auf die Signale der Umwelt zu achten, mit denen sie bombardiert werden." Hammer, Töchter und Mütter, 114.

[522] Vgl. Gerlinghoff, Monika/Backmund, Herbert/Mai, Norbert, Magersucht und Bulimie. Verstehen und bewältigen, Weinheim 1999, 72: „Wenn die Erziehung sich nur nach Wertvorstellungen richtet wie Leistung, Ordnung, Bildung und Anerkennung und wenn Zuwendung und Liebe manipulativ und dosiert eingesetzt werden, um aus einem Kind einen ‚tüchtigen, wohlgeratenen' Menschen zu machen, dann wird Erziehung pathogen."

[523] Vgl. ebd.

selbstbestimmten Entwurf eines individuell guten Lebens wird personale Identität festgelegt. Ein geglücktes Leben kann zwar in den primären Institutionen nicht direkt vermittelt werden, aber sie können dem Einzelnen den Weg dafür ebnen.[524]

---

[524] Vgl. Gehlert, Personalisationshilfen in der Familienerziehung, 185.

9 DIE REFLEXIVE IDENTITÄTSBILDUNGSPHASE

Im Jugendalter beginnt die reflexive Phase der personalen Identitätsbildung. Es wird nun vom Einzelnen explizit die Frage nach der eigenen Identität gestellt[525]: „Wer bin ich und wer will ich sein?“[526] Diese Frage wird umso reflektierter und selbstbestimmter gestellt, je stabiler die prä-reflexive Grundlage ist. Denn erfüllte Grundbedürfnisse geben dem Jugendlichen erst die Möglichkeit, sich intensiv mit sich selbst auseinanderzusetzen. Die Entlastung durch primäre Institutionen lässt ihn seine Energie für seine individuelle Identitätsbildung einsetzen.

Die Selbstreflexion in der Adoleszenz zeichnet sich vor allem dadurch aus, dass der Jugendliche zu seiner Rollenidentität, die er im Laufe seiner primären Sozialisation in Institutionen erlangt hat, eine Distanz einnimmt.[527] Auch werden nun die Rollen der Eltern kritisch hinterfragt. Aufgrund dieser Auseinandersetzung mit vorgelebten Rollenbildern, können Jugendlicher schnell für sich klären, wer oder wie sie nicht sein wollen.[528] Hingegen die Frage, wer sie sein wollen, ist weitaus schwieriger zu beantworten. In der Adoleszenzphase wird die Treue zu sich selbst entwickelt. Diese beruht auf dem Glauben an etwas, das man vertreten kann und will. Werte und Ideale, die der Einzelne in seinem Leben verfolgen will, kristallisieren sich heraus.[529]

Deshalb werden in dieser Phase neue, unterschiedlichste Rollen ausprobiert und durchgespielt. In diesem Zuge wird versucht, die verschiedenen Rollen in den einzelnen Lebenswelten sinnvoll miteinander zu verknüpfen. Wie gut dieser Vorgang gelingt, hängt auch davon ab, wie dies in den primären Institutionen vorgelebt wurde. Denn die Identität, die der Einzelne in seiner Adoleszenz entwickelt, ist zwar den einzelnen Identifikationen mit den Bezugspersonen in den primären Institutionen übergeordnet, weil eine Distanz zu diesen eingenommen wird, sie ist aber auch durch diese geprägt.[530]

Wie bereits festgestellt wurde, geschieht auch reflexive Identitätsbildung nicht in innerer Abgeschiedenheit. Auch in dieser Phase spielen andere eine wesentliche Rolle. Allerdings können diese, auf Basis einer stabilen prä-

---

[525] Vgl. Greve, Selbst und Identität im Lebenslauf, 308. Vgl. auch Erikson, Das Problem der Ich-Identität, 140.
[526] Vgl. dazu auch: Abels, Identität, 278.
[527] Vgl. dazu auch: Döbert/Nunner-Winkler, Adoleszenzkrise und Identitätsbildung, 43-46.
[528] Vgl. Dermutz, Mädchensozialisation in Österreich, 111.
[529] Vgl. Abels, Identität, 282.
[530] Vgl. Erikson, Das Problem der Ich-Identität, 139.

reflexiven Phase angenommen oder bewusst abgelehnt werden. Denn die in den primären Institutionen vermittelten Ideale prägen das ganze weitere Leben. So zeigt z.B. die Biographie Camus', dass er die in der primären Sozialisation als Wert vermittelte Bildung in seiner reflexiven Phase der Identitätsentwicklung als Ziel bewusst anstrebte, nämlich in Form eines Universitätsabschlusses. Wurden in der prä-reflexiven Identitätsbildungsphase keine klaren Ziele und Ideale von den signifikanten Anderen vorgelebt, hängt viel vom Zufall der Einflüsse ab, wie sich das Kind weiterentwickelt.[531]

Da im Jugendalter eine Distanz zum Elternhaus eingenommen wird, erhält eine neue Bezugsgruppe einen großen Einfluss: die Gruppe der Gleichaltrigen, auch als „Peers" bezeichnet. Innerhalb dieser Gruppe werden neue Rollen ausgetestet, in die Identität integriert oder abgelehnt. Weil sich alle Jugendlichen der Gruppe in derselben Phase der Identitätsbildung befinden, kann dies vom Einzelnen als unterstützend erlebt werden. Das Wesentliche in Peergroups ist die Altershomogenität, die es ermöglicht, „einen vollen und ebenbürtigen Status innerhalb einer Gruppe zu erlangen"[532]. Dies kann weder in der Familie noch in der Schule geleistet werden, weil hier die Rollen von Erwachsenen vorgegeben werden und diese weniger Spielraum zum Ausprobieren bieten.[533]

Wenn ein Jugendlicher wenig Stabilität in den primären Institutionen erfahren hat, kann sich der Einfluss Gleichaltriger, die – aufgrund ihrer primären Sozialisation – klare Werte, Ziele und Ideale vermittelt bekommen haben, positiv auf die zweite Phase der Identitätsbildung des weniger gefestigten Jugendlichen auswirken. Aber er ist auch empfänglicher für negative Einflüsse von Peers.[534] Besteht jedoch eine bereits in der primären Sozialisation geschaffene gefestigte Basis, kann der Jugendliche diese sekundären Einflüsse selektieren, also beurteilen und dann ablehnen oder annehmen. Jene Werte und Ideale, die die signifikanten Anderen in der prä-reflexiven Identitätsbildungsphase dem Einzelnen vermitteln und in ihren Rollen vorleben, beeinflussen demnach in erheblichem Maße den Ablauf der reflexiven Phase ab dem Jugendalter.

---

[531] Dass Ideale bedeutsam für selbstbestimmte Identität sind, wurde bereits mehrfach bei Frankfurt, Steinfath und Bieri klar. Ohne Ideale, so Frankfurt, gibt es nichts, was ein Mensch wirklich ist: „Was er ist, jeweils, ist bloß zufällig." Frankfurt, Die Notwendigkeit von Idealen, 164.

[532] Eisenstadt, Samuel N., Von Generation zu Generation. Altersgruppen und Sozialstruktur, München 1966, 185.

[533] Vgl. ebd.

[534] Vgl. Greve, Selbst und Identität im Lebenslauf, 310f. Greve konstatiert, dass der Einfluss Gleichaltriger „über die Grenzen des sozial Akzeptablen hinaus bis zur Delinquenz" wirken kann. Ebd.

Im Laufe des Jugendalters ist es – um von gelungener personaler Identität sprechen zu können – notwendig, herauszufinden, wer man ist und was dem individuellen Leben Sinn verleiht. Der Einzelne ist mit der Herausforderung konfrontiert, seinen Platz in der Gesellschaft zu finden.[535] Selbstbestimmt, im Sinne Frankfurts, Steinfaths und Bieris kann dies nur geschehen, wenn bereits in der Kindheit der Weg dafür geebnet wurde. Hat der Einzelne seinen Ort im Leben ausgemacht, sind die Weichen für seine weitere, lebenslange Identitätsentwicklung gestellt. Er hat sich entschieden, wer er sein will[536] und sich damit zum Produzenten seiner Identität gemacht. Personale Identität ist gelungen, wenn der Einzelne die Faktoren seiner Identität – Angeborenes, Widerfahrenes und selbst Bestimmtes – harmonisch vereinbaren kann und diese Harmonie auch in den Augen der anderen sichtbar ist.

Auch wenn diese Phase erfolgreich gemeistert wurde, ist der weitere Weg der selbstbestimmten personalen Identitätsbildung ein anstrengender, lebenslanger Prozess. Er ist mit Rückschlägen verbunden, weil der fordernde, schnelllebige Alltag die hohe Reflexion nicht immer im vollen Ausmaß zulässt. Demzufolge braucht der Einzelne für größtmögliche Selbstbestimmung auch in der reflexiven Phase der Identitätsbildung Unterstützung und Entlastung. Die Hilfestellungen können von außen kommen, aber auch vom Einzelnen selbst geschaffen werden. So können etwa Institutionen, Bildung und ein individueller Lebensplan als Stütze für eine selbstbestimmte Identitätsbildung dienen. Auf welche Weise dies geschehen kann, soll im folgenden Kapitel geklärt werden.

9.1 Die Rolle der Institutionen in der reflexiven Identitätsbildungsphase

Auch in der reflexiven Phase der Identitätsbildung kommt den Institutionen eine wichtige Bedeutung zu. Denn die institutionellen Funktionen, wie die Vorgabe bestimmter Verhaltensmuster, Rituale und Routinen sind auch in dieser entlastend, geben Sicherheit im Handeln und setzen Energie für die individuelle Lebensplanung frei. Stabile Institutionen unterstützen den Einzelnen dabei, mit Pluralismus, Schnelllebigkeit, manipulativen Einflüssen und den Erwartungen der anderen zurechtzukommen und gleichzeitig Selbst-

[535] Vgl. Döbert/Nunner-Winkler, Adoleszenzkrise und Identitätsbildung, 83.

[536] Vgl. Erikson, Wachstum und Krisen der gesunden Persönlichkeit, 107 und Abschnitt 3.2.1 der vorliegenden Arbeit.

bestimmung erhalten zu können. Denn wenn in Institutionen die Grundbedürfnisse nach Sicherheit, Zugehörigkeit und Achtung garantiert sind, ist der Einzelne fähig, jene Kompetenzen zur Lebensbewältigung zu entwickeln, die im sechsten Kapitel erläutert wurden: Er kann sich sozial integrieren, ohne sich fremdbestimmen zu lassen, seine Lebenswelten sinnvoll miteinander verknüpfen und mit widersprüchlichen Situationen adäquat umgehen. Wenn beispielsweise die Anerkennung in einer Institution gesichert ist, hat das – wie bereits am Beispiel der Familie erläutert wurde – positive Auswirkungen auf das Selbstvertrauen des Individuums. Mit diesem Selbstvertrauen ist es erheblich leichter, sich auch in anderen Kontexten sozial zu integrieren und Anerkennung zu erlangen. Ebenso verhält es sich mit den Kompetenzen der Verknüpfung von Teil-Realitäten und Ambiguitätstoleranz: Einer Institution anzugehören, die Sicherheit, Routine und Gewohnheit bietet, befähigt zur Flexibilität und Offenheit gegenüber unklaren und unsicheren Situationen in anderen Lebenswelten. Wenn Unsicherheiten und Flexibilitätspostulate sowie fehlende Zukunftsperspektiven den Arbeitsplatz prägen, kann etwa eine stabile Institution Ehe jene Sicherheit bieten, die dazu befähigt, ambiguitätstolerant damit umzugehen. Das Wissen um einen Platz im Leben, der Erwartungssicherheit und Vorhersehbarkeit von Handlungsfolgen garantiert, entlastet und bietet in der zweiten Phase der Identitätsbildung eine wichtige Basis zur Selbstbestimmung. Auch wenn Institutionen den Einzelnen in gewisser Wiese schematisieren, indem bestimmte Verhaltensmuster und Handlungsweisen verlangt werden, so zieht er doch „gerade daraus seine Energiereserven, um innerhalb seiner Umstände Einmaligkeit darzustellen, d.h. ergiebig, erfinderisch, fruchtbar zu wirken“[537].

Primäre Institutionen, welche in der prä-reflexiven Phase des Identitätsbildungsprozesses die Grundlage für die reflexive Phase geschaffen haben, werden nun durch weitere Institutionen ergänzt. In seiner prä-reflexiven Phase wurde der Einzelne in die primären Institutionen „hineingeworfen“: Er wurde in eine bestimmte Familie hineingeboren und in weiteren Einrichtungen wie Kindergarten und Schule, welche seine Eltern für ihn gewählt haben, betreut und erzogen. Nun in der reflexiven Phase, kann der Einzelne wählen, in welche Institution er sich eingliedern möchte. Er kann sich einer Kirche, einer Partei oder einem Verein anschließen. Es besteht die Möglichkeit, eine Ehe zu schließen. Er kann Freundschaften aufbauen und pflegen oder im Internet Kontakte knüpfen.

Dass die institutionellen Funktionen sich jedoch sehr unterschiedlich auf Personen auswirken können, soll nun gezeigt werden. Denn einerseits kann

---

[537] Gehlen, Mensch und Institutionen, 72.

der reflektierte Anschluss an Institutionen für Personen mit einer stabilen, prä-reflexiven Basis eine weitere Entlastung und Sicherheit bedeuten, wodurch ein hohes Maß an Selbstbestimmung möglich wird. Dies soll im Folgenden am Beispiel der Ehe in 9.1.1 erläutert werden. Andererseits kann für Individuen mit einem weniger stabilen Haltungsgefüge eine Institution zur Flucht dienen, z.B. der Arbeitsplatz oder das Internet. Dies kann jedoch in Fremdbestimmung münden, wie in 9.1.2 gezeigt wird. Daraus folgt, dass bereits viel von der prä-reflexiven Phase der Identitätsbildung abhängt, ob Institutionen konstruktiv und fruchtbar für die weitere Identitätsentwicklung fungieren können.

9.1.1 Selbstbestimmung in Institutionen

Institutionen können dann zur Selbststimmung beitragen, wenn diese vom Einzelnen reflektiert werden. Einerseits können jene Institutionen reflektiert werden, in denen sich der Einzelne bereits befindet. Das können Institutionen wie z.B. die Kirche sein, in die der Einzelne von den Eltern im Laufe seiner primären Sozialisation miteinbezogen wurde. Oder solche, in die er hineingeboren wurde, etwa die Familie. Nun kann er sich in der zweiten Phase seiner Identitätsbildung aufgrund seiner eigenen Überlegungen, diesen Institutionen, in denen er sich befindet, nicht mehr verbunden fühlen, und aus ihnen lösen. Er sucht nach einem individuellen Sinn für sich in dieser oder jener Institution. Damit drückt er „ein Bedürfnis nach anderen als den vorhandenen Institutionen aus“[538]. Wenn er nämlich die Institution als entlastend, Orientierung und Sicherheit gebend empfinden würde, würde er die Sinnfrage gar nicht stellen sondern suspendieren.[539]

Andererseits können Institutionen reflektiert werden, bevor sich der Einzelne ihnen bewusst anschließt. Simone Weil beispielsweise lehnte es ab, sich der Institution Kirche anzuschließen, obwohl sie die Liturgie schätzte. Die Kirche empfand sie jedoch als Institution der Macht, die ihrer Meinung nach „nicht die Religion der Schwachheit des Kreuzes, die das Christentum in Wahrheit sein solle“[540] vertrete. Und obwohl Simone Weil sich der Kommunistischen Partei nahe fühlte, trat sie dieser nie bei, weil sie diese Institution als Begrenzung ihrer Gedanken- und Handlungsfreiheit empfunden hätte.[541] Simone Weil hätte die Institutionen Kirche und Partei nicht entlastend,

---

[538] Gehlen, Mensch und Institutionen, 61.
[539] Vgl. ebd.
[540] Beyer, Simone Weil, 20.
[541] Vgl. ebd., 25.

sondern als Einschränkung empfunden. Das zeigt wiederum, dass sie bereits in anderen Institutionen Sicherheit und Orientierung fand, nämlich in ihrer Familie.

Am Beispiel der Institution Ehe sollen nun die entlastenden Funktionen, die diese dem Einzelnen in seiner reflexiven Identitätsbildungsphase bieten kann, erläutert werden. Es wird sich zeigen, dass sich hier die institutionellen Entlastungen, aus Gehlens Institutionenphilosophie diagnostizieren lassen.[542]

Soziologischen Studien zufolge ist gegenwärtig die romantische Liebe eine selbstverständliche Voraussetzung, aber kein hinreichender Grund für die Eheschließung.[543] Mit der Eheschließung ist in der Identitätsentwicklung meist das Stadium der Generativität im Sinne Eriksons verbunden, denn Untersuchungen zufolge ist der Kinderwunsch häufig ein Entscheidungsgrund für die Ehe.[544]

Gemäß empirischen Studien spielen aber neben romantischer Liebe und dem „Interesse an der Erzeugung und Erziehung der nächsten Generation“[545], weitere Faktoren eine Rolle, die deutlich machen, dass die institutionellen Entlastungsfunktionen für die Identität des Erwachsenen von großer Bedeutung sind.[546] So zeigt sich, dass der Institution Ehe zur Bestätigung der Partnerschaft große Bedeutung zugeschrieben wird. Mit dem institutionellen Symbol der Eheringe werden die gemeinsamen ehelichen Aufgaben und auch die innere Gesinnung der Ehepartner von außen her gestützt.[547] Auch wird mit den Ringen eine eingegangene Verpflichtung gegenüber den Sozialpartnern demonstriert – der Verpflichtungscharakter der Ehe wird auf diese Weise symbolisch dargestellt.[548] Die Symbole geben dem Einzelnen Sicherheit und orientieren sein Verhalten.

Dauerhaftigkeit und Entlastung von Unsicherheiten sind weitere Entscheidungsgründe für eine Ehe. Aufgrund der stabilen Außenwelt, die im Zuge der Ehe geschaffen wird, ist Handeln innerhalb der Institution vorhersehbar und deshalb entlastend. Es herrscht eine gegenseitige Erwartungssicherheit, weil bestimmte Handlungsmuster und Verhaltensweisen im Rahmen der Ehe

---

[542] Vgl. 7.5.
[543] Vgl. Peuckert, Familienformen im sozialen Wandel, 55.
[544] Vgl. Nave-Herz, Familie heute, 9.
[545] Erikson, Wachstum und Krisen der gesunden Persönlichkeit, 117.
[546] Zum Folgenden sind die empirischen Ergebnisse entnommen aus: Peuckert, Familienformen im sozialen Wandel, 55-57.
[547] Vgl. Gehlen, Urmensch und Spätkultur, 23.
[548] In nichtehelichen Partnerschaften erfolgt aufgrund des viel geringeren Verpflichtungscharakters eine Trennung viel schneller als bei verheirateten Paaren. Vgl. Peuckert, Familienformen im sozialen Wandel, 92.

vorgegeben sind, denen sich der Einzelne verpflichtet fühlt. Rituale und Routinen innerhalb der Ehe verstärken das Gefühl der Sicherheit.

Als institutionell abgesichert können Paare auch die Treue in der Ehe erleben, weil der Geschlechtstrieb, welcher – in den Worten Gehlens – ein „schwer zu domestizierendes Bedürfnis“[549] ist, in der Institution Ehe in die Situation der Hintergrunderfüllung tritt und aufgrund dessen „dann wenig spezifisch triebhafte Dynamik mehr“[550] entwickelt.

Schließlich wird die Ehe ganz pragmatisch auch als gegenseitige ökonomische und rechtliche Absicherung verstanden.[551]

Das durch Rituale und Routinen habitualisierte Verhalten in der Ehe, wie z.B. gemeinsames Abendessen, scheint als Stabilisierungsgefüge dem Einzelnen für die schnelllebigen und unvorhersehbaren Gegebenheiten in anderen Lebenswelten den nötigen Halt zu geben und Selbstbestimmung leichter zu machen.

Da das institutionelle Handeln in Rollen festgelegt wird, kann die Rolle dem Einzelnen zur Identifikation dienen. Niemand kommt umhin, mehrere Rollen in seinen verschiedenen Lebenswelten einzunehmen, aber um ein Gefühl des Sich-gleich-Bleibens erhalten zu können, scheint die Identifikation mit einer Rolle unabdingbar. Wenn eine Rolle als übergeordnete bestimmt wird, besteht weniger die Gefahr, dass Identität in viele Teil-Identitäten zerfällt. Vielmehr wird dadurch eine Einheit der personalen Identität gewährleistet.[552] Demzufolge sind sehr reflektierte Personen fähig, die verschiedenen Rollen miteinander zu verknüpfen und können in diesem Zuge widersprüchliche Anforderungen und Ambiguitäten in ihr Leben integrieren, ohne sich

---

[549] Gehlen, Urmensch und Spätkultur, 66.

[550] Ebd.

[551] Für Frauen war vor einigen Generationen die ökonomische Zweckehe noch eine Option. In der Gegenwart sind die meisten Frauen jedoch finanziell unabhängig und gehen nicht mehr aus wirtschaftlichen Überlegungen eine Ehe ein. Das ist mitunter ein Grund, warum Beziehungen schneller wieder gelöst werden: Wenn der hohe Anspruch an die Beziehungsqualität nicht erfüllt wird, trennen sich unverheiratete Paare relativ schnell, da keine ökonomischen Abhängigkeiten bestehen. Vgl. Peuckert, Familienformen im sozialen Wandel, 113-115. Aufgrund der für Frauen gestiegenen Optionen im Berufsleben und ihrer damit verbundene finanzielle Freiheit, hat sich für sie die Bedeutung der Ehe stark gewandelt. Besonders Frauen mit hohem Bildungsniveau und gutem Verdienst tendieren Studien zufolge zu nichtehelichen Lebensgemeinschaften, Männer mit denselben Voraussetzungen bevorzugen dennoch eine Eheschließung. Ebd., 80.

[552] Zu diesem Ergebnis kommt auch Behringer in ihrer Untersuchung zur Lebensführung von freiberuflichen JournalistInnen: „Auch wenn die Subjekte sich in verschiedenen Situationen unterschiedlich wahrnehmen, zerfällt ihr Selbst nicht in unterschiedliche Perspektiven, vielmehr entwickeln sie Strategien, anhand derer sie Kohärenz herstellen und sich eine, den Teilidentitäten übergeordnete Identität erarbeiten.“ Behringer, Lebensführung und Identitätsarbeit, 217.

selbst dabei zu verlieren.[553] Dafür kann die Institutionen Ehe aufgrund ihrer verlässlichen und Sicherheit gebenden Strukturen als Stütze dienen.

9.1.2 Die Gefahr der Fremdbestimmung in Institutionen

Für jene Menschen, die in ihrer prä-reflexiven Phase der Identitätsbildung in den primären Institutionen nicht jene stabilisierende Entlastung erfahren haben, die ihnen ab dem Jugendalter hohe Selbstbestimmung und Reflexion ermöglicht, können Institutionen als „Identitätsnischen" dienen. So können vorgegebene Rollenmuster in Institutionen für das Individuum eine Antwort auf die Frage „Wer bin ich?" sein. Die Einordnung in den klassischen Sozialisationsrahmen kann entlastend und identitätsstiftend zugleich wirken.[554] Der Einzelne kann dann die Rolle übernehmen, die ihm von anderen zugewiesen wird und sich mit dieser identifizieren.

Geschieht der Anschluss an Institutionen jedoch nicht reflektiert genug, können auch Institutionen dem Einzelnen zum Verhängnis werden und ihn weniger in seiner selbstbestimmten Identitätsbildung unterstützen, sondern fremdbestimmen. Wenig sichere Personen sind empfänglicher für „eindeutige Identitätsangebote, wie sie z.B. Sekten, neue Erweckungsbewegungen oder rechte Gruppierungen bereithalten"[555]. Deshalb scheint es nicht unbedeutend, das Postulat Gehlens zu relativieren, in den Institutionen aufzugehen, sich von ihnen konsumieren zu lassen, um zu menschlicher Würde und Verwirklichung zu kommen.[556] Aber nur auf einer gelungenen Identitätsbasis ist das Individuum fähig, Institutionen zu reflektieren. Es stellt sich die Frage, welchen individuellen Sinn diese oder jene Institution für es selbst hat[557], bevor es sich ihr anschließt.

---

[553] Vgl. ebd., 218.

[554] Vgl. Kaufmann, Die Erfindung des Ich, 272-274.

[555] Behringer, Lebensführung und Identitätsarbeit, 228.

[556] Vgl. Gehlen, Arnold, Moral und Hypermoral. Eine pluralistische Ethik, Frankfurt/Main 1969, 75. In George Orwells Roman 1984 wird die Übermacht von Institutionen sehr deutlich: Die Subjektivität wird vollkommen ausgeschaltet und der Einzelne ist so intensiv mit dem Gefüge verstrickt, dass er die vorgefundenen gesellschaftlichen Normen und Verhaltensmuster nicht mehr hinterfragt. Diese vollkommene Hinnahme von bestehenden Institutionen und unreflektiertes Anpassen an sie, kann totalitäre und ungerechte Machtverhältnisse als Auswirkung nach sich ziehen und die Identität des Menschen bestimmen. Vgl. Orwell, George, 1984, Frankfurt/Main 1974.

[557] Vgl. Abels, Identität, 183f. Nach Erikson besteht diese Reflexionsmöglichkeit ab dem Jugendalter, in welchem „alle Identifizierungen und alle Sicherungen, auf die man sich früher verlassen konnte" in Frage gestellt werden. Erikson, Wachstum und Krisen der gesunden Persönlichkeit, 106.

Das Bedürfnis nach institutionellem Halt steigt, wenn der Einzelne auf der Suche nach Orientierung ist. Überforderung und Entscheidungsdruck aufgrund von Pluralismus und Schnelllebigkeit können das Verlangen nach Institutionen hervorrufen.[558] So ist es möglich, dass junge Frauen, denen bis zu ihrem Jugendalter nicht vermittelt wurde, wie sie ihre individuellen Fähigkeiten, z.B. in einem adäquaten Beruf umsetzen können, die traditionelle Rolle als Ehefrau in einer Ehe dankbar annehmen und ihre Begabungen aufgrund mangelnder Selbstkenntnis nicht umsetzen. Die Folgen fehlender Selbstkenntnis und damit auch fehlender Selbstbestimmung können jedoch Unzufriedenheit und das Gefühl von mangelndem Sinn im individuellen Leben sein, weil eine Anpassung an die Forderungen und Signale der Umwelt geschieht und nicht das eigene Wollen den Identitätsbildungsprozess leitet.[559]

Auch die Flucht in die Arbeit kann der Selbstdefinition dienen. Einkommen, Titel und eine hohe berufliche Position können das Selbstwertgefühl steigern. Die ausschließliche Identitätsstiftung und -bestätigung über die Erwerbsarbeit wird vor allem dann gesucht, wenn eine stabile Basis und ein Ausgleich im Leben fehlen. Die Arbeit kann dann „als eine verborgene Quelle von Liebe und Zuneigung, und daher auch Sicherheit dienen“[560]. In diesem Fall ist Arbeit dann weniger ein Mittel zur Selbstverwirklichung, vielmehr soll sie auch noch die vorangegangenen Grundbedürfnisse der Maslow‘schen Pyramide erfüllen. Wenn aber sowohl die Erfüllung der Grundbedürfnisse als auch personale Identitätsstiftung ausschließlich über den Erfolg im Beruf gesucht werden, kann Identität leicht ins Wanken geraten, z.B. wenn der berufliche Erfolg ausbleibt oder die Pensionierung bevorsteht.[561] Ein Leben gemäß der Formel „Arbeit und Liebe“, die Erikson von Freud aufgreift, scheint demnach wesentlich zu einer stabilen Identität beizutragen. Demzufolge geht es um „ein Berufsleben, das den Menschen nicht völlig verschlingt“[562] ebenso, wie um Muße, Spiel, Erholung und das Pflegen sozialer Kontakte.[563]

Wenn jedoch Institutionen nicht mehr eine entlastende und stabilisierende Funktion für ein selbstbestimmtes Leben mit Arbeit und Muße zukommt, sondern zur Flucht vor dem Leben dienen, besteht die Gefahr von Fremdbestimmung. Es kommt folglich wesentlich darauf an, wie der Einzelne in und

---

[558] Vgl. Gehlen, Mensch und Institutionen, 43: „…man wird mit Entscheidungszumutungen gerade da überlastet, wo alles selbstverständlich sein sollte.“
[559] Vgl. Hammer, Töchter und Mütter, 114.
[560] Rohrlich, Arbeit und Liebe, 110.
[561] Vgl. ebd., 107.
[562] Erikson, Wachstum und Krisen der gesunden Persönlichkeit, 116.
[563] Vgl. ebd.

mit Institutionen in seiner reflexiven Phase der Identitätsbildung umgeht. Dass jedoch Halt und Orientierung gebende Institutionen auch für den selbstbestimmten Erwachsenen unabdingbar sind, weil die Entwicklung der Identität nie linear verläuft und auch nicht ohne Rückschläge verbunden ist[564], scheint den vorangegangenen Überlegungen zufolge evident.

Eine Institution, in die sich Jugendliche mit einer weniger stabilen Identitätsbasis bevorzugt flüchten, ist der Cyberspace. Unsichere Jugendliche neigen gemäß Studien dazu, in virtuelle Welten zu flüchten, um ihrer realen Welt auszuweichen. Es wird versucht, Ängste, Enttäuschungen und Unsicherheiten des realen Lebens in Ideal-Welten des Internets zu kompensieren. Schranken, wie permanent misslingende soziale Integration und fehlende Anerkennung im realen Leben, können im Internet überwunden werden, weil Aussehen, Geschlecht, Bildung, kultureller Hintergrund und der sozioökonomische Status ausgeblendet oder idealisiert werden können.[565]

> „Mancher User, bei dem das Chatten und Spielen zur Sucht wird, fühlt sich im Cyberspace mehr zu Hause als im wirklichen Leben, und die Illusion der unendliche vielen Kontakt- und Beziehungsmöglichkeiten verstärkt gegebenenfalls Erfahrungen der sozialen Isolation in seinem Alltag."[566]

Das zeigt, wie wichtig Halt gebende Institutionen sind, die die Grundbedürfnisse erfüllen und dem Einzelnen Stabilität geben. Der Einzelne fühlt sich als Teil der Gemeinschaft dieser Institution, in der Vertrautheit herrscht und nicht um Anerkennung gekämpft werden muss. So kann die Institution Familie ein sicherer Raum sein, weil sowohl eine soziale als auch eine örtliche Bindung vorhanden ist. Dadurch entsteht Selbstvertrauen, Selbstachtung und in weiterer Folge das Bedürfnis nach Selbstverwirklichung. Erfüllt die Familie die entlastenden, stabilisierenden Funktionen einer Institution, ist bereits eine Identitätsbasis geschaffen, die die weitere Entwicklung der Identität auf sichere und selbstbestimmte Weise ermöglicht und äußere Einflüsse, wie das Internet, werden für den Jugendlichen nicht identitätsbestimmend.

Eine der gegenwärtigen Debatten, auf welche die Antworten auch in der prä-reflexiven Phase der Identitätsbildung zu finden sind, kreist um den Einfluss von gewalttätigen Computerspielen auf Jugendliche. Denn es zeigte sich, dass jugendliche Amokläufer häufig sogenannte „Killerspiele" am Computer spielten. Das Ziel dieser Spiele ist es, möglichst viele Gegner zu

---

[564] Vgl. Bieri, Das Handwerk der Freiheit, 415.
[565] Vgl. Stahr, Frauen-Körper-Identität im Kontext gesellschaftlicher Modernisierung, 89.
[566] Ebd., 89f.

töten. Psychologischen Studien zufolge sind aber auch diese starken Einflüsse von Jugendlichen mit einer stabilen Basis reflektierbar.[567] Wenn der Alltag aber belastend, einsam und/oder langweilig erlebt wird, besteht die Gefahr, dass die „Helden" in Killerspielen als Vorbilder dienen.[568] Die Ursache für die Flucht in andere, von Institutionen vorgegebene Welten und Rollen, die dann die Identität nachhaltig prägen, ist folglich vor allem in der präreflexiven Phase der Identitätsbildung zu suchen.[569]

Ganz anders hingegen kann der Einzelne auf einer gefestigten Basis mit virtuellen Welten und Rollen in Institutionen umgehen. Er kann sie für sich als Ressource für seine selbstbestimmte Identitätsbildung nutzen. Wenn, wie oben erwähnt, ein reflektierter Umgang mit dem Fernsehen vermittelt wird, kann dies auch in der zweiten Phase der Identitätsbildung als Orientierung dienen, ohne dass der Einzelne sich davon bestimmen lässt. Denn wenn der Einzelne ein hohes Maß an Reflexion besitzt, weiß er

> „stets um seine Eigenschaft als Zuschauer, er kennt seinen Standpunkt, identifiziert sich zwar mit dem Geschehenen, jedoch nie in dem Sinne, dass er dabei seine Eigenschaft als Zuschauer aufgibt. Er ist involviert, bleibt aber stets auch auf Distanz"[570].

In die Fernsehwelt kann die reflektierte Person eintauchen und die darin gezeigten Rollen aufgrund selbstbestimmter Überlegungen in die eigene Identität integrieren oder ablehnen.

Zusammenfassend lässt sich konstatieren, dass selbstbestimmte Personen fähig sind, bewusst in Institutionen einzutreten, Rollen zu übernehmen, sich mit ihnen zu identifizieren oder auch nur provisorisch zu nutzen. So kann das Schließen einer Ehe auch die Übernahme der Rolle in die personale Identität als Ehefrau oder Ehemann bedeuten. Die Rolle am Arbeitsplatz hingegen kann die reflektierte Person bewusst nur provisorisch einnehmen, weil sie weiß, dass der Arbeitsplatz in der schnelllebigen Gegenwart keine dauerhaf-

---

[567] Vgl. Köhler, Computerspiele und Gewalt, 204f.
[568] Vgl. ebd., 23.
[569] Die Psychologin Esther Köhler konstatiert, dass es nicht verwunderlich ist, dass jugendliche Amokläufer gewalthaltige Computerspiele spielten, „weil Destruktion im Allgemeinen ihr Thema war, sie interessierten sich kaum mehr für anderes." Köhler, Computerspiele und Gewalt, 140. Aber der Versuch, Gewalttaten auf solche Computerspiele zurückzuführen, wäre zu einfach. Es muss nämlich „vieles schief laufen, bis … ein Jugendlicher sich zu dieser Welt nicht mehr zugehörig fühlt und glaubt, in ihr nichts mehr verlieren zu können, und dann selbst zum Selbst- und Massenmörder wird." Ebd.
[570] Seidl, Fernsehgeschichten, 180.

te, sichere Institution ist. Um eine Rollendistanz einnehmen zu können, ist es erforderlich, andere Institutionen als Lebensmittelpunkt zu verstehen, wie eben z.B. die Ehe. Es liegt demnach im eigenen Ermessen des Individuums welchen Institutionen es sich anschließt und welchen Stellenwert es den von ihm übernommenen Rollen in den Institutionen beimisst.[571]

9.1.3 Folgen des Zerfalls von Institutionen

Umso belastender wird es jedoch für den Einzelnen, wenn eine Institution, die seinem Leben Halt gibt, erschüttert wird oder zerfällt. Das hat Verunsicherung zur Folge und kann zu einer Identitätskrise führen. Gleichgültig um welche Institution es sich handelt, sie kann zerfallen[572]: Der Arbeitsplatz kann wegrationalisiert, die Ehe geschieden werden, Freundschaften gehen auseinander, eine Partei kann sich auflösen, usw. Das Individuum wird dadurch verunsichert und in seinem Verhalten desorientiert.[573] Wenn sichere Bindungen wegfallen, die die eigene Identität bestätigt und gefestigt haben, wird der Einzelne aufgrund seiner Desorientierung andere Bindungen suchen, die ihm Halt geben. Medien und Konsum können dann plötzlich als vielversprechende Identitätssicherung wirken. Wenn diese fragwürdigen Mittel zur Identitätsstiftung nicht reflektiert werden, kann dies in Fremdbestimmung münden.

Wenn der Einzelne jedoch durch die Prägung in der ersten Phase seiner Identitätsbildung gefestigt ist, gelingt es ihm, sich wieder neu zu orientieren und sich einer anderen Institution selbst bestimmt und reflektiert anzuschließen. Das kann sowohl bei der Ehe im Falle einer Scheidung als auch beim Verlust des Arbeitsplatzes der Fall sein. Die Kompetenzen Ambiguitätstoleranz und rasche soziale Integrationsfähigkeit sind dafür notwendig. Das Leben mit all seinen Unsicherheiten – auch den nicht endgültig sicheren Institutionen – als Herausforderung zu verstehen und ein Gefühl des Sich-Gleich-Bleibens zu erfahren, setzt eine sehr stabile Grundlage der Identität voraus, die wiederum nur in primären Institutionen erworben werden kann.

---

[571] Vgl. Kaufmann, Die Erfindung des Ich, 272.

[572] Vgl. Gehlen, Urmensch und Spätkultur, 105: „Institutionen sind so riskiert wie der Mensch selbst, und sehr schnell zerstört."

[573] Ebd., 43: „Wenn Institutionen im Geschiebe der Zeiten in Verfall geraten, abbröckeln oder bewusst zerstört werden, fällt diese Verhaltenssicherheit dahin."

9.2 BILDUNG

Oben wurde konstatiert, dass neben einer basalen Anerkennung signifikanter Anderer, hohe Reflexionsfähigkeit, ökonomische Ressourcen, die Fähigkeiten zur sozialen Integration und zur Verknüpfung von Lebenswelten, sowie Ambiguitätstoleranz wesentliche Voraussetzungen für eine selbstbestimmte Identitätsbildung sind. Die Entwicklung und Ausübung dieser Kompetenzen zur Selbstbestimmung können durch humanistische Bildung, wie sie knapp in den Worten Liessmanns in 6.1 beschrieben wurde, maßgeblich unterstützt werden.[574]

Zunächst ist festzustellen, dass sowohl das Bedürfnis nach Bildung als auch die Möglichkeit sich zu bilden, nicht selbstverständlich sind. Es ist nämlich erforderlich, dass Bildung in der prä-reflexiven Phase der Identitätsbildung in primären Institutionen als Wert vermittelt wird, weil nur dann das Bedürfnis nach Bildung als Bestandteil von Selbstverwirklichung in der zweiten Identitätsbildungsphase entstehen kann. Eng damit hängt die Transgenerationalität der Bildung zusammen. Studien zeigen, dass Kinder aus bildungsschwachen Familien seltener höhere Schulen besuchen als Kinder, deren Eltern eine höhere Bildung besitzen.[575] Insofern ist Bildung als Mittel zur Selbstbestimmung nicht jedem zugänglich. Vielmehr handelt es sich um ein Privileg.

Besteht jedoch die Möglichkeit zur Bildung, kann sie als Mittel zur selbstbestimmten Entwicklung personaler Identität verstanden werden. Denn Bildung befähigt zu Autonomie, sozialer Integration und unterstützt den Einzelnen, sich in den verschiedenen Lebenswelten zurechtzufinden.

Wenn der Einzelne seine Begabungen entfaltet und zugleich mehr Kenntnisse über die Welt erlangt, erweitert sich das Wissen um das Feld seiner Möglichkeiten. Er weiß aufgrund seiner Bildung, über welche Fähigkeiten und Kompetenzen er verfügt – Selbstkenntnis wird erlangt. Zugleich eignet er sich Kenntnisse über die Welt an. Er weiß, welche Optionen und Entfaltungsmöglichkeiten er aufgrund seiner eigenen Fähigkeiten und der äußeren Umstände hat.

Legt man dieses Verständnis von Bildung zugrunde, zeigt sich, dass Bildung im Kontext des personalen Identitätsbildungsprozesses eine wesentli-

---

[574] Vgl. auch die Beiträge zu Bildung in: Schmidhuber, Martina (Hg.), Formen der Bildung. Einblicke und Perspektiven. Mit einem Beitrag von Konrad Paul Liessmann, Frankfurt/Main 2010.

[575] Vgl. Arbeitsgruppe Bildungsgerechtigkeit der KAÖ, Auf dem Weg zur gerechten Schule, 7.

che Rolle spielt und zur „Prägung und Formung des Charakters“[576] beiträgt. Denn das Wissen über sich selbst und seine Fähigkeiten und das daraus entstehende Bedürfnis der Entfaltung von diesen, ist wesentlich für Selbstbestimmung im Identitätsbildungsprozess.

In diesem Sinne unterscheidet sich Bildung von Ausbildung insofern, dass es Orientierungswissen impliziert. Ausbildung hingegen vermittelt Handlungswissen.[577] Demnach unterstützt Bildung die Wahl der „richtigen“ Ausbildung, die auch tatsächlich den individuellen Fähigkeiten gerecht wird, weil mit Bildung Selbst- und Weltkenntnis erreicht werden. Daraus folgt, dass ein gebildeter Mensch völlig anders leben wird, weil sich durch Orientierungswissen neue Sichtweisen auf sich und die Welt ergeben. Bildung

> „sensibilisiert für Sachverhalte, die man bislang übersah, weckt Interessen, Motivationen, die man zuvor nicht hatte, verändert die Präferenzen im Katalog der eigenen Wünsche und Einstellungen, fokussiert Wahrnehmung und Erleben und führt zu neuen Wertungen, an denen sich das Verhalten ausrichtet“[578].

Dies zeigt sich z.B. in der Bewertung anderer Kulturen und Religionen. Weil ein gebildeter Mensch von der Geschichte und der Entstehung fremder Traditionen weiß, urteilt er anders über diese als jemand, der diese Hintergründe nicht kennt.[579] Die Kenntnis der vielen Möglichkeiten zur Lebensführung, lässt es auch zu, Institutionen zu reflektieren, in denen man sich befindet, wie die kurze biographische Darstellung Simone Weils oben zeigt.

Mit Bieri wurde bereits darauf hingewiesen, dass Bildung Selbstbestimmung im Identitätsbildungsprozess ermöglicht. Denn je mehr der Einzelne über die Welt weiß, umso kritischer und vorsichtiger wird er gegenüber manipulativen Einflüssen und gesellschaftlichen Postulaten sein. Demnach ist es für Gebildete leichter, sich dem Leben zu öffnen, ohne sich fremdbestimmen zu lassen. Aufgrund seines Wissens über die Welt kann er sich selbstbestimmt Institutionen anschließen und mit den schnelllebigen und pluralen Herausforderungen des Lebens umgehen, weil er sich aufgrund seines Wissens keinen Illusionen und Täuschungen hingibt. So weiß er etwa, dass er in der auf Kurzfristigkeit ausgerichtete Ökonomie nicht mit einem Arbeitsplatz auf Lebenszeit rechnen kann. Deshalb ist er offen für Neues und wandelt die

---

[576] Vgl. Kößler, Henning, Bildung und Identität, in: ders., Selbstbefangenheit – Identität – Bildung. Beiträge zur Praktischen Anthropologie, Weinheim 1997, 107-121, 110.
[577] Vgl. ebd., 111.
[578] Ebd., 111.
[579] Vgl. Bieri, Wie wäre es gebildet zu sein?

Unsicherheit der Arbeitswelt in eine Chance um. Er kennt die Welt und versteht es als Herausforderung seines Lebens, verschiedene Arten von Tätigkeiten auszuführen, ohne sich mit den jeweiligen Rollen voll zu identifizieren. Er nimmt berufliche Rollen nur provisorisch ein, weil er sie aufgrund der arbeitsweltlichen Unsicherheiten nicht völlig in seine Identität aufnehmen möchte.[580] Wesentlich dabei ist, dass er selbst bestimmt, welche Rollen er provisorisch einnimmt und welche er bewusst in seine Identität integriert. Trotz Unsicherheiten und Ambiguitäten seines Lebens erhält er das Gefühl der Kohärenz – Handhabbarkeit, Verstehbarkeit und Sinn kommen ihm aufgrund seines Orientierungswissens nicht abhanden. Folglich wird Bildung im Denken, Fühlen und Verhalten des Einzelnen sichtbar und zeigt sich in seinen Einstellungen und der individuellen Lebensführung.[581]

So macht sich Bildung im humanistischen Sinn in der Einstellung zu und im Umgang mit Körperlichkeit, Medien, Konsum und Geschlechterstereotype bemerkbar. Der Gebildete macht seine Identität nicht nur an seinem Körper fest. Er weiß, dass er altern wird und dass auch dies Teil seiner Identität ist. Medien sind für ihn ein Mittel zur Information – er weiß sie zu nutzen, aber lässt sich nicht unreflektiert von ihnen bestimmen und manipulieren.[582] Gegenüber Konsumpostulaten ist er resistent. Er informiert sich und überdenkt, was für ihn selbst wichtig ist. Er konsumiert nicht, um andere zu beeindrucken, sondern fragt auch hier kritisch nach und erwägt Sinn und Nutzen eines Konsumgutes. Gebildete wissen über Vorurteile und Geschlechtsstereotype Bescheid, die jeder Mensch im Laufe seiner Sozialisation verinnerlicht hat. Aber gerade deshalb versucht er, diese Vorurteile und Stereotype zu reflektieren und mit ihnen zu brechen. So können gebildete Eltern ganz bewusst die individuellen Begabungen ihres Kindes fördern – ohne Rücksicht auf sein Geschlecht –, um es zu einem guten, selbstbestimmten Leben zu befähigen. In der exemplarischen Biographie Simone Weils wurde dies gezeigt.

Zusammenfassend lässt sich konstatieren: Das Nachdenken über sich selbst und die äußeren Einflüsse, welches durch Bildung geschärft wird, kennzeichnet wesentlich das Ideal der selbstbestimmten Identitätsentwicklung, welches auch Frankfurt, Steinfath und Bieri vertreten. Die Fähigkeit, sich als Einheit zu begreifen, trotz aller wandelnden Umstände der Gegen-

---

[580] Vgl. Kaufmann, Die Erfindung des Ich, 272.

[581] Vgl. dazu Kößler, Bildung und Identität, 111f.

[582] Gemäß Bieri wahrt der Gebildete immer skeptische Distanz, „weil ihm zwei Fragen zur zweiten Natur geworden sind: ‚Was genau heißt das?' und ‚Woher wissen wir, dass es so ist?'" Bieri, Wie wäre es gebildet zu sein?

wart, setzt ein hohes Maß an Orientierungswissen und Selbstreflexion voraus, welches an Bildung geknüpft ist.[583]

9.3 LEBENSPLAN

Selbstbestimmung zeigt sich in der Entwicklung eines individuellen Lebensplans, der eine Antwort auf die identitätsrelevante Frage: „Wie soll ich leben?“ darstellt. Ein Lebensplan kann aber aufgrund der schnelllebigen, von Pluralismus geprägten Gegenwart nie als festgelegtes und starres Konzept für das ganze Leben verstanden werden. Vielmehr besteht ein vernünftiger Lebensplan „aus einer Hierarchie von Plänen, in die die mehr ins einzelne gehenden Teilpläne zu gegebener Zeit eingefügt werden“[584].

Mit der Entwicklung eines flexiblen, individuellen Lebensplanes wird personale Identität selbstbestimmt festgelegt. Denn auch wenn der Plan veränderbar ist, schafft sich das Individuum damit einen Rahmen, in dem es sich bewegen möchte. Die selbstbestimmte Person möchte ihre individuellen Fähigkeiten in ihrer Identität zur Entfaltung bringen. Die Entscheidung, wer man sein will, ist zugleich die Entscheidung für einen bestimmten Lebensplan.[585]

Beim Planen ihres Lebens weiß die Person um ihre individuellen Fähigkeiten und auch um ihre von außen vorgegeben Möglichkeiten. Es handelt sich dabei um Selbst- und Weltkenntnis, denen gemäß den vorangegangenen Überlegungen Bildung vorausgeht. Der Lebensplan beantwortet also die Frage nach dem guten Leben. Wenn die selbstbestimmte Person ihr Leben plant, wird sie Überlegungen über jene Lebensbereiche anstellen, die die ersten vier Grundbedürfnisse nach Maslow abdecken. Denn die Erfüllung der physiologischen Grundbedürfnisse, der Bedürfnisse nach Sicherheit, Zugehörigkeit und Liebe, sowie jenes nach Achtung ist nicht nur in der Kindheit wesentlich, sondern für das ganze weitere Leben relevant.

Um sich Gedanken über einen individuellen Lebensplan machen zu können, so wurde bereits deutlich, muss das Bedürfnis nach Selbstverwirklichung vorhanden sein. Ein individueller, selbstbestimmter Lebensplan kann den

---

[583] Dass die soziale Herkunft eine Hürde zum Bildungszugang sein kann, ist ein sozialethisches Problem, das an anderen Stellen ausführlich diskutiert wird, wie z.B. in Becker, Rolf (Hg.), Bildung als Privileg? Erklärungen und Befunde zu den Ursachen der Bildungsungleichheit, Wiesbaden 2008.

[584] Rawls, John, Eine Theorie der Gerechtigkeit, Frankfurt/Main 1975, 448.

[585] Vgl. ebd., 454.

Einzelnen Sinn und Glück erfahren lassen. Folglich ist die Entscheidung für einen bestimmten Lebensentwurf

> „nur auf dem Weg individueller reflektierender Selbstbewertungen möglich, in denen jede Person für ihr eigenes Leben abzuschätzen hat, wie in ihrer Situation vor dem Hintergrund ihrer Gefühle, Wünsche, Meinungen, Fähigkeiten, Beschränkungen usw. am besten zu leben ist.“[586].

Das bedeutet auch, sich mit seinen Grenzen auseinanderzusetzen. Das, was das Leben aus der einzelnen Person gemacht hat, ist ein unwiderruflicher Faktor ihrer Identität und muss in den Lebensplan integriert werden. Denn ein Lebensplan hat nur Sinn, wenn dieser umsetzbar ist, also innere und äußere Grenzen berücksichtigt. Selbstkenntnis ist dafür erforderlich. Unter Berücksichtigung aller individuellen inneren und äußeren Umstände lässt sich also selbstbestimmt ein vernünftiger Lebensplan erstellen und in diesem Zuge Sinn, Glück und Zufriedenheit erreichen:

> „Jemand ist glücklich, wenn seine Pläne vorankommen, wenn seine wichtigeren Ziele sich erfüllen, und wenn er sicher ist, dass dieser gute Zustand fortdauern wird. Da sich die vernünftigen Pläne bei den einzelnen Menschen je nach ihren Begabungen, Verhältnissen u.a. unterscheiden, werden verschiedene Menschen durch verschiedene Tätigkeiten glücklich.“[587]

Wird ein Lebensplan lediglich von einer anderen Person übernommen, weil dieser erstrebenswert zu sein scheint, werden Sinn und Glückserfahrungen ausbleiben.

Die durch institutionelle Stabilität und Bildung erlangten Kompetenzen lassen eine Flexibilität und Ambiguitätstoleranz zu, die den Einzelnen auch bei Schicksalsschlägen und unvorhergesehenen Ereignissen nicht gleich in eine Identitätskrise stürzen. Die Stabilität der Person zeigt sich einerseits im Verfolgen von selbst gewählten Zielen, andererseits aber auch in ihrem flexiblen Umgang mit Zielen, welcher aufgrund lebensweltlicher, nicht planbarer Veränderungen erforderlich ist.[588]

Auch wenn ein Lebensplan wegen möglicher, unvorhersehbarer Diskontinuitäten in der persönlichen Biographie flexibel und an die neuen Gegebenheiten anpassbar sein muss, wird dennoch Identität damit festgelegt. Denn Studien zufolge ist das Gefühl des Sich-gleich-Bleibens bei Personen, die

---

[586] Vgl. Steinfath, Orientierung am Guten, 388.
[587] Rawls, Theorie der Gerechtigkeit, 447.
[588] Vgl. Greve, Selbst und Identität im Lebenslauf, 319.

einen individuellen Lebensplan konzipiert haben, trotz Veränderungen und Ambiguitäten vorhanden, weil sie diese als persönliche Entwicklung deuten.[589] Die selbstbestimmte Person versteht ihr Leben als etwas, das sie selbst in der Hand hat, sie übernimmt damit Verantwortung für ihr Leben. Auch wenn die nicht kontrollierbaren und nicht immer positiven, äußeren Gegebenheiten, z.B. Arbeitsplatzverlust, bewusst wahrgenommen werden, versteht es die selbstbestimmte Person, Möglichkeiten und Handlungsalternativen zu erkennen und für sich zu nutzen.[590] So kann der Verlust des Arbeitsplatzes als Chance für eine berufliche Veränderung gedeutet werden. Das, was das Leben aus ihr gemacht hat, wird bewusst in die personale Identität integriert und nach eigenem Ermessen „weiterverarbeitet".

Wenn hingegen gar kein Lebensplan entworfen, vielmehr ein „Leben in der Gegenwart"[591] bevorzugt wird, dann wird personale Identität eher dem Zufall überlassen und kann in Fremdbestimmung münden. Wie Studien zeigen, wird ein Leben ohne langfristige Ziele von der Person selbst als „bruchstückhaft, als Aneinanderreihung verschiedener Episoden ohne inneren Zusammenhang"[592] erlebt.[593]

Für Frauen stellt der Entwurf eines Lebensplans eine besondere Herausforderung dar: Denn meistens wünschen sich Frauen, dass einerseits Kinder einen Platz in ihrem Leben haben – nach Erikson ist ja das Stadium der Generativität eines, das zum Wachstum der gesunden Persönlichkeit gehört[594] –, aber andererseits wird auch berufliche Verwirklichung als Bestandteil des guten Lebens gedeutet. Wie im achten Kapitel erörtert wurde, kann die Verwirklichung beider Ziele verschiedene Schwierigkeiten hervorrufen, die sich wiederum auf die Kinder negativ auswirken. Selbstbestimmte Frauen schaffen

---

589 Vgl. Geissler/Oechsle, Lebensplanung junger Frauen, 265. Diese Untersuchungen zeigen, dass auch wenn der Lebenslauf nach äußeren Kriterien diskontinuierlich wirkt, das individuell geplante Leben von der Person selbst als kontinuierliche persönliche Entwicklung aufgefasst werden kann.

590 Vgl. ebd., 247.

591 Ebd., 259. In empirischen Studien wurde festgestellt, dass es eine Gruppe von Frauen gibt, die die Lebensplanung regelrecht verweigern und sich für ein „Leben in der Gegenwart" entschieden haben. Vgl. dazu Geissler/Oechsle, Lebensplanung junger Frauen, v.a. den Abschnitt „Verweigerung von Lebensplanung: Leben in kurzfristigen Arrangements", 259-268.

592 Ebd., 265.

593 Auch scheint es für das Erleben von sich selbst als Einheit unterstützend zu sein, Rituale in das alltägliche, individuelle Leben zu integrieren. Dadurch lässt sich der Alltag in seiner Unsicherheit und Schnelllebigkeit leichter meistern, denn Rituale geben nicht nur Kindern Sicherheit und Stabilität, sondern haben auch für Erwachsene eine ordnende und strukturierende Funktion, z.B. das gemeinsame Abendessen mit der Familie.

594 Vgl. Erikson, Wachstum und Krisen der gesunden Persönlichkeit, 117f.

jedoch Studien zufolge diese Balance zwischen Arbeit und Familie und halten zudem das Bestehen dieser beiden Teil-Realitäten in ihrem Leben für außerordentlich wichtig.[595] Sie können sogar diese schwierige Aufgabe und Doppelbelastung für sich in eine Chance umwandeln, indem sie z.B. Möglichkeiten finden, effizienter zu arbeiten.[596]

In diesem Zusammenhang spielt die Fähigkeit zur sozialen Integration für erwerbstätige Mütter eine maßgebliche Rolle. Besonders in Berufen, in denen hohe Flexibilität gefordert wird, können soziale Netzwerke äußerst unterstützend wirken. Um diese jedoch knüpfen und erhalten zu können, ist die Voraussetzung eine gewisse Offenheit gegenüber Menschen. Diese kann aber nur erlangt werden, wenn in der Kindheit Ur-Vertrauen entwickelt wurde. Wenn das Ur-Vertrauen missbraucht wurde, z.B. durch Gewalt, kann gemäß Erikson lebenslang ein grundsätzliches Misstrauen in menschliche Beziehungen vorherrschen.[597] Offene Personen jedoch, die Selbstvertrauen und Vertrauen in andere entwickeln konnten, fällt es leichter, sich rasch sozial einzugliedern. Soziale Netzwerke können entlasten und individuelle Bedürfnisse erfüllen, indem sich Menschen mit ähnlichen Wünschen, Vorstellungen und Lebensplänen zusammenschließen.[598] So kann etwa ein Netzwerk von berufstätigen Müttern sehr entlastend und unterstützend sein, z.B. durch gegenseitige Hilfe bei der Kinderbetreuung.[599]

Versteht man soziale Netzwerke als Freundschaften und Bekanntschaften, stellt sich die Frage, ob es angemessen ist, diese als Institutionen im oben verstandenen Sinn zu deuten. Denn soziale Netzwerke können sehr locker gespannt sein. Verbindlichkeitsgrad und Verpflichtungscharakter sind meistens geringer als beispielsweise in der Institution Familie.[600] Aber selbst wenn

---

[595] So zeigen Befragungen, dass 96 Prozent der befragten Wissenschaftlerinnen, die ihrem Beruf einen sehr hohen Stellenwert zuschreiben, zugleich eine gelungene Balance zwischen Arbeit und Privatleben für außerordentlich wichtig halten. Für die Mehrheit von 70 Prozent der Mütter in der Wissenschaft stellt ein Ausstieg aus dem Beruf deshalb trotz Mehrfachbelastung keine Option dar. Lind, Inken, Aufgeschobene Kinderwünsche, eingeschränkte Perspektiven? Zur Vereinbarkeit von Wissenschaft und Elternschaft – Ergebnisse einer aktuellen Studie, in: Forschung und Lehre 11/08, 754-756, 755.

[596] Vgl. ebd., 756.

[597] Erikson, Wachstum und Krisen der gesunden Persönlichkeit, 63: „Beim Erwachsenen drückt sich die Verletzung des Ur-Vertrauens in einem Ur-Misstrauen aus. Ein solcher Mensch zieht sich in bestimmter Weise in sich selbst zurück, wenn er mit sich selbst und anderen uneins ist."

[598] In diesem Zusammenhang werden persönliche Kontakte auch als „soziales Kapital" bezeichnet. Vgl. dazu: Lüdike, Jörg/Diewald, Martin (Hg.), Soziale Netzwerke und soziale Ungleichheit. Zur Rolle von Sozialkapital in modernen Gesellschaften, Wiesbaden 2007.

[599] Vgl. Behringer, Lebensführung als Identitätsarbeit, 74f.

[600] Zu diesem Ergebnis kommt Luise Behringer in ihrer Studie über die Identitätsbildung freiberuflicher JournalistInnen, ebd., 75: „Das soziale Netzwerk ist eher locker, spannt sich

soziale Netzwerke stabile und verbindliche Institutionen nicht ersetzen können, sind sie eine Unterstützung für die Lebensführung in einem schnelllebigen Alltag. Insbesondere in kritischen Lebensphasen, wenn beispielsweise eine Ehe, die dem Leben bisher Halt gab, scheitert, kann ein soziales Netzwerk, das der Einzelne hergestellt und erhalten hat, ersatzweise Stabilität verleihen.[601]

über weite räumliche Distanzen, ist oft von Veränderungen betroffen und – aufgrund geringerer Verbindlichkeitsgrade als Verwandtschaftsbeziehungen – als Ressource zur Kinderbetreuung sehr störanfällig."

[601] Vgl. dazu Peuckert, Familienformen im sozialen Wandel, 218.

10 Ethische Folgerungen für eine Theorie des guten Lebens

Objektive Kriterien für ein gutes Leben

Mit Frankfurt, Steinfath und Bieri habe ich in dieser Arbeit die Ansicht vertreten, dass das Individuum die Frage nach dem guten Leben jeweils für sich selbst beantworten muss. Es gibt demnach keine allgemeingültigen Regeln, wie ein gelungenes Leben geführt werden soll. In den Überlegungen dieser Arbeit wurde aber andererseits deutlich, dass Erziehung zum Ziel hat, Individuen zu einer selbstbestimmten, guten Lebensführung zu befähigen. Das legt die Vermutung nahe, dass es doch etwas geben muss, was auch aus objektiver Sicht erstrebenswert ist. Denn woran würden sich die Erziehenden sonst orientieren? Aufgrund dessen scheint es plausibel, allgemeine Merkmale für ein gutes Leben zu formulieren. Es handelt sich dabei um Merkmale, die sowohl als Regulativ für die Erziehung verstanden werden können, als auch den Einzelnen in seiner reflexiven Phase der Identitätsbildung – mehr oder weniger explizit – leiten können.

Eine allgemeine Formulierung von Merkmalen eines guten Lebens scheint deshalb möglich, weil alle Menschen aufgrund ihrer biologischen Natur und als Wesen derselben Gattung, ähnliches wollen und erleben. So empfinden alle Menschen Hunger und Durst; Gesundheit ist für alle eine Quelle des Wohlbefindens.[602]

Ist eine solch allgemeine Grundlage für ein gutes Leben gesichert, kann der Einzelne sein gutes Leben individuell und reflektiert gestalten. Inwieweit der Einzelne dann diesen Raum zu seiner selbstbestimmten Entfaltung für sein individuell gutes Leben nützt, wird bereits maßgeblich in der präreflexiven Identitätsbildungsphase in primären Institutionen vorgeprägt. Auf welche Art und Weise diese Prägung geschehen kann, wurde oben hinlänglich geklärt.

Einen Versuch, objektive Kriterien für ein gutes Leben zu formulieren, hat die Philosophin Martha Nussbaum unternommen. Um eine universalistische Konzeption des guten Lebens erstellen zu können, hält es Nussbaum für wesentlich, das Augenmerk auf die Gemeinsamkeiten der Menschen und nicht

---

[602] Vgl. dazu auch Steinfath, Orientierung am Guten, 385-388. Steinfath spricht in diesem Abschnitt von der „Möglichkeit objektivierbarer Aussagen über ein gutes Leben".

auf ihre Unterschiede zu legen.[603] So ist sie davon überzeugt, dass es Kriterien für ein gutes Leben gibt, die unabhängig von Kultur, Tradition und Geschlecht sind. Die von Nussbaum aufgestellten Kriterien gelten in ihrem Sinne für alle Menschen gleichermaßen.[604] Diese Liste ist nicht unumstritten, weil sie zugleich voraussetzungs- und wertebezogen ist. Denn einerseits zeigt Nussbaum auf, welche Faktoren für ein gutes Leben erforderlich sind, andererseits bestimmt sie aber mit denselben Kriterien, was als solches zu gelten hat.[605]

Im Folgenden sollen Nussbaums Überlegungen voraussetzungsbezogen betrachtet werden, denn dann ist diese im Kontext des in dieser Arbeit vorgeschlagenen Identitätsbildungskonzeptes von heuristischem Wert, weil sie Möglichkeiten und Grenzen eines individuell gelungenen Lebens aufzeigt. Nussbaum selbst leitet aus ihrem Konzept ethische Forderungen an den Staat ab, alle Menschen so zu unterstützen, dass sie die Schwelle zum guten Leben überschreiten können.[606] Auch in diesem Kapitel sollen abschließend ethische Folgerungen gezogen werden.

In meiner Sicht sind Nussbaums Gedanken aus mehreren Gründen fruchtbar für ethische Folgerungen aus der oben erarbeiteten Untersuchung der personalen Identitätsbildung: Obwohl Nussbaum objektive Kriterien für ein gutes Leben nennt, sind diese dennoch so offen, dass Raum für die individuelle Gestaltung der personalen Identität bleibt. Es werden notwendige Bedingungen und Ressourcen formuliert, die allen Menschen als Basis für ein gutes Leben dienen, aber zugleich geht es darum,

> „Sphären der Freiheit zu schützen, in deren Rahmen Menschen mit unterschiedlichen Lebensanschauungen nach eigenem Gutdünken ihr Wohl anstreben können“[607].

---

[603] Vgl. Nussbaum, Martha C., Menschliche Fähigkeiten, weibliche Menschen, in: dies., Gerechtigkeit oder das gute Leben, Hg.: Pauer-Studer, Herlinde, Frankfurt/Main 1999, 176-226, 178f.

[604] Vgl. ebd., 180.

[605] „Ich meine, dass ein Leben, dem eine dieser Fähigkeiten fehlt, kein gutes menschliches Leben ist.“ Ebd., 202. Vgl. zur Kritik: Pauer-Studer, Herlinde, Autonom leben. Reflexionen über Freiheit und Gleichheit, Frankfurt/Main 2000, 225-227. Aufgrund der starken Wertannahmen diagnostiziert Pauer-Studer in Nussbaums Ansatz eine „gewisse Tendenz zum Perfektionismus“. Ebd., 227.

[606] Mit Aristoteles postuliert Nussbaum, dass alle Bürger „die institutionelle, materielle und pädagogische Unterstützung“ erhalten müssen, um ein gutes menschliches Leben führen zu können. Nussbaum, Martha C., Der aristotelische Sozialdemokratismus, in: dies., Gerechtigkeit oder das gute Leben, Hg.: Pauer-Studer, Herlinde, Frankfurt/Main 1999, 24-85, hier: 62.

[607] Nussbaum, Martha C., Einleitung: Ein Begriff des Feminismus, in: dies., Konstruktion der Liebe, des Begehrens und der Fürsorge, Stuttgart 2002,7-13, 9.

Ein weiterer vorteilhafter Aspekt der Konzeption Nussbaums ist, dass in dieser körperliche, mentale und soziale Aspekte berücksichtigt werden. Folglich werden all jene Faktoren in den Blick genommen, die auch in der vorliegenden Untersuchung für individuelle Identitätsbildung als wesentlich erachtet werden. Und zum dritten nimmt Nussbaum auch jene Faktoren in den Blick, die zusammen personale Identität ausmachen, nämlich Angeborenes, Anerzogenes und selbst Bestimmtes.

Folgende Kriterien können mit Nussbaum als Voraussetzung für ein gelungenes Leben genannt werden:

Ein gutes menschliches Leben ist nur dann möglich, wenn das persönliche Leben in seiner Länge nicht reduziert ist.[608] Diese Überlegung lässt sich in dem Sinne deuten, dass die Option bestehen muss, das Leben ausschöpfen zu können. Wenn ein Mensch bereits im Kindesalter stirbt, besteht für ihn gar nicht die Chance, einen Beruf zu wählen, eine Familie zu gründen, etc. Alle Selbstverwirklichungsmöglichkeiten, die erst im Erwachsenenalter bestehen, fehlen. Das Leben endet, bevor selbstbestimmte Identitätsbildung überhaupt erst eine Option ist. Eng damit verbunden sind körperliche Gesundheit, sowie eine angemessene Ernährung, Unterkunft und die Möglichkeit zu sexueller Befriedigung.[609] Die bisher genannten Voraussetzungen für ein gutes Leben entsprechen den physiologischen Grundbedürfnissen nach Maslow.[610] Diese müssen erfüllt sein, damit überhaupt höhere Bedürfnisse entstehen.

Zu den intellektuellen Fähigkeiten, die Nussbaum für konstitutiv für ein gutes Leben hält und die auch fundamental für eine selbstbestimmte personale Identitätsbildung sind, zählen Wahrnehmungs-, Vorstellungs- und Denkvermögen.[611] In diesem Zuge erwähnt sie auch die Signifikanz von Bildung und Erziehung:

> „…zu denken und zu urteilen – und diese Dinge in einer Art und Weise zu tun, die durch eine angemessene Erziehung geleitet ist, zu der auch (aber nicht nur) Lesen und Schreiben sowie mathematische Grundkenntnisse und eine wissenschaftliche Grundausbildung gehören."[612]

---

[608] Vgl. Nussbaum, Menschliche Fähigkeiten, weibliche Menschen, 200.
[609] Vgl. ebd.
[610] Vgl. 7.2.
[611] Vgl. 200f.
[612] Ebd., 200.

Aber auch Religionsfreiheit sowie künstlerische und politische Freiheit sind Bedingungen für ein gelungenes Leben. Um diese Freiheiten nützen zu können, ist Bildung eine Voraussetzung. Bildungsoptionen allein reichen jedoch nicht, vielmehr ist es erforderlich, dass jeder Mensch ein Recht auf Bildung hat. Es gilt folglich Sorge zu tragen,

> „dass allen der gleiche Zugang zur höheren Bildung, zur Berufsausbildung und zur Hochschulbildung ermöglicht wird. Das Bildungsziel ist die Entwicklung der menschlichen Persönlichkeit…“[613].

Wie oben konstatiert wurde, ermöglicht die Verschränkung von Bildung im humanistischen Sinne mit beruflicher Ausbildung selbstbestimmte personale Identitätsbildung. Aufgrund ihrer praktischen Vernunft, die als menschliche Grundfähigkeit gilt[614], können Menschen eine Vorstellung des Guten entwickeln und kritische Überlegungen zur eigenen Lebensplanung anstellen. Dies impliziert Nussbaum zufolge, einer beruflichen Tätigkeit außer Haus nachgehen und am politischen Leben teilnehmen zu können.[615] Nussbaum, die sich als Feministin versteht, betont die Wichtigkeit der Berufstätigkeit für Frauen besonders, weil sie darin Selbstverwirklichungschancen sieht.

Um gelungene Beziehungen zu Menschen aufbauen zu können, die wesentlich zu einer harmonischen Identität zählen, ist es erforderlich, Gefühle ohne Angst, Furcht und traumatische Ereignisse entwickeln zu können. Das Ur-Vertrauen, von dem Erikson spricht, ist für eine emotionale Entwicklung, die menschliches Miteinander zulässt, erforderlich.[616] Die oben genannte Kompetenz, sich sozial integrieren zu können, ist also auch im Sinne Nussbaums wesentlich für ein geglücktes Leben.

Aber auch Erholung und Freude am Leben – Nussbaum nennt dies Spiel[617] – gehören zu einem guten Leben. Arbeit und Liebe müssen in einem ausgewogenen Verhältnis stehen, so wurde oben konstatiert, sonst besteht die Gefahr, dass die Harmonie der Identität ins Wanken gerät.

Dass Selbstbestimmung zu einem gelungen Leben zählt, erwähnt Nussbaum explizit. Dabei handelt es sich um die Fähigkeit, an politischen Entscheidungen teilzuhaben, sein eigenes Leben und nicht das eines anderen zu

---

[613] Vgl. ebd. 306, Anm. 253.
[614] Vgl. ebd., 194.
[615] Vgl. ebd., 201.
[616] Vgl. ebd. Gefühle und menschliches Miteinander entsprechen in Nussbaums Liste der fünften und siebten Fähigkeit.
[617] Vgl. ebd., 195, 201.

leben. Hier geht es um persönlichkeitsbestimmende Entscheidungen wie Heirat, Reproduktion und Arbeit, sowie das Recht auf Eigentum.[618]

Wenn die hier genannten Voraussetzungen, die ein gelungenes Leben ermöglichen, vorhanden sind, sind zugleich alle Grundbedürfnisse im Sinne Maslows, wie sie am Beginn des siebten Kapitels genannt wurden, befriedigt. Ist diese Grundlage für ein geglücktes Leben in den primären Institutionen geschaffen, kann es in der zweiten Phase der reflexiven Identitätsbildung ab dem Jugendalter selbstbestimmt weiterentwickelt und entfaltet werden.

Im Kontext der Identitätsbildung in zwei Phasen scheint eine weitere Differenzierung Nussbaums zwischen Typen von Fähigkeiten hilfreich:

(1) *Interne Fähigkeiten* sind jene, über die jede Person aufgrund ihres Personseins verfügt. Dazu können die Struktur des zweistufigen Willens, Selbstbestimmung und Entscheidungsfreiheit gezählt werden. Der Einzelne braucht diese Fähigkeiten, um Entscheidungen treffen und handeln zu können.[619] Es sind jene personalen Fähigkeiten, die der Einzelne in primären Institutionen ausbilden muss, um sie in seiner reflexiven Identitätsbildungsphase nach eigenem Belieben und Ermessen einsetzen zu können.

(2) *Kombinierte Fähigkeiten* sind jene, die sich aus internen und externen Bedingungen ergeben. Sie können dann ausgeübt werden, wenn auch die äußeren Umstände dies zulassen.[620] So kann sich etwa eine Frau dazu entscheiden, einer ihren Kompetenzen entsprechenden Berufstätigkeit nachgehen zu wollen, aber keine angemessene Arbeit finden. Kombinierte Fähigkeiten fallen folglich in die zweite, reflexive Phase des Identitätsbildungsprozesses, setzen aber interne Fähigkeiten voraus.

(3) *Grundfähigkeiten* bezeichnen die individuelle Konstitution eines Menschen. Diese können im Zuge der Erziehung ausgebildet und entfaltet werden und nach einem bestimmten Zeitraum die Ausübung einer bestimmten Tätigkeit ermöglichen.[621] Beispielsweise kann ein Mädchen bei entsprechender Erziehung als Erwachsene eine berufliche Führungsposition einnehmen und zugleich Mutter sein. Wenn sich jedoch herausstellt, dass sie unfruchtbar ist, wird sie – zumindest nicht auf natürlichem Wege – keine Mutter werden können. Damit der Einzelne seine Grundfähigkeiten entfalten kann, ist es erforderlich, dass in der Erziehung die individuellen, natürlichen Anlagen berücksichtigt und gefördert werden.

---

[618] Vgl. ebd., 201f.

[619] Vgl. Nussbaum, Die Natur den Menschen, seine Fähigkeiten und Tätigkeiten: Aristoteles über die distributive Aufgabe des Staates, 86-130, 102-104.

[620] Vgl. ebd., 105-107.

[621] Vgl. ebd., 109-113.

Die eingangs angestellten Überlegungen zu den verschiedenen Arten von Faktoren personaler Identität spiegeln sich auch in Nussbaums Konzeption des guten Lebens wieder. Angeborenes, Widerfahrenes und selbst Bestimmtes wirken im Prozess der Identitätsbildung wechselseitig aufeinander ein. Individuelle Begabungen sind angeboren, müssen aber erst im Laufe der Erziehung erkannt und entfaltet werden. Nussbaum spricht in diesem Zusammenhang von Grundfähigkeiten. Diese können nur dann ausgeübt werden, wenn in der Erziehung die besonderen Erfordernisse eines jeden Einzelnen berücksichtigt werden.[622] Der zweite, die personale Identität prägende Faktor ist das, was das Leben aus der Person gemacht hat. Dazu zählen die Erlebnisse in der Kindheit, das was im Laufe der primären Sozialisation vermittelt und anerzogen wurde, aber auch Schicksalsschläge, die später erlebt werden. In der primären Sozialisation, vorrangig in der Institution Familie, werden die internen Fähigkeiten gefördert und unterstützt. Was die Person dann selbstbestimmt aus ihrem Leben macht, hängt wesentlich davon ab, wie sie ihre internen Fähigkeiten auszuüben gelernt hat. Wurde Selbstbestimmung in der prä-reflexiven Phase der Identitätsbildung gefördert, kann die Person selbst entscheiden, welche kombinierten Fähigkeiten sie ausüben möchte. Sie kann nun das, was das Leben aus ihr gemacht hat und ihre angeborenen Fähigkeiten, mit externen Gegebenheiten abgleichen und so leben, wie sie es für gut hält.

Um ein gutes Leben führen zu können, sind Grundfähigkeiten, interne und kombinierte Fähigkeiten die Bedingung der Möglichkeit. Denn wenn in der prä-reflexiven Phase der Identitätsbildung interne Fähigkeiten nicht erworben und Grundfähigkeiten nicht gefördert werden, schränkt dies wesentlich die Möglichkeit zur Ausübung kombinierter Fähigkeiten in der zweiten Identitätsbildungsphase ein. Das zeigt, wie maßgebliche äußere Rahmenbedingungen für eine gelungene Lebensführung sind. Weil primäre Institutionen in der ersten Phase der Identitätsentwicklung die Grundlage für die zweite Phase bilden, lässt sich daraus folgern, dass es erforderlich ist, Eltern, Erziehende und Lehrende so zu unterstützen, dass sie die Aufgabe, eine sichere Basis für ein individuell gutes Leben ihrer Kinder zu schaffen, erfolgreich bewältigen.[623] Kompetente Erziehende allein können jedoch gelungene Identitätsbildung der nachfolgenden Generation nicht garantieren. Denn eine erfolgreiche Erziehung ist immer auch von äußeren Bedingungen abhängig. So ist es er-

---

[622] Vgl. ebd., 110.

[623] Es werden bereits Kurse für Eltern angeboten, die die erzieherischen Kompetenzen fördern sollen. Vgl. Schneewind, Wie geht's der Familie?, 89.

forderlich, dass jedem Kind Bildungszugänge offen stehen und den Erziehenden Raum und Zeit zur Verfügung steht, auf die individuellen Bedürfnisse der Kinder einzugehen. Nur dann können Talente und Begabungen erkannt und in ihrer Entfaltung unterstützt werden. Diese äußeren Bedingungen können mit finanziellen Mitteln und politischem Willen geschaffen werden. Martha Nussbaums Liste des guten Lebens kann dafür als Anhaltspunkt dienlich sein.

Angeborenes und der Sozialisationsprozess in primären Institutionen geben einen Rahmen für selbstbestimmte Identitätsbildung vor. Dieser Rahmen bedingt aber zugleich Selbstbestimmung. Denn um überhaupt selbstbestimmt handeln zu können, ist es notwendig, „dass wir immer schon in einer Welt, an einem Platz, in einer speziellen natürlichen und kulturellen Umgebung leben, die wir uns nicht ausgesucht haben“[624]. Umso wesentlicher ist es, dass an dem vom Individuum nicht wählbaren Platz, Selbstbestimmung und damit Glücks- und Sinnerfahrungen des Individuums gefördert werden.

---

[624] Steinfath, Orientierung am Guten, 434.

11 SCHLUSS

11.1 ZUSAMMENFASSUNG

Personale Identität ist das, was die Person in ihrer Individualität ausmacht – dieses Verständnis von personaler Identität ist die Grundlage dieser Arbeit. Ziel war es, aufzuzeigen, dass die Entwicklung personaler Identität in Wechselwirkung zwischen körperlichen, mentalen und sozialen Faktoren verläuft.

Mit einem Verständnis von personaler Identität, das Angeborenes, Anerzogenes und Widerfahrenes, sowie selbst Bestimmtes impliziert, lässt sich die Frage stellen, ob die selbstbestimmte personale Identität im Sinne der zeitgenössischen Philosophen Harry Frankfurt, Holmer Steinfath und Peter Bieri ein unerreichbares Ideal darstellt. Angesichts der gegenwärtigen Grenzen und Hindernisse, die im zweiten Teil diagnostiziert wurden, scheint es sich tatsächlich um ein Ideal zu handeln, welches zumindest sehr schwer und von nur wenigen Personen zu erreichen ist. Denn personale Identitätsbildung, wie sie in der zeitgenössischen Philosophie weitgehend gedeutet wird, impliziert hohe Reflexionsfähigkeit des Individuums – einerseits in Bezug auf sich selbst und andererseits hinsichtlich äußerer Einflüsse und Umstände. Identitätsbildung gilt in diesem weit verbreiteten, im Geiste der Aufklärung stehenden philosophischen Verständnis als innerer Prozess, in dem sich das Individuum mit sich selbst, seinen Wünschen, Gefühlen und Meinungen intensiv auseinandersetzt. Dann entscheidet es, wer es sein will, indem es einen Plan für sein individuell gutes Leben festlegt. Identität ist demnach dann gelungen, wenn sie reflektiert und folglich selbstbestimmt konstituiert wurde.

Dass der Prozess der Identitätsbildung auch ganz anderes verstanden werden kann, wurde an den Konzepten von George Herbert Mead, des Interaktionismus und der entwicklungspsychologischen Sicht nach Erik Erikson und Jürgen Habermas aufgezeigt. Mead ist das Verdienst zuzuschreiben, dass er klärt, wie Selbst-Bewusstsein als die Bedingung der Möglichkeit für Identitätsbildung überhaupt entsteht.

In interaktionistischen Theorien wird der Einfluss von außen als konstitutiv für personale Identität gedeutet. Die anderen fungieren als Orientierung für die Identitätsbildung des Einzelnen. Nur wenn er gegenüber anderen seine Identität behaupten kann und diese von ihnen bestätigt wird, kann im Sinne des Interaktionismus von gelungener Identität gesprochen werden.

Eine schrittweise, lebenslange Entwicklung ist personale Identitätsbildung nach Erikson und Habermas. Erikson integriert in sein Modell die freudsche psychosexuelle Theorie und trägt damit auch der Körperlichkeit der Person Rechnung. Sowohl äußere Einflüsse und Gegebenheiten als auch vom Individuum selbst angestellte Überlegungen werden in diesen Konzepten berücksichtigt.

Angesichts der unterschiedlichen Auffassungen, wie die Person ihre Identität bildet, wurde konstatiert, dass sich Frankfurt, Steinfath und Bieri in ihren Überlegungen auf den Erwachsenen beziehen und mehr oder weniger implizit eine Prägung in der Kindheit voraussetzen, die zu dieser hohen Reflexion befähigt. Deshalb wurde als Grundlage für das Gelingen einer selbstbestimmten Identität eine Basis-Anerkennung in der Kindheit als Bedingung der Möglichkeit diagnostiziert.

Als Hürden auf dem Weg zur Selbstbestimmung wurden die Vielzahl an Handlungsmöglichkeiten in pluralen Lebenswelten, Schnelllebigkeit, Manipulation und das Streben um die Anerkennung anderer genannt. Es wurde argumentiert, dass diese gegenwärtigen Bedingungen das Individuum in seinen Überlegungen und Entscheidungen prägen und beeinflussen. Angesichts dieser äußeren Grenzen und Hindernisse, wurden neben Basis-Anerkennung noch weitere Kompetenzen und Ressourcen als unabdingbar für selbstbestimmte Identität genannt. Dazu zählen einerseits materielle Ressourcen und andererseits erworbene Kompetenzen – wie die Fähigkeit zur Verknüpfung von Teil-Realitäten, die Fähigkeit zur sozialen Integration und Ambiguitätstoleranz. Erst mit diesen Kompetenzen kann sich das Individuum mit den äußeren Einflüssen und Gegebenheiten auseinandersetzen, ohne sich von ihnen bestimmen zu lassen. Dann ist es möglich, sich dem Ideal der selbstbestimmten personalen Identität im Sinne von Frankfurt, Steinfath und Bieri zu nähern.

Da es sich bei dieser Theorie jedoch um die Identitätsbildung des autonomen Erwachsenen handelt, war es erforderlich, in den Überlegungen noch einen Schritt zurückzugehen und zu fragen, welche Rahmenbedingungen erforderlich sind, um diese Fähigkeiten zur Selbstbestimmung erwerben zu können. Ein Versuch, diese Frage zu beantworten, wurde mit Hilfe der Institutionenphilosophie Arnold Gehlens unternommen. Im Sinne Gehlens können Institutionen als entlastende Stabilisierungsgefüge definiert werden, die dem Einzelnen Halt und Orientierung für die Bewältigung seiner Lebensaufgaben geben. Eine besondere Bedeutung, so lautete die hier aufgestellte These, haben Institutionen für das Individuum in der Kindheit.

In Anlehnung an Eriksons Identitätsmodell wurde die Entwicklung der Identität in zwei Phasen unterteilt. Die erste Phase wurde als prä-reflexive Phase bezeichnet. Diese verläuft wesentlich unbewusst und bestimmt die Lebenszeit von der Geburt bis zum Jugendalter. In dieser Phase sind die äußeren Einflüsse maßgeblich für die weitere Entwicklung, weil Identität von anderen produziert wird. Erst ab dem Jugendalter beginnt jene Phase, die Frankfurt, Steinfath und Bieri beschreiben, hier wurde sie reflexive Phase genannt. In dieser kann der Einzelne selbst Produzent seiner Identität werden, wenn in der prä-reflexiven Phase die dafür erforderlichen Voraussetzungen geschaffen wurden.

Es ging nun darum aufzuzeigen, wie wesentlich die prä-reflexive die reflexive Phase der Identitätsbildung prägt. Mit besonderem Augenmerk auf die weibliche Identitätsentwicklung wurde erläutert, wie in primären Institutionen, zu denen sowohl die Familie als auch Kinderbetreuungseinrichtungen und die Grundschule zu zählen sind, eine mehr oder weniger stabile Basis für die zweite, reflexive Phase geschaffen werden kann.

Die institutionellen Bedingungen wurden in der Familie mit Rückgriff auf empirische Studien untersucht und ausgewertet: Körperlichkeit, Medieneinfluss, Konsum, Pluralismus und Schnelllebigkeit, mütterliche Berufstätigkeit, Gewalt und schließlich die Identität der Eltern. Entlastende institutionelle Funktionen und das Vorleben von Rollen wurden dabei als maßgeblich diagnostiziert.

Wie selbstbestimmt der Einzelne ab dem Jugendalter mit einer gelingenden Identitätsbasis sein Leben führen kann, wurde im neunten Kapitel erläutert. In diesem Zuge wurde aufgezeigt, dass Institutionen, Bildung und der Entwurf eines Lebensplans unterstützende Elemente für eine gelingende reflexive Phase sein können.

Schließlich wurden noch, in Anlehnung an Martha Nussbaums Überlegungen des guten Lebens, einige ethische Folgerungen genannt. Es wurde festgestellt, dass nur unter gewissen Voraussetzungen selbstbestimmte personale Identitätsbildung möglich ist. Die Erfüllung der Grundbedürfnisse sowie stabile primäre Institutionen und das Recht auf Bildung scheinen unerlässlich für ein gelungenes Leben.

Gelungene personale Identität, so lässt sich schließlich festhalten, ist die selbstbestimmte Wahl eines individuell guten Lebens. Aufgrund der Authentizität und Glaubwürdigkeit, die der Einzelne in einer Harmonie von Angeborenem, Widerfahrenem und selbst Bestimmten auch für die anderen darstellt, erlangt er deren Anerkennung, ohne sich von ihnen bestimmen zu lassen. Folglich ist selbstbestimmte personale Identitätsbildung im Sinne Frankfurts, Steinfaths und Bieris dann möglich, wenn die primären Institutionen eine stabile Basis bieten. Eine grundlegende Anerkennung, um die der Einzelne nicht zu kämpfen braucht, ist erforderlich, um selbstbestimmt und mit hoher Reflexion auf die äußeren Einflüsse, seine personale Identität festlegen zu können.

Es wurde im Zuge dieser Arbeit aufgezeigt, dass eine einseitige, lediglich auf eine Disziplin beschränkte Sichtweise dem umfangreichen, vielschichtigen Charakter des Identitätsbildungsprozesses nicht gerecht wird. Deshalb wurden Überlegungen aus verschiedenen einzelwissenschaftlichen Bereichen herangezogen und philosophisch ausgewertet. Mit dieser philosophisch-anthropologischen Methode wurde deutlich, dass personale Identitätsbildung ein Prozess der Verschränkung von individuellen und sozialen Vorgängen ist. Dabei sind die äußeren und inneren Vorgänge in den verschiedenen Lebensphasen von unterschiedlicher Bedeutung.

11.2 Grenzen der Untersuchung

Wie jede Deutung ist auch diese hier nur begrenzt gültig. Auch wenn empirisch vielfach belegt werden kann, dass die Prägung in der Kindheit und Identitätsbildung eng zusammenhängen, ist doch auf die Grenzen der Pädagogik zu verweisen. Denn genetische Faktoren lassen sich nicht einfach aufheben. Die Veranlagung des Einzelnen und die äußeren, erzieherischen Einflüsse stehen in Wechselwirkung zueinander. Daraus folgt, dass eine stabile Basis, die in der Kindheit geschaffen wurde, keine Garantie für geglücktes Leben ist.[625]

Auch umgekehrt ist es nicht ausgeschlossen, dass Personen, die eine unglückliche Kindheit erlebten, dennoch ein individuell gutes Leben im Erwachsenenalter führen können. Denn die Kindheit, so wesentlich ihre Erlebnisse für das spätere Leben auch sind, stellt nicht die endgültigen Weichen.[626] Je nachdem, wie das weitere Leben verläuft, können negative Erfahrungen der Kindheit kompensiert werden. So können positive Begegnungen mit anderen Menschen, sowie Erfolgserlebnisse im Studium oder im Beruf dennoch zu einer gelungenen Identität führen.[627] Wenn die erwachsene Person, Talente und Begabungen in sich vorfindet, die in der Kindheit nicht entdeckt und gefördert wurden, können auch diese zur Kompensation dienen. Schriftstellerei, Malerei, Musik sind Möglichkeiten, in denen sich der Einzelne selbst verwirklichen kann.

Um eine gelungene Identität trotz widriger Lebensumstände in der präreflexiven Phase zu erreichen, ist es aus psychologischer Sicht jedoch unabdingbar, die Kindheitserlebnisse, so wie sie waren, anzunehmen.[628] Denn nur dann ist eine Harmonie aus Angeborenem, Anerzogenem und Widerfahrenem, sowie selbst Bestimmten möglich. Manchmal ist eine gelungene Identitätsentwicklung im Erwachsenenalter jedoch nur mit psychotherapeutischer Unterstützung erreichbar.[629]

---

[625] Vgl. Nuber, Ursula, Lass die Kindheit hinter dir. Das Leben endlich selbst gestalten, Frankfurt/Main 2009, 102.
[626] Vgl. ebd., 105f.
[627] Vgl. ebd., 126.
[628] Vgl. ebd., 139-145.
[629] Vgl. ebd., 133.

Es gibt also auch andere Wege, als den in der vorliegenden Arbeit aufgezeigten, gelungene Identität zu bilden. Dennoch scheint der Weg dann schwieriger zu sein, weil Entlastung und Stabilität fehlen und erst erarbeitet werden müssen. Dass es sich bei der hier vorgeschlagenen Deutung des Identitätsbildungsprozesses ebenso um eine selten realisierbare und idealisierte Form handelt, soll nicht geleugnet werden.

11.3 OFFENE FRAGEN

Holmer Steinfath ist der Ansicht, dass „unter Philosophen eine problematische Tendenz zur Moralisierung unseres Selbstverständnisses als Personen“[630] vorherrscht. Deshalb weisen Frankfurt und Steinfath darauf hin, dass die Wahl eines guten Lebens nicht moralisch zu deuten ist, sondern es dabei um das individuell Gute geht, das für jede Person etwas anderes impliziert. Aufgrund der Überlegung, in der vorliegenden Arbeit einen philosophisch-anthropologischen Ansatz zu wählen, in welchem Sichtweisen aus unterschiedlichen Disziplinen herangezogen und analysiert werden, wurde auch hier der Zusammenhang zwischen Person und Moral bewusst ausgeklammert. Aber zweifelsohne hängen Identitätsbildung und Moral eng zusammen. Denn moralisches Verhalten wird durch andere erlernt und zeigt sich im Umgang mit anderen. Insofern kann Moral als soziales Phänomen bezeichnet werden.[631] Dadurch dass sich im Verhalten zeigt, wer man ist und sein will, besteht ein wesentlicher Zusammenhang zwischen personaler Identität und Moral. Indem sich der Einzelne in seiner Adoleszenz dafür entscheidet, wie er leben will, entscheidet er sich auch für gewisse Werte und Haltungen, die mehr oder weniger moralisch intendiert sein können.[632]

Zwar wurden ethische Folgerungen aus dem vorliegenden Konzept der Identitätsbildung in Anlehnung an Martha Nussbaums Überlegungen gezogen, diese beschränken sich jedoch nur auf einige Bemerkungen. Die ethischen Konsequenzen detaillierter auszuloten, bedürfte einer eigenen Untersuchung.

---

[630] Steinfath, Orientierung am Guten, 460.

[631] Vgl. Kößler, Henning, Transsubjektivität und Selbstbefangenheit, in: ders., Selbstbefangenheit – Identität – Bildung. Beiträge zur Praktischen Anthropologie, Weinheim 1997, 9-30, 9. „Wenn ich in einer Robinson-Situation lebte und mein Handeln niemanden außer mich selbst beträfe, so träten moralische Fragen gar nicht auf.“ Ebd.

[632] Rainer Döbert und Gertrud Nunner-Winkler untersuchten den Zusammenhang der Adoleszenzkrise, moralischem Bewusstsein und Wertorientierungen. Vgl. Döbert/Nunner-Winkler, Adoleszenzkrise und Identitätsbildung, 73-186.

Literaturverzeichnis

Abels, Heinz, Einführung in die Soziologie II. Die Individuen in ihrer Gesellschaft, Wiesbaden 2001.

Abels, Heinz, Identität. Über die Entstehung des Gedankens, dass der Mensch ein Individuum ist, den nicht leicht zu verwirklichenden Anspruch auf Individualität und die Tatsache, dass Identität in Zeiten der Individualisierung von der Hand in den Mund lebt. Lehrbuch, Wiesbaden 2006.

Antonovsky, Aaron, Salutogenese. Zur Entmystifizierung der Gesundheit, Tübingen 1997.

Arbeitsgruppe Bildungsgerechtigkeit der KAÖ, Auf dem Weg zur gerechten Schule. Fakten & Perspektiven, Wien 2009.

Aristoteles, Die Nikomachische Ethik, zweites Buch, übersetzt von Olof Gigon, Düsseldorf 2007.

Aufenanger, Stefan, Die neuen Erzieher? Medien und Familie, in: Mayer, Susanne/Schulte, Dietmar (Hg.), Die Zukunft der Familie, Paderborn 2007, 107-116.

Bauer, Emmanuel J., Narzissmus als Signatur der postmodernen Gesellschaft, in: Paus, Ansgar/Köhler, Theodor W./Schmidinger, Heinrich (Hg.), Salzburger Jahrbuch für Philosophie, Salzburg 2001/02, 163-192.

Bauer, Emmanuel J. (Hg.), Freiheit in philosophischer, neurowissenschaftlicher und psychotherapeutischer Perspektive, München 2007.

Beauvoir, Simone de, Das andere Geschlecht. Sitte und Sexus der Frau, Hamburg 1951.

Becker, Rolf (Hg.), Bildung als Privileg. Erklärungen und Befunde zu den Ursachen der Bildungsungleichheit, Wiesbaden 2008.

Behringer, Luise, Lebensführung und Identitätsarbeit. Der Mensch im Chaos des modernen Alltags, Frankfurt/Main 1998.

Berger, Peter L./Luckmann, Thomas, Die gesellschaftliche Konstruktion der Wirklichkeit. Eine Theorie der Wissenssoziologie, Frankfurt/Main 1970.

Berger, Peter L./Berger, Brigitte/Kellner, Hansfried, Das Unbehagen der Modernität, Frankfurt/Main 1975.

Beyer, Dorothee, Simone Weil. Philosophin – Gewerkschafterin – Mystikerin, Mainz 1994.

Bieri, Peter, Generelle Einführung, in: ders., Analytische Philosophie des Geistes, Königstein 1981, 1-28.

Bieri, Peter, Das Handwerk der Freiheit. Über die Entdeckung des eigenen Willens, Wien 2001.

Bieri, Peter, Unser Wille ist frei, in: Der Spiegel 2/2005, 124-125.

Bieri, Peter, Wie wäre es gebildet zu sein?, Festrede in Bern 2005, Hörbuch, Komplett Media, Grünwald 2007.

Binswanger, Mathias, Die Tretmühlen des Glücks. Wir haben immer mehr und werden nicht glücklicher. Was können wir tun?, Breisgau 2006.

Boethius, Anicius Manlius Severinus, Die Theologischen Traktate, übersetzt, eingeleitet und mit Anmerkungen versehen von Michael Elsässer, Hamburg 1988.

Böhler, Thomas, Interessen und Verständnis eines zukünftigen Arbeitsmarktes, in: Böhler et al. (Hg.), Menschenwürdiges Arbeiten. Eine Herausforderung für Gesellschaft, Politik und Wissenschaft, Wiesbaden 2009, 72-131.

Bohlken, Eike/Thies, Christian (Hg.), Einleitung, in: dies., Handbuch Anthropologie. Der Mensch zwischen Natur, Kultur und Technik, Stuttgart 2009, 1-10.

Bohlken, Eike, Art. Person, in: ders./Thies, Christian (Hg.), Handbuch Anthropologie. Der Mensch zwischen Natur, Kultur und Technik, Stuttgart 2009, 391-395.

Brachtendorf, Johannes, Personalität und Freiheit: Zur Kritik des Kompatibilismus, in: Niederbacher, Bruno/Runggaldier, Edmund (Hg.), Was sind menschliche Personen? Ein akttheoretischer Zugang, Heusenstamm 2008, 157-180.

Brezinka, Wolfgang, Der erziehungsbedürftige Mensch und die Institutionen. Ein Beitrag zur pädagogischen Anthropologie, in: Brezinka, Wolfgang (Hg.), Weltweite Erziehung, Festgabe für Friedrich Schneider zum 80. Geburtstag, Freiburg 1961, 11-39.

Brezinka, Wolfgang, Erziehung als Lebenshilfe, Wien 1961.

Bröckling, Ulrich, Das unternehmerische Selbst. Soziologie einer Subjektivierungsform, Frankfurt/Main 2007.

Buchebner-Ferstl, Sabine/Rille-Pfeiffer, Christiane, Hausarbeit in Partnerschaften. Studie „The glass partitioning wall" zur innerfamilialen Arbeitsteilung – Ergebnisse für Österreich, Working Paper Nr. 69, Wien 2008.

Bucher, Anton, Was Kinder glücklich macht. Ein Ratgeber für Eltern, München 2008.

Butler, Judith, Das Unbehagen der Geschlechter, Frankfurt/Main 1991.

Cicero, Marcus Tullius, De officiis: Drei Bücher über die Pflichten an seinen Sohn Marcus, übersetzt von Friedrich Richter, Leipzig 1926.

Craemer-Ruegenberg, Ingrid, Begrifflich-systematische Bestimmung von Gefühlen. Beiträge aus der antiken Tradition, in: Fink-Eitel, Heinrich/Lohmann, Georg (Hg.), Zur Philosophie der Gefühle, Frankfurt/Main 1993, 20-32.

Coburn-Staege, Ursula, Der Rollenbegriff. Ein Versuch der Vermittlung zwischen Gesellschaft und Individuum, Heidelberg 1973.

Darge, Rolf/Schmidhuber, Martina, Das Mängelwesentheorem bei Arnold Gehlen, in: Schmidinger, Heinrich/Sedmak, Clemens (Hg.), Der Mensch – Ein Mängelwesen, Darmstadt 2009, 33-54.

Dermutz, Susanne, Mädchensozialisation in Österreich, in: Haller, Verena (Hg.), Mädchen zwischen Tradition und Moderne, Innsbruck 1994, 105-112.

Descartes, René, Meditationen über die Grundlagen der Philosophie mit sämtlichen Einwänden und Erwiderungen, Hamburg 1972.

Döbert, Rainer/Nunner-Winkler, Gertrud, Adoleszenzkrise und Identitätsbildung. Psychische und soziale Aspekte des Jugendalters in modernen Gesellschaften, Frankfurt/Main 1975.

Duden: Das Bedeutungswörterbuch, Mannheim 2002.

Düntgen, Alexandra/Diewald, Martin, Auswirkungen der Flexibilisierung von Beschäftigung auf eine erste Elternschaft, in: Szydlik, Marc (Hg.), Flexibilisierung. Folgen für Arbeit und Familie, Wiesbaden 2008, 214-231.

Eisenstadt, Samuel N., Von Generation zu Generation. Altersgruppen und Sozialstruktur, München 1966.

Epiktet, Handbuch der Moral, in: Ausgewählte Schriften, herausgegeben und übersetzt von Rainer Nickel, Zürich 1994.

Epiktet, Lehrgespräche (Diatriben), in: Ausgewählte Schriften, herausgegeben und übersetzt von Rainer Nickel, Zürich 1994, 72-367.

Epiktet, Das Buch vom geglückten Leben, München 2005.

Erikson, Erik H., Ich-Entwicklung und geschichtlicher Wandel, in: ders., Identität und Lebenszyklus, Frankfurt/Main 1973, 11-54.

Erikson, Erik H., Wachstum und Krisen der gesunden Persönlichkeit, in: ders., Identität und Lebenszyklus, Frankfurt/Main 1973, 55-122.

Erikson, Erik H., Das Problem der Ich-Identität, in: ders., Identität und Lebenszyklus, Frankfurt/Main 1973, 123-211.

Fenner, Dagmar, Das gute Leben, Berlin 2007.

Focks, Petra, Starke Mädchen, starke Jungs. Leitfaden für eine geschlechtsbewusste Pädagogik, Freiburg im Breisgau 2002.

Fonagy, Peter et al., Affektregulierung, Mentalisierung und die Entwicklung des Selbst, Stuttgart 2004.

Forschner, Maximilian, Der Begriff der Person in der Stoa, in: Sturma, Dieter (Hg.), Person. Philosophiegeschichte – Theoretische Philosophie – Praktische Philosophie, Paderborn 2001, 37-57.

Frankfurt, Harry G., Willensfreiheit und der Begriff der Person, in: Bieri, Peter (Hg.), Analytische Philosophie des Geistes, Königstein 1981, 287-302.

Frankfurt, Harry G., Die Notwendigkeit von Idealen, in: Betzler, Monika/Guckes, Barbara (Hg.), Freiheit und Selbstbestimmung, Berlin 2001, 156-165.

Frankfurt, Harry G., Über die Nützlichkeit letzter Zwecke, in: Betzler, Monika/Guckes, Barbara (Hg.), Freiheit und Selbstbestimmung, Berlin 2001, 138-155.

Frankfurt, Harry G., Gründe der Liebe, Frankfurt/Main 2005.

Frankfurt, Harry G., Über die Wahrheit, München 2007.

Frankfurt, Harry G., Sich selbst ernst nehmen, Frankfurt/Main 2007.

Freud, Sigmund, Drei Abhandlungen zur Sexualtheorie und verwandte Schriften, Frankfurt/Main 1964.

Freud, Sigmund, Die infantile Sexualität, in: ders., Drei Abhandlungen zur Sexualtheorie und verwandte Schriften, Frankfurt/Main 1964, 47-78.

Freud, Sigmund, Einige Bemerkungen über den Begriff des Unbewussten in der Psychoanalyse, in: Gesammelte Werke, Werke aus den Jahren 1909-1913, Band 8, Frankfurt/Main 1999, 430-439.

Gehlen, Arnold, Der Mensch. Seine Natur und seine Stellung in der Welt, Frankfurt/ Main 1962.

Gehlen, Arnold, Urmensch und Spätkultur. Philosophische Ergebnisse und Aussagen, Frankfurt/Main 1964.

Gehlen, Arnold, Moral und Hypermoral. Eine pluralistische Ethik, Frankfurt/Main 1969.

Gehlen, Arnold, Probleme einer soziologischen Handlungslehre, in: ders., Studien zur Soziologie und Anthropologie, Hg.: Maus, Heinz/Fürstenberg, Friedrich, Neuwied 1971, 196-232.

Gehlen, Arnold, Über die Geburt der Freiheit aus der Entfremdung, in: ders., Studien zur Soziologie und Anthropologie, Hg.: Maus, Heinz/Fürstenberg, Friedrich, Neuwied 1971, 232-246.

Gehlen, Arnold, Mensch und Institutionen, in: ders., Anthropologische und sozialpsychologische Untersuchungen, Hg.: König, Burghard, Reinbek 1986, 69-77.

Gehlert, Siegmund, Personalisationshilfen in der Familienerziehung, in: Macha, Hildegard/Mauermann, Lutz (Hg.), Brennpunkte der Familienerziehung, Weinheim 1997, 177-198.

Geissler, Birgit/Oechsle, Mechtild, Lebensplanung junger Frauen. Zur widersprüchlichen Modernisierung weiblicher Lebensläufe, Weinheim 1996.

Gerhardt, Volker, Selbstbestimmung. Das Prinzip der Individualität, Stuttgart 1999.

Gerlinghoff, Monika/Backmund, Herbert/Mai, Norbert, Magersucht und Bulimie. Verstehen und bewältigen, Weinheim 1999.

Greve, Werner, Selbst und Identität im Lebenslauf, in: Brandstädter, Jochen/Lindenberger, Ulman (Hg.), Entwicklungspsychologie der Lebensspanne, Stuttgart 2007, 305-336.

Gugutzer, Robert, Leib, Körper, Identität. Eine phänomenologisch-soziologische Untersuchung zur personalen Identität, Wiesbaden 2002.

Habermas, Jürgen, Zur Rekonstruktion des Historischen Materialismus, Frankfurt/Main 1976.

Habermas, Jürgen, Individuierung durch Vergesellschaftung. Zu G.H. Meads Theorie der Subjektivität, in: ders., Nachmetaphysisches Denken. Philosophische Aufsätze, Frankfurt/Main 1988,187-241.

Hammer, Signe, Töchter und Mütter. Über die Schwierigkeiten einer Beziehung, Frankfurt/Main1978.

Haubl, Rolf, Geld, Geschlecht und Konsum. Zur Psychopatholgie ökonomischen Alltagshandelns, Gießen 1998.

Héritier, Francoise, Die Samo-Identität, in: Benoist, Jean-Marie (Hg.), Identität. Ein interdisziplinäres Seminar unter Leitung von Claude Lévi-Strauss, Stuttgart 1980, 48-75.

Hunziker-Fromm, Gertrud, Entfremdung und Selbstsuche in der Anorexie, in: Benedetti, Gaetano/Wiesmann, Louis (Hg.), Ein Inuk sein. Interdisziplinäre Vorlesungen zum Problem der Identität, Göttingen 1986, 209-223.

Janssen, P./Mühlmann W.E., Art. Lebenswelt, in: Ritter, Joachim/Karlfried, Gründer (Hg.), Historisches Wörterbuch der Philosophie, Band 5, Basel 1980, 151-158.

Jäger, Christoph/Bartsch, Anne, Prolegomena zu einer philosophischen Theorie der Meta-Emotionen, in: Merker, Barbara (Hg.), Leben mit Gefühlen. Emotionen, Werte und ihre Kritik, Paderborn 2009, 113-137.

Jung, Carl Gustav, Das persönliche und das Kollektive Unbewusste, in: ders., Von Mensch und Gott. Ein Lesebuch, ausgewählt von Franz Alt, Olten 1989, 86-101.

Kant, Immanuel, Anthropologie in pragmatischer Hinsicht, Stuttgart 1983.

Kant, Immanuel, Beantwortung der Frage: Was ist Aufklärung? in: Brandt, Horst D. (Hg.), Was ist Aufklärung? Ausgewählte kleine Schriften, Hamburg 1999, 20-27.

Kargl, Maria, Von Menschen und Frauen. Einige Anmerkungen zu Sprache, Geschlecht und Armut, in: Heitzmann, Karin/Schmidt, Angelika (Hg.), Frauenarmut, Frankfurt/Main 2001, 63-80.

Kastner, Michael (Hg.), Die Zukunft der Work Life Balance. Wie lassen sich Beruf und Familie, Arbeit und Freizeit miteinander vereinbaren?, Kröning 2004.

Kaufmann, Franz-Xaver, Familie und Modernität, in: Lüscher, Kurt/Schultheis, Franz/Wehrspaun, Michael (Hg.), Die „postmoderne“ Familie. Familiale Strategien und Familienpolitik in der Übergangszeit, Konstanz, 1988, 391-415.

Keupp, Heiner, Soziale Netzwerke. Eine Metapher des gesellschaftlichen Umbruchs?, in: ders./Röhrle, Bernd (Hg.), Soziale Netzwerke, Frankfurt/Main 1987, 11-53.

Keupp, Heiner et al., Identitätskonstruktionen. Das Patchwork der Identitäten in der Spätmoderne, Hamburg 1999.

Kiefer, Ingrid et al., Ernährungsverhalten und Einstellung zum Essen der ÖsterreicherInnen, in: Journal für Ernährungsmedizin 2000, 2/5, 2-7.

Kohlenberger, H. K./Fabian R., Art. Ambiguität (Amphibolie), in: Ritter, Joachim (Hg.), Historisches Wörterbuch der Philosophie, Band 1, Basel 1971, 201-204.

Köhler, Esther, Computerspiele und Gewalt. Eine psychologische Entwarnung, Berlin/Heidelberg 2008.

Köhler, Theodor Wolfram, Aufbrüche im Fragen des Menschen nach sich selbst als Menschen. Die Definitionsantwort des Raimund Lull und ihre systematische Bedeutung, in: ders./Paus, Ansgar/Neidl, Walter, Salzburger Jahrbuch für Philosophie XL, Salzburg 1995, 79-96.

Kohut, Heinz/Wolf, Ernest S., Die Störungen des Selbst und ihre Behandlung, in: Peters, Uwe Henrik (Hg.), Die Psychologie des 20. Jahrhunderts, Band 10, Zürich 1980, 667-682.

Kollmann, Karl/Simperl, Kurt E., Konsumenten 2004, Wien 2004.

Korotin, Ilse (Hg.), Die besten Geister der Nation. Philosophie und Nationalsozialismus, Wien 1994.

Kößler, Henning, Transsubjektivität und Selbstbefangenheit, in: ders., Selbstbefangenheit – Identität – Bildung. Beiträge zur Praktischen Anthropologie, Weinheim 1997, 9-30.

Kößler, Henning, Bildung und Identität, in: ders., Selbstbefangenheit – Identität – Bildung. Beiträge zur Praktischen Philosophie, Weinheim 1997, 107-121.

Kraml, Hans, „Natura facit habilem, ars potentem, usus vero facilem“ Disposition, Fertigkeit und Personalität, in: Niederbacher, Bruno/Runggaldier, Edmund (Hg.), Was sind menschliche Personen? Ein akttheoretischer Zugang, Heusenstamm 2008, 117-133.

Krappmann, Lothar, Soziologische Dimensionen der Identität. Strukturelle Bedingungen für die Teilnahme an Interaktionsprozessen, Stuttgart 1993.

Krappmann, Lothar, Die Identitätsproblematik nach Erikson aus einer interaktionistischen Sicht, in: Keupp, Heiner/Höfer, Renate (Hg.), Identitätsarbeit heute. Klassische und aktuelle Perspektiven der Identitätsforschung, Frankfurt/Main 1997.

Kreuzer, Johannes, Der Begriff der Person in der Philosophie des Mittelalters, in: Sturma, Dieter (Hg.), Person. Philosophiegeschichte – Theoretische Philosophie – Praktische Philosophie, Paderborn 2001, 59-77.

Kreyenfeld, Michaela, Ökonomische Unsicherheit und der Aufschub der Familiengründung, in: Szydlik, Marc (Hg.), Flexibilisierung. Folgen für Arbeit und Familie, Wiesbaden 2008, 232-254.

Krücken, Georg, Wissenschaftlerinnen und Wissenschaftler als Wissenschaftsmanager?, in: Guzy, Lidia/Mihr, Anja/Scheepers, Rajah (Hg.), Wohin mit uns? Wissenschaftlerinnen und Wissenschaftler der Zukunft, Frankfurt/Main 2009, 83-93.

Krüger, Andreas, Erste Hilfe für traumatisierte Kinder. Mit einem Vorwort von Luise Reddemann, Düsseldorf 2007.

Künne, Wolfgang, Peter F. Strawson: Deskriptive Metaphysik, in: Speck, Josef (Hg.), Grundprobleme der großen Philosophen, Philosophie der Gegenwart III, Göttingen 1975, 167-206.

Lichtenstein, E., Art. Bildung, in: Ritter, Joachim (Hg.), Historisches Wörterbuch der Philosophie, Band 1, Basel 1971, 921-937.

Liessmann, Konrad Paul, Theorie der Unbildung. Die Irrtümer der Wissensgesellschaft, Wien 2006.

Lind, Inken, Aufgeschobene Kinderwünsche, eingeschränkte Perspektiven? Zur Vereinbarkeit von Wissenschaft und Elternschaft – Ergebnisse einer aktuellen Studie, in: Forschung und Lehre 11/08, 754-756.

Locke, John, Versuch über den menschlichen Verstand, Hamburg 1981.

Lüdike, Jörg/Diewald, Martin (Hg.), Soziale Netzwerke und soziale Ungleichheit. Zur Rolle von Sozialkapital in modernen Gesellschaften, Wiesbaden 2007.

Lukesch, Helmut, Die unheimlichen Miterzieher. Medien im Alltag von Kindern und Jugendlichen, in: Bucher, Anton/Kalcher, Anna Maria/Lauermann, Karin (Hg.), Gemeinsam erziehen. Das umkämpfte Kind zwischen Familie, Bildungsinstitutionen und Gesellschaft, Wien 2008, 139-173.

Martens, Jens Uwe/Kuhl, Julius, Die Kunst der Selbstmotivierung. Neue Erkenntnisse der Motivationsforschung praktisch nutzen, Stuttgart 2005.

Macha, Hildegard, Familienerziehung – Wandel und Perspektiven, in: dies. (Hg.), Brennpunkte der Familienerziehung, Weinheim 1997, 14-33.

Margalit, Avishai, Politik der Würde. Über Achtung und Verachtung, Frankfurt/Main 1999.

Maslow, Abraham H., Motivation und Persönlichkeit, Olten 1977.

Mead, George Herbert, Geist, Identität und Gesellschaft aus der Sicht des Sozialbehaviorismus, mit einer Einleitung hg. von Charles W. Morris, Frankfurt/Main 1968.

Mead, George Herbert, Die Genesis des sozialen Selbst und die soziale Kontrolle, in: ders., Hg.: Blumenberg, Hans et al., Philosophie der Sozialität. Aufsätze zur Erkenntnisanthropologie, Frankfurt/Main 1969, 69-101.

Mercier, Pascal, Nachtzug nach Lissabon, Wien 2004.

Mertens, Wolfgang, Entwicklung der Psychosexualität und der Geschlechtsidentität, Band 1: Geburt bis 4. Lebensjahr, Stuttgart/Berlin/Köln 1994.

Merton, Robert K., Soziologische Theorie und soziale Struktur, in: ders., herausgegeben und eingeleitet von Volker Meja/Nico Stehr, Berlin 1995.

Mikos, Lothar/Hoffmann, Dagmar/Winter, Rainer, Einleitung: Medien – Identität – Identifikation, in: dies. (Hg.), Mediennutzung, Identität und Identifikation. Die Sozialisationsrelevanz der Medien im Selbstfindungsprozess von Jugendlichen, München 2007, 7-20.

Muck, O./Lorenz, K., Art. Identität, in: Ritter, Joachim/Gründer, Karlfried (Hg.), Historisches Wörterbuch der Philosophie, Band 4, Basel 1976, 144-148.

Nave-Herz, Rosemarie, Kinderlose Ehen, in: Lüscher, Kurt/Schultheis, Franz/Wehrspaun, Michael (Hg.), Die „postmoderne" Familie. Familiale Strategien und Familienpolitik in einer Übergangszeit, Konstanz 1988, 193-200.

Nave-Herz, Rosemarie, Familie heute. Wandel der Familienstrukturen und Folgen für die Erziehung, Darmstadt 1994.

Novy, Katharina, „Mädchen lasst euch nichts erzählen." Weibliche Sozialisation als Grundstein für ökonomische Abhängigkeit und Frauenarmut, in: Heitzmann, Karin/Schmidt, Angelika (Hg.), Frankfurt/Main 2001, 35-61.

Nuber, Ursula, Lass die Kindheit hinter dir. Das Leben endlich selbst gestalten, Frankfurt/Main 2009.

Nunner-Winkler, Gertrud, Art. Identität, in: Bohlken, Eike/Thies, Christian (Hg.), Handbuch Anthropologie. Der Mensch zwischen Natur, Kultur und Technik, Stuttgart 2009, 352-356.

Nussbaum, Martha, Der aristotelische Sozialdemokratismus, in: dies., Gerechtigkeit oder das gute Leben, Hg.: Pauer-Studer, Herlinde, Frankfurt/Main 1999, 24-85.

Nussbaum, Martha, Die Natur des Menschen, seine Fähigkeiten und Tätigkeiten: Aristoteles über die distributive Aufgabe des Staates, in: dies., Gerechtigkeit oder das gute Leben, Hg.: Pauer-Studer, Herlinde, Frankfurt/Main 1999, 86-130.

Nussbaum, Martha, Menschliche Fähigkeiten, weibliche Menschen, in: dies., Gerechtigkeit oder das gute Leben, Hg.: Pauer-Studer, Herlinde, Frankfurt/Main 1999, 176-226.

Nussbaum, Martha, Einleitung: Ein Begriff des Feminismus, in: dies., Konstruktion der Liebe, des Begehrens und der Fürsorge. Drei philosophische Aufsätze, Stuttgart 2002, 7-13.

Orwell, George, 1984, Frankfurt/Main 1974.

Pauer-Studer, Herlinde, Autonom leben. Reflexionen über Freiheit und Gleichheit, Frankfurt/Main 2000.

Peuckert, Rüdiger, Familienformen im sozialen Wandel, Wiesbaden 2004.

Pfahl, Svenja, Moderne Zeiten – Ansprüche an Arbeits- und Familienzeiten aus Sicht von Eltern und Kindern, in: Szydlik, Marc (Hg.), Flexibilisierung. Folgen für Arbeit und Familie, Wiesbaden 2008, 255-274.

Pieper, Annemarie, Identität als sinnkritisches Postulat. Zur Frage nach der Einheit der Philosophie, in: Benedetti, Gaetano/Wiesmann, Louis (Hg.), Ein Inuk sein. Interdisziplinäre Vorlesungen zum Problem der Identität, Göttingen 1986, 52-64.

Poluda, Eva S., Die psychosexuelle Entwicklung der Geschlechter im Vergleich, in: Forum der Psychoanalyse, 15/1999, 101-119.

Posch, Waltraud, Projekt Körper. Wie der Kult um die Schönheit unser Leben prägt, Frankfurt/Main 2009.

Prisching, Manfred, Bildungsideologien. Ein zeitdiagnostischer Essay an der Schwelle der Wissensgesellschaft, Wiesbaden 2008.

Prisching, Manfred, Das Selbst. Die Maske. Der Bluff. Über die Inszenierung der eigenen Person, Wien/Graz/Klagenfurt 2009.

Quante, Michael, Person, Berlin 2007.

Rawls, John, Eine Theorie der Gerechtigkeit, Frankfurt/Main 1975.

Richter, Wilhelm, Der Wandel des Bildungsgedankens. Die Brüder von Humboldt, das Zeitalter der Bildung und die Gegenwart, Berlin 1971.

Rohrlich, Jay B., Arbeit und Liebe. Auf der Suche nach dem Gleichgewicht, München 1982.

Rosenkranz, Doris/Schneider, Norbert F. (Hg.), Konsum. Soziologische, ökonomische und psychologische Perspektiven, Opladen 2000.

Sändig, Brigitte, Albert Camus, Reinbek 1995.

Scherhorn, Gerhard, Umwelt, Arbeit und Konsum. Mikroökonomische Aspekte des modernen Konsums, in: Rosenkranz, Doris/Schneider, Norbert F. (Hg.), Konsum. Soziologische, ökonomische und psychologische Perspektiven, Opladen 2000, 283-304.

Schmidhuber, Martina, Albert Camus: Die Pest – Eine sozialethische Interpretation, Saarbrücken 2008.

Schmidhuber, Martina (Hg.), Formen der Bildung – Einblicke und Perspektiven. Mit einem Beitrag von Konrad Paul Liessmann, Frankfurt/Main 2010.

Schmidinger, Heinrich, Rezension zu: Gehlen, Arnold, Der Mensch. Seine Natur und seine Stellung in der Welt, in: Arnold Gehlen Gesamtausgabe, Band III (in zwei Teilbänden), herausgegeben von Karl-Siegbert Rehberg, Frankfurt/Main 1993, in: Paus, Ansgar/Köhler, Theodor W./Neidl, Walter M. (Hg.), Salzburger Jahrbuch für Philosophie, Salzburg 1994, 138f.

Schmidinger, Heinrich, Der Mensch ist Person. Ein christliches Prinzip in theologischer und philosophischer Sicht, Innsbruck 1994.

Schneewind, Klaus A., Wie geht's der Familie? Bestandsaufnahme und Ansätze zur Stärkung von Familienkompetenzen, in: Mayer, Susanne/Schulte, Dietmar (Hg.), Die Zukunft der Familie, Paderborn 2007, 77-95.

Schneider, Norbert F., Konsum und Gesellschaft, in: Rosenkranz, Doris/Schneider, Norbert F. (Hg.),Konsum. Soziologische, ökonomische und psychologische Perspektiven, Opladen 2000, 9-22.

Schülein, Johann August, Theorie der Institutionen. Eine dogmengeschichtliche und konzeptionelle Analyse, Opladen 1987.

Schulze, Gerhard, Die Erlebnisgesellschaft. Kultursoziologie der Gegenwart, Frankfurt/Main 1993.

Schumacher, Claudia, Konzepte europäischer Identität. Die europäische Union und ihre Bürger, Saarbrücken 2007.

Schweiger, Gottfried, Arbeit im Strukturwandel, in: Böhler, Thomas et al. (Hg.), Menschenwürdiges Arbeiten. Eine Herausforderung für Gesellschaft, Politik und Wissenschaft, Wiesbaden 2009, 39-71.

Seidl, Bernd, Fernsehgeschichten. Ethische Reflexionen zum narrativen Charakter von Fernsehen, in: Droesser, Gerhard/Lutz, Ralf/Sautermeister, Jochen (Hg.), Konkrete Identität. Vergewisserungen des individuellen Selbst, Frankfurt/Main 2009, 179-191.

Seitz, Rita, „Ich wünsche mir, dass mir jemand sagt, was ich machen soll…“ Weibliche Identitätsarbeit und gesellschaftliche Individualisierung, in: Haller, Verena (Hg.), Mädchen zwischen Tradition und Moderne, Innsbruck 1994, 31-56.

Sen, Amartya, Die Identitätsfalle. Warum es keinen Krieg der Kulturen gibt, München 2007.

Sennett, Richard, Der flexible Mensch. Die Kultur des neuen Kapitalismus, Berlin 1998.

Sennett, Richard, Die Kultur des neuen Kapitalismus, Berlin 2005.

Stahr, Ingeborg, Frauen-Körper-Identität im Kontext gesellschaftlicher Modernisierung, in: Janshen, Doris (Hg.), Blickwechsel. Der neue Dialog zischen Frauen- und Männerforschung, Frankfurt/Main 2000, 81-105.

Statistik Austria, Familien- und Haushaltsstatistik. Ergebnisse des Mirkozensus 2008, Wien 2009, Tabelle 25, 65.

Steiner, George, Warum denken traurig macht. Zehn (mögliche) Gründe, Frankfurt/Main 2006.

Steinfath, Holmer, Orientierung am Guten. Praktisches Überlegen und die Konstitution von Personen, Frankfurt/Main 2001.

Stihler, Ariane, Ausgewählte Konzepte der Sozialpsychologie zur Erklärung des modernen Konsumverhaltens, in: Rosenkranz, Doris/Schneider, Norbert F. (Hg.), Soziologische, ökonomische und psychologische Perspektiven, Opladen 2000, 169-186.

Strawson, Peter F., Einzelding und logisches Subjekt (Individuals), Stuttgart 1972.

Struck, Peter, Erziehung gegen Gewalt. Ein Buch gegen die Spirale von Aggression und Hass, Berlin 1994.

Sturma, Dieter (Hg.), Person. Philosophiegeschichte – Theoretische Philosophie – Praktische Philosophie, Paderborn 2001.

Sankt-Victor, Richard von, Die Dreieinigkeit, Einsiedeln 1980.

Taylor, Charles, Self-interpreting Animals, in: ders., Human Agency and Language. Philosophical Papers I, Cambridge 1985, 45-76.

Taylor, Charles, Quellen des Selbst. Die Entstehung der neuzeitlichen Identität, Frankfurt/Main 1994.

Taylor, Charles, Multikulturalismus und die Politik der Anerkennung, Frankfurt/Main 1997.

Theunissen, Michael, Selbstverwirklichung und Allgemeinheit. Zur Kritik des gegenwärtigen Bewusstseins, Berlin 1981.

Thiel, Udo, Person und persönliche Identität in der Philosophie des 17. und 18. Jahrhunderts, in: Sturma, Dieter (Hg.), Person. Philosophiegeschichte – Theoretische Philosophie – Praktische Philosophie, Paderborn 2001, 79-101.

Thies, Christian, Gehlen zur Einführung, Hamburg 2000.

Thies, Christian, Einführung in die philosophische Anthropologie, Darmstadt 2009.

Thiersch, Renate, Das gemeinsame Projekt Kindererziehung. Über die Beziehungen zwischen ErzieherInnen und Eltern, in: Bucher, Anton/Kalcher, Anna Maria/Lauermann, Karin (Hg.), Gemeinsam erziehen. Das umkämpfte Kind zwischen Familie, Bildungsinstitutionen und Gesellschaft, Wien 2008, 115-138.

Thomä, Dieter, Der bewegliche Mensch. Moderne Identität aus philosophischer Sicht, in: Forum der Psychoanalyse 18/2002, Nr. 3, 201-223.

Tugendhat, Ernst, Anthropologie statt Metaphysik, München 2007.

Tyrell, Hartmann, Ehe und Familie – Institutionalisierung und Deinstitutionalisierung, in: Lüscher, Kurt/Schultheis, Franz/Wehrspaun, Michael (Hg.), Die „postmoderne“ Familie. Familiale Strategien und Familienpolitik in einer Übergangszeit, Konstanz 1988, 145-156.

Waldenfels, Bernhard, Das Problem der Leiblichkeit bei Merleau-Ponty, in: Petzold, Hilarion (Hg.), Leiblichkeit. Philosophische, gesellschaftliche und therapeutische Perspektiven, Paderborn 1986, 149-169.

Waldenfels, Bernhard, Das leibliche Selbst, Vorlesungen zur Phänomenologie des Leibes, Frankfurt/Main 2000.

Wegener, Claudia, Medien, Aneignung und Identität. „Stars“ im Alltag jugendlicher Fans, Wiesbaden 2008.

Weiß, Johannes, Weltverlust und Subjektivität. Zur Kritik der Institutionenlehre Arnold Gehlens, Freiburg 1971.

Welsch, Wolfgang, Ästhetisches Denken, Stuttgart 1990.

Werner, Emmy, Resilienz: ein Überblick über internationale Längsschnittstudien, in: Opp, Günther/Fingerle, Michael (Hg.), Was Kinder stärkt. Erziehung zwischen Risiko und Resilienz, München 2007, 311-326.

Wild-Missong, Agnes, Zehn Thesen zur Selbstbesinnung der Feministinnen, in: Camenzind, Elisabeth/von den Steinen, Ulfa (Hg.), Frauen definieren sich selbst. Auf der Suche nach weiblicher Identität, Zürich 1991, 211-216.

Wiswede, Günter, Soziologie des Verbraucherverhaltens, Stuttgart 1972.

Wittmann, Karl J. (Hg.), Der Mensch in Umwelt, Familie und Gesellschaft, Wien 2007.

Zichy, Michael, Das humanistische Bildungsideal, in: Schmidhuber, Martina (Hg.), Formen der Bildung – Einblicke und Perspektiven. Mit einem Beitrag von Konrad Paul Liessmann, Frankfurt/Main 2010, 29-42.

Daniel Stolarski
Die Mathematisierung des Geistes
Algebra, Analysis und die Schriftlichkeit mentaler Prozesse bei René Descartes
Die cartesische Konzeption des Mentalen ist von der Idee der Schriftlichkeit bestimmt, die Natur dieser Schrift bleibt jedoch unklar. Obwohl eng an das Visuelle gekoppelt, wäre es zu kurz gegriffen, sie auf ein bloßes Abbildverhältnis zu reduzieren. Auf der anderen Seite steht die Algebra als Notation der analytischen Geometrie für Abstraktion und Ausschluss des Sinnlichen in Reinform. Im Verlauf dieser Arbeit soll auf die Verschränkung beider eingegangen werden, um die komplementäre Rolle des Bildlich-Visuellen und dieser neuen Zeichenkonzeption im cartesischen Denken zu beleuchten.
Bd. 75, 2009, 160 S., 19,90 €, br.,
ISBN 978-3-8258-1876-0

Ulrike Stammerjohann
Beschreibung, Argumentation, Kontext
Darstellung und Vergleich von Argumentationstheorien
Eine Argumentation ist ein Beweis einer Abbildung mit einer Abbildung, ohne die realen Dinge zu gebrauchen. Dies ist ein Lehrbuch über Argumentation, denn Theorien und Konzepte werden dargestellt. Der letzte Teil liefert Neues zur Semiotik, nach der der Sprecher mit einer Zeichenkombination Objekte in ihrer Anordnung abbildet. Der Satz bildet den Sachverhalt in einer Perspektive ab. Im Text werden Sachverhalte beschrieben oder zum großen Ganzen angeordnet, wenn Zeichen einer bestimmten Art gleich bleiben. Argumentation erfordert Text: Kontext, Textsemantik, Textgrammatik.
Bd. 76, 2009, 152 S., 19,90 €, br.,
ISBN 978-3-643-10423-6

Horst Heinze
Die psychologische Weltformel
Mysterium und Martyrium der Sprache in der Zeitlosigkeit

Ludwig Wittgenstein lehrte mich, mein Denken in eine andere Richtung zu lenken. Die klassischen Konzepte von Wahrheit und Wirklichkeit wären nicht zu halten. Die unausweichliche Herausforderung bliebe daher eine radikal-skeptische Analyse unserer Umgangs- und Alltagssprache. Diese wird dabei als falsch, mehr noch, als äußerst pathologisch erfahren. Indessen erlauben die ihr inhärenten Hybride und Paradoxe außergewöhnlicher Satzbildungen – bei Resten an gesundem Sprachinstinkt – noch Hoffnung zu eher Um- als Beschreibungen. Doch wie ließe sich denn eine geeignetere finden oder sogar erfinden? Diese Studie wäre der Versuch, einen Ausweg aus diesem Labyrinth zu suchen.

Bd. 77, 2010, 392 S., 49,90 €, br.,
ISBN 978-3-643-10491-5

Marie-Luisa Frick
Moralischer Relativismus
Antworten und Aporien relativistischen Denkens in Hinblick auf die weltanschauliche Heterogenität einer globalisierten Welt

In diesem Buch wird nach einem Überblick über die Ideengeschichte relativistischen Denkens sowie einer systematischen Darstellung philosophischer und religiöser Relativismuskritik der Versuch unternommen, relativistischem Denken von der Beobachtung der moralischen Vielfalt über ihre Deutung bis hin zu normativen Implikationen nachzuspüren. Die Ergebnisse der Untersuchung werden schließlich aktuellen gesellschafts- und globalpolitischen Diskursen zugeführt.

Bd. 78, 2010, 320 S., 29,90 €, br.,
ISBN 978-3-643-50147-9

Roland Stastny
Erkenntnis und Gabe
Eine experimentelle Philosophie des Zusammenlebens
Eine Philosophie, die neue, alternative Möglichkeiten des Lebens sondieren oder entwickeln möchte, muss Theorie und Praxis von vorneherein verbinden. Wahrheit und Bedeutung als Beziehungsformen, die Sprache in ihren körperlichen Wirkungen, rituelles Handlungswissen sowie qualitative Aspekte von Gemeinschaftlichkeit bilden in diesem Buch die Quellen für Fragen der Lebensgestaltung. Es bietet dabei einen besonderen methodischen Ansatz: Konzepte und systematische Reflexion werden im Wechsel und Bezug zu eigens entworfenen Praktiken und den darin gewonnenen Erfahrungen entwickelt.
Bd. 80, 2010, 216 S., 19,90 €, br.,
ISBN 978-3-643-50171-4

Austria: Forschung und Wissenschaft – Interdisziplinär

Erich Hamberger; Otto Neumaier;
Barbara Ritterbusch-Nauwerck;
Eva Roscher (Hg.)
Natürlich Kunst...
Bd. 5, 2011, 216 S., 19,90 €, br., ISBN 978-3-643-50268-1